大学生心理健康素养提升工程系列丛书

心理学好书说给你听
心灵成长好书推荐50本

主　编　丁闽江
副主编　修靖云
编　委　陈玉婷　张国欣　吴　琛　林泽琴　黄玲珑

前言

进入新时代，随着社会发展，心理健康问题受到党和国家的高度重视。习近平总书记在十九大报告中提到，要加强社会心理服务体系建设，培育自尊自信、理性平和、积极向上的社会心态，在全国高校思想政治工作会议上强调，要坚持不懈促进高校和谐稳定，培育理性平和的健康心态，加强人文关怀和心理疏导。

立德树人是高校人才培养的根本任务，要把关心学生的成长贯彻到学校教育教学的全过程，要根据新时代大学生的心理特点，准确把握大学生的心理需求，了解大学生的实际困难，研究和关注大学生的情绪发展方式，确实从解决大学生的实际困难入手，加强对大学生的人文关怀，帮助疏导大学生的情绪，帮助大学生获得自尊自信、理性平和、积极向上的社会心态，培养大学生良好的心理素质和意志品质，促进大学生身心和谐发展。

心理健康教育是落实立德树人的重要抓手，高校心理健康教育工作的根本目标是提升全体学生的心理健康素养。让每一个学生拥有正确的心理健康理念、拥有基本的心理健康知识、拥有促进心理健康的技能、拥有对待心理疾病患者的正确观念、拥有助人的基本知识和技能，从而达到帮助学生全面了解自己，接纳自己，发现自己的潜能，增强应对困难和挫折的能力，提高大学生的心理素养和自愈水平，塑造健全人格，以及发挥自己应有的心理健康知识帮助和服务身边需要帮助的人，促进高校及整个社会的和谐稳定，培育理性平和的健康心态，促进社会的安定与稳定。

大学生心理健康素养提升工程系列丛书的出版就是为了更好地普及心理健康知识，让每一名大学生都能懂一些基本的心理健康常识。其中，《心理学好书说给你听：心灵成长好书推荐50本》这本书主要以学生的视角，结合大学生的日常学习生活，把50本心理学相关书籍的主要内容讲述给广大读者，并有许多作者的心得体会。本书内容通俗易懂，很接地气，很多方法适用于大学生，为邀请广大读者一起阅读心理学书籍发挥了重要作用。为了达到更好的传播效果，本书的所有内容都有音频资源，读者在阅读过程中可以通过扫描本书封底提供的二维码获得。学生读者可以通过阅读本书获得心理健康知识，提升应对心理问题的能力，让阅读照亮心灵。

  本书的顺利出版要感谢学校党政领导对心理健康教育工作的大力支持，并感谢朋辈学生的辛苦付出！

目 录

第一本　《感谢自己的不完美》　　　　　　　　　　1
第二本　《暗时间》　　　　　　　　　　　　　　　7
第三本　《非暴力沟通》　　　　　　　　　　　　　12
第四本　《自控力：如何掌握自己的时间和生活》　　18
第五本　《好心情》　　　　　　　　　　　　　　　23
第六本　《偷影子的人》　　　　　　　　　　　　　29
第七本　《只想静下来》　　　　　　　　　　　　　34
第八本　《刻意练习》　　　　　　　　　　　　　　40
第九本　《小学问 解决你的7种人生焦虑》　　　　45
第十本　《心灵符语》　　　　　　　　　　　　　　51
第十一本　《心的重建》　　　　　　　　　　　　　56
第十二本　《拖延心理学》　　　　　　　　　　　　61
第十三本　《美好人生诊断书》　　　　　　　　　　67
第十四本　《情绪急救》　　　　　　　　　　　　　73
第十五本　《黑羊效应》　　　　　　　　　　　　　78
第十六本　《我们是这样活过来的》　　　　　　　　83
第十七本　《做事的常识》　　　　　　　　　　　　88
第十八本　《重遇未知的自己》　　　　　　　　　　94
第十九本　《超脑智慧》　　　　　　　　　　　　　99
第二十本　《精神焦虑症的自救》　　　　　　　　　105
第二十一本　《瞬变》　　　　　　　　　　　　　　110
第二十二本　《番茄工作法图解》　　　　　　　　　115
第二十三本　《大学生沟通艺术》　　　　　　　　　120
第二十四本　《克服压力 认知行为自助手册》　　　126
第二十五本　《走出抑郁症：一个抑郁症患者的成功自救》　131

第二十六本	《活下去的理由》	137
第二十七本	《4点起床》	144
第二十八本	《简单冥想术》	150
第二十九本	《认知与改变》	157
第三十本	《和抑郁的自己聊聊吧》	163
第三十一本	《自卑与超越》	169
第三十二本	《抗压力：逆境重生法则》	174
第三十三本	《共情力》	180
第三十四本	《我的情绪为何总被他人左右》	186
第三十五本	《精进：如何成为一个很厉害的人》	192
第三十六本	《斯坦福高效睡眠法》	198
第三十七本	《睡眠革命》	205
第三十八本	《深度学习：彻底解决你的知识焦虑》	211
第三十九本	《不抱怨的世界》	216
第四十本	《拆除你的情绪地雷》	222
第四十一本	《反焦虑思维》	228
第四十二本	《恐惧的哲学》	234
第四十三本	《生命中的不速之客》	239
第四十四本	《思维力：高效的系统思维》	245
第四十五本	《提问的逻辑》	250
第四十六本	《夜夜好眠》	256
第四十七本	《勇气》	261
第四十八本	《整理情绪的力量》	267
第四十九本	《自尊的力量》	273
第五十本	《总能做出正确决定的幸运法则》	279

第一本
《感谢自己的不完美》

我们总是会存在各种各样的小缺陷，也许是不完美的小情绪，也许是不经意间养成的坏习惯，这些小缺陷参与、形成了我们的思维方式和行为习惯。或许很多事情因为小缺陷有了不完美的结果，但对小缺陷全盘否定是没有意义的。因为从另一方面来看，坏习惯可以对我们产生积极的影响。坏习惯不是我们的敌人，小缺陷也可以帮助我们成长。例如悲伤可以完结悲剧，愤怒可以保护自己，恐惧让我们知道什么最重要。感谢自己的不完美，与自己共舞吧！

立身以立学为先，立学以读书为本。今天想给大家推荐的好书是由武志红先生所著的《感谢自己的不完美》。我们似乎总是认为负面情绪会阻碍我们的发展，像悲伤、愤怒、内疚和恐惧等，除此以外，还有坏习惯。于是我们开始对它们产生抵触情绪，一旦出现了这些情绪我们总是想方设法地压制它们。而本书从另一种角度看待这些负面情绪，用心理学知识来解读它们，帮助我们看到负面情绪积极的一面，感谢它们的出现，拥抱它们，接受自己。下面就让我们来一起探究该怎样理解、接受、感谢它们吧！

○ 坏习惯不是你的敌人

"我总是把工作拖到最后一刻才做，前面有大把的时间都会被我挥霍掉。每次在截止日期前赶工作的时候，我都在想下次一定要先把工作完成，可是……"

"我很想减肥，也知道要减肥就该管得住嘴，迈得开腿。大多数情况下，我还能控制得住自己，但情绪低落的时候，我就会敞开肚皮大吃一顿。减肥计划就这样终止了。"

我们讨厌我们的坏习惯，因为这些坏习惯会阻碍我们得到我们想要的东西。在本书中，作者认为改变恶习最关键的是不和恶习较劲，接受恶习。

首先让我们来理解恶习。我们痛恨的坏习惯一定曾在某一方面让我们获益，所以我们才会无意识地重复它们。当我们说要控制坏习惯时，其实是把坏习惯放在了我们的对立面。这样的控制不过是压抑，压抑得越厉害，反击的力量就越大。真正能自控的人是内心和谐的人，他们将自己内心的每一部分需求都当朋友来看待，这样可以完美地与自己和谐共处。我们可以尝试不再试图压制我们的一些缺点，而是把它们当作朋友来接纳，从中认识自己。

许多次暗自下定决心要开始做出一些改变，但每次尝试都以失败告终。失败的一个很重要的原因是我们没有一个强大的动力值得我们坚持。如果改变的动力是外部动力，这样就很容易失败，因为外界的意见是实时变化的，我们很容易失去方向，甚至因周围的人自暴自弃。但如果我们是因为内在的动力去改变，比如为了自己能够更加健康而去减肥，为了使自己感觉不错，去改善自己的人际关系，那么结果很可能就大不相同。要保证自己的誓言能得到坚持，就必须找到值得坚持的理由。我们可以把想达到某个目标的理由全部列出来，从中选取一个最能使我们坚定的，那个理由就会成为我们坚定的动力。当我们真正喜欢一件事时，自律就会成为我们的本能。

我们找到了改变坏习惯的动力后，就要行动起来，养成好习惯来代替坏习惯。首先，我们可以从最容易的事情开始。在最开始的时候不要给自己太大压力，只要完成一些小任务就可以了，比如整理好桌面，拿出需要着手做的文件，但不要急着去做。第二，规定我们每天都必须做一件事情。做过的许多承诺，都没有坚持下来。那么，先不要急着短时间内全部实现它们，我们只要一天完成一件事就可以了。第三，每天必须不做一件事，即每天舍弃一个坏习惯。同样的，也不要急着短时间内丢弃所有的坏习惯，慢慢来。例如做出今天不拖延作业，抑或今天不再饮食失控之类的决定。第四，不要积累太多未完成的事情。太多未完成的事情积压在备忘录中会带来压力，引发我们的焦虑。我们可以给自己设定一个奖罚机制，当我们完成了一项任务，就可以奖励自己，吃喜欢的水果；当我们没有完成既定的任务，我们就可以给自己一个小小的惩罚。

〇 悲伤是完结悲剧的力量

临床心理学中有一个基本理论：一个人与原生家庭的关系决定了这个人的心理健康程度。但总会出现例外的情况，一些人即使在童年时期有着悲惨遭遇，但他们依然能够拥有开朗的性格，美好的人生。书中讲述了z的故事，z就是这样的人，拥有悲惨的童年经历，依然能够开心地生活，实现自己的梦想。通过她的故事，我们可以知道：悲伤是完结悲剧的力量。

幼小的 z 父母离异，妈妈弃她而去，直到现在都杳无音信。爸爸对女儿一直缺乏关照，唯有姑姑对她还不错，当爸爸不给 z 交学费时，姑姑会把欠交的学费补上，让她继续上学。z 在小学时特别敏感，过分在乎别人的评价，担心别人对她不满，疏远她。因为家庭情况的缘故，z 在学校中永远是最特殊的那一个：其他同学都换上了新课桌新校服，她只有洗得发白的校服和破旧的木桌。这样的特殊总会引人侧目，一个个不经事的眼神在 z 看来就是对她极大的侮辱。渐渐地这样的事情多了，z 想到了要结束自己的生命。

拯救了她生命的是一张表格。她在一张表格上列出"活下去的理由"和"死去的理由"，当看到"死去的理由"下陈列了一大段，而"活下去的理由"下方的寥寥片语，她突然间陷入了悲伤的绝境，从默默抽泣到止不住地号啕大哭，她觉得世界上再没有比她更惨的人了。就是这次悲伤让她认清了自己悲惨的人生真相，得以置之死地而后生。正如她自己说的："你很惨，非常惨，但你有力量好好活下去！"这句话给了她前所未有的力量，她变得开朗、乐观，交了许多朋友，成为一个独立自强的人。

失败、失恋、原生家庭带来的种种不幸都会让我们身处困境，但真正让我们无法摆脱逆境的，是我们刻意去抵触悲伤。这样一来，我们的心也就远离了我们"悲惨"的人生真相。当我们不再花气力与悲惨事实较劲，而是把精力投入到自己身上时，我们的人生会迎来意想不到的转变。

当悲伤的事出现时，我们需要一次彻底沉入悲伤的机会，来"直面自己惨淡的人生"。比如寻找心理咨询师倾诉，跑进房间大哭一场等。

越逃避，阴影越重；越勇敢，阴影越轻！

○ 愤怒是对愤怒者的保护

"当人们清楚地表达出愤怒的情感时，它就能为一个人和一种关系做出很大贡献；但是当愤怒被隐藏起来时，它的影响则正好相反。"美国心理学家托马斯·摩尔在《灵魂的黑夜》中如此说道。我们总因惧怕与别人关系疏远而怯于表达愤怒，但愤怒是必须的。假若我们接受自己的愤怒，那么当有人试图与我们建立坏的亲密关系时，就难以得逞。因为愤怒告诉我们，这样是不对的。我们的愤怒会令对方知难而退，从而捍卫自己的空间。

合理处理自己的愤怒需要简单的几个步骤。首先我们得找出愤怒的源头，不对无辜者发怒。当有人做出令人愤怒的事，我们会碍于各种原因不敢当面表达，于是我们将愤怒转嫁他人。例如被领导批评，回家后便把气撒在家人身上。显然，这是对我们和至亲的一种伤害。我们必须找到愤怒的源头，并针对导致我们发怒的那个人或事来表达我们内心的想法，这样的表达才是有效的。

其次是接受自己的愤怒，用合理的方式来表达。对伤害自己的人大喊大叫并不会吓跑对方，在敌人面前止不住啜泣也不会引起对方丝毫的同情。我们要清楚地意识到我们正在愤怒，找到愤怒的源头，也不必像小孩子一样，一感受到愤怒便大喊大叫。我们应该接受自己的愤怒，然后富有智慧地去处理它。有时最简单的拒绝就可以起到很好的效果。

○ 恐惧告诉你什么对你更重要

恐惧＝怯懦？大多数人都这样认为。作者认为作为人类一种最基本的情绪，恐惧和其他情绪一样，也有着自己独特的价值，而一味地追求战胜恐惧，就忽略了恐惧所传递的重要信息。

书中举了一个真实案例告诉我们：恐惧让我们看清什么对我们最重要。

Joe是湖南人，为了能给女朋友创造更好的物质条件，只身来到广州工作。最近他突然变得怕黑起来，偶尔起夜时甚至被镜子中的光影吓得打寒战。有一天晚上，他终于找到了自己怕黑的原因。那天晚上他尤其害怕，于是他把所有的灯都打开，躺在床上发呆。发呆时脑海里闪过的是他与女友美好的回忆。原来是因为工作压力太大，最近Joe和女友的交流越来越少，关系变得很僵。Joe突然变得怕黑，其实是害怕失去女友。想通之后，Joe努力做出改变，抽出时间来努力改善与女友的关系。渐渐地，他怕黑的症状消失了。

从Joe的案例中我们会发现许多恐惧无须去战胜。相反，我们可以静下来，聆听恐惧，发现恐惧给我们的提示。

医生可以通过观察身体外部反应出来的症状来判断病人身体内部哪里出了问题。我们不完美的小缺陷也是一样，某些事情在我们的潜意识中存在，在日常生活中我们却无法感知，只有通过这些小小的坏习惯或消极情绪来给我们提示。我们不必过于自责，不必急着去压制这些不完美。相反，我们应该感谢这些不完美，它们给我们提示，让我们看到事情积极的一面，不完美正是帮助我们接纳自我，悦纳真我的得力助手。

书中有更多精彩的内容等着大家去探索，让我们一起来接纳我们的不完美，接收不完美传递的信息，成为更真实的自己吧！

推荐文章作者及音频录制：张国欣

> 第二本
> 《暗时间》

每个人的时间都是公平的,一天24个小时,但是,如果学会将时间分秒都利用得当,抓住那些"暗时间",也许会让自己的生命时间在一定意义上延长。本文通过摘选实用度高和贴近大学生生活的部分,分享并在一定程度上拓展书中作者按照心理学、认知科学、神经科学角度所介绍的方法,在思维方式、学习方法、时间把握、如何分析并解决问题等方面,都做了阐述及举例,希望以此能帮助同学们的成长与进步。

腹有诗书气自华。大家好,欢迎各位收听《我把好书说给你听》,我是靖云。本周要给大家推荐的一本好书是《暗时间》。

本书从心理学、认知科学和神经科学入手,讲述了我们学习心理学的必要性和重要程度,以及人是如何进行思考的,利用不一样的思维方式所带来的多元价值,如何辨识真正有效的学习方法,在日常的学习或工作中,我们要如何面对各种各样的琐碎小事,如何看待其背后可能存在的问题并顺利解决它等。总之,这本书强调:我们需要有意识地去训练自省能力并学会应用书中所教授的行之有效的思维方法。

本书的作者是刘未鹏,他是微软亚洲研究院的工程师,书中的内容参考了他八年以来的博客精华,并被总结为六个部分。作者的讲解虽部分涉及专业性,但却通俗易懂,且文章背后都有推荐拓展的其他书籍或者文章,可以供大家选择。接下来我将挑选我认为书中最精彩以及让我受益匪浅的几个要点进行分享。

第一个要点是作者希望我们养成思考的习惯。虽然人与人之间的确存在天赋和资质的差别,但是,人与人之间在学习上之所以有差距,其关键并不在于资质,而在于他选择花在思考上的时间以及思考的深度。所以当我们把握正确的思考方法并习惯于思考时,日积月累下,我们就能领先他人并拉开差距。而本书中最让我印象深刻的一句话便是"衡量一个人活了多久,应该用思维时间来计算"。

不知你有没有经历过,明明坚持花了很长时间去学习一门专业课,内心的感觉是,我为它付出了很长时间和足够多的精力,可是结果却不如我所愿。本书中就提醒了我们,在对任何专业投入足量的时间以及大量的精力进行学习时,我们都要避免以自然天数的消耗来计算投入量,这很容易让我们产生自己花了很多精力、时间的错觉,而最后却一无所成。所以,我们要看的是有效利用的时间,而非表面上所花的时间。作者提出一个公式:有效投入时间＝表观投入时间 × 效率。这提醒我们要时刻反思自己，是否过于关注表面投入的时间，而没有注重实际的效率，也就是说，不要用战术上的勤奋掩盖战略上的懒惰。同时，思考深度也影响学习的反馈。在这个自媒体发展迅速和信息能快速获取的时代，我们能接触到足量的信息，文章和书籍的阅读也更加便利，但是，我们要警惕自己是否仅是被动地接收信息。如果只是对着原文通读一遍，认为看过了就已经足够了，可这其实还只停留在表浅的记忆上，并没有涉及更加深入的推理以及进一步的思考。而只有通过推理思考，挖掘事物背后隐藏的逻辑，才能全面地理解一个事物，而这种推理的过程，被作者称作思维时间，也就是暗时候。任何人都有暗时间，比如当我们下课回宿舍的路上，在食堂吃饭的时候，和小伙伴约着出门游玩需要坐公交、地铁的时间等，这些其实都可以成为你的暗时间。

  第二个要点是作者认为能在恰当的时候回忆起来的知识，才是真正掌握的、可以学以致用的知识。要达到这样的程度，作者提出了好几条建议，最重要的就是自主回顾知识，主动把握回忆的机会。主动回顾旧知识，有利于我们巩固记忆，将其从短期记忆转化成长期记忆，不易遗忘。我们还可以进行新旧知识的整合，将知识从点串成线，最后归纳整理出自己的知识网络，还可能有新的启发和更深的见解。但事实上，很少有人能把主动回顾养成习惯，所以作者还给出了另一种建议——创造让自己回忆的机会。具体而言是三种方式：1.和一起学习的人进行讨论；2.按自己的想法，自主整理笔记；3.进行写作、展示、讲解等方式的主动输出。作者提到的学习后进行讨论、向他人展示、对他人讲解或者自己对自己讲解，是最高效的学习方式，也称作费曼学习法。研究表明，主动学习能让记忆的留存率达95%，因此，我们可以学着站在教学者的角度，用自己的话简易却又准确地概括和巩固知识、发现疏漏，是高效的学习方法之一。

  第三个要点是我们要时常反思，学会在反思中进步。心理学上的"自利归因",我曾经也有,就是当人们面对一些积极向上的结果时,通常会把自己的行为归因于内部的品质特点,如能力、态度、动机等,而把他人的行为归因于外部的因素,如运气、环境等;当面对一些消极失败的结果时,却把自己的行为归于外部因素,而把他人的行为归于内部的品质特点。要摆脱这种局面,反思则是第一步。在发现别人问题的同时也要从事情预期、最终结果、过程进度、各自的情绪状态、所面临的阻碍、所具有的优势等方面去反思自己,从中所得到的教训也应时刻记住,不再重蹈覆辙,便能在反思中进步。

第四个要点是有意识地形成自己的不可替代性和核心竞争力。如果我们的能力足够强,也就是说我们知识技能稀缺和价值高,则很难找到可以替代的其他人,而核心竞争力的提升,能让自己的不可替代性提高。那么,什么是核心竞争力呢?作者认为,我们的个性、知识、经验构成了核心竞争力。因为,同样的领域,掌握技术的人数不胜数,但关键就在于个体是怎么将自己的个性、经验与知识进行组合。作者给出了一组知识技能组合:1.专业技能;2.跨专业的其他领域技能;3.学习能力;4.性格要素。就这么四条,我按照我的专业,用我自己的例子来给大家示范一下如何分析形成自己的核心竞争力。1.专业技能。我学的是针灸推拿学,对于这个专业所要求的知识储备及技术技能,如果我掌握得越透彻,运用得越自如,则我在这个专业的不可替代性越高,这是不用多解释都能理解的。2.跨领域的技能。这其实很广泛,比如,我遇到问题时解决问题的能力是否能帮到我,我在前人经验的基础上能不能有所创新,形成一套行之有效的新理论或方法,我与他人沟通的能力是否足够高,我是否拥有批判性思维,我是否懂得运用英语配合专业进行对外交流和文化宣传等。3.在学习能力上的竞争力,就是指当我遇上了新的事物或新的思想,能不能接受、吸收或者包容、借鉴。4.性格也很重要。比如,我是否有足够的好奇心(以支撑我去探索、求知),我是否足够谦卑(因为这个是虚心向他人学习和请教的基础),我是否足够自信(中医需要自身自信,才能让患者信任你），我是否能专注做事（这能影响做事的效率），我是否喜欢自省，也就是能及时反思并从中改过（这决定了自己成长进步的速度）等。按照我这样的过程，对自己的核心竞争力在以上四个方面进行分析，最后弄清楚自己需要加强的层面，再进行有意识的提高，逐渐形成自己的核心竞争力以及不可替代性。

第五个要点：遇到问题的时候需要我们动手。举个例子，在我们学习新东西的时候，容易知难而退，这是人的本性，我们会下意识地对面临的困难进行价值评估，因为未知，所以没有足够的信心去掌握，甚至觉得不可能完成任务，但我们要知道，这种情况下的大多时候，都是我们把困难评估得太高了。新知识的学习的确有难度，但是，很多知识都是掌握之后"豁然开朗""柳暗花明"的，书中提到一个概念"未知则不知"。也就是说，如果我们一开始就完全不知道一个事物，我们甚至都不知道自己其实不知道它，即因为无知所以不清楚自己无知的范围，并且有时不自知自己的浅薄。我们的认知经常会出现偏差，就是在掌握前会夸张地认为："这个简直没办法理解""这完全不可能全部掌握啊"，在这种情况下，由于不确定性和未知风险被高估，你就很容易选择放弃。可实际上，我们的最初感觉往往在实践和耐心地学习之后会发生改变，其实，也没有那么困难，关键就在于自己迈出那一步。遇到问题需要我们动手，这个动手的意思就是让我们不要单单去想，而且还把困难评估得过高，而是要在想完以后积极地去行动，只有自己经历以后，才会发现未知的东西其实没有那么可怕，也没有那么难。

如果我们能学习并践行作者给出的方法、建议，你就会知道如何去抓住那些重要的时间，从而让学习、工作和生活更加轻松愉悦。阅读完《暗时间》这本书，希望你会有新的理解，能更理智地做出选择。

推荐文章作者及音频录制：修靖云

> 第三本
> 《非暴力沟通》

　　人是社交动物，说话是一门艺术。不善于沟通的人常常会招致矛盾冲突，而善于沟通的人往往能化干戈为玉帛。本文推荐的这本书被联合国誉为"全球非暴力解决冲突的最佳实践手册"，它有助于帮你进一步提升社交能力，不仅让你会说话，更能让你在不发生矛盾的情况下更好地利用沟通的魅力去解决问题，提升待人接物的水平，更好地造福于我们的生活。

在日常生活中，你有没有给他人取过绰号，瘦点儿的叫人家"竹竿"，胖点儿的叫"水桶"。我们自认为这只是一个小小的玩笑，对方如果接受，那他等同默认，对方如果生气，那他就是连个玩笑都开不起。尽管我们不想承认，但这的确属于语言暴力的一种，相对于那些面红耳赤的正面冲突，语言以及情绪上的冷暴力正越来越多地侵袭着我们的日常生活，那些有意无意的语言暴力与身体上的暴力相比，它的危害更不易被发觉，更容易在一个人的心理留下难以抹去的阴影。

而今天跟大家分享的这本书《非暴力沟通》可以帮助大家消除隔阂，化解冲突，是一种以爱为出发点的新的沟通方式。本书作者马歇尔·卢森堡，是美国威斯康星大学临床心理学博士，他有着五十多年的实践经验。

非暴力沟通有四个要素：观察、感受、需要、请求。首先，留意发生的事情。我们在这一刻观察到了什么？不要去管喜欢或者不喜欢，要避免从感性上表述，而是从客观事实出发，纯粹地说出人们所做的事情。要点是，对观察结果的表达要准确清楚，不要拖泥带水，夹杂着一些可有可无的话，避免判断或评价，客观一些。接着，表达感受，例如郁闷、恐惧、喜悦、愤怒等。然后，说出是因为自己哪方面的需要而导致那样的感受。

举个例子，比方说你的舍友将他的垃圾乱扔到了你的桌子底下。你可以这样跟他说："看到桌子底下的垃圾，我不太舒服，因为我是一个喜欢整洁的人。"接着，你继续说："你要不把垃圾收拾一下？"这就是非暴力沟通最简单的运用。

如果你没听懂，没关系，接下来我们先从四个要素说起：

第一个要素是观察。观察就是观察身边的事情，此刻我们观察到了什么？不管是否喜欢，只是把事情说出来，不加以判断或评价。这里要严格区分观察和评论，像"你真是太讨厌了"这是评论，而"我今天和你问好你没有回应我"这句话才是观察。要注意避免混淆观察和评论，观察是对客观事实的描述，是不夹杂情感的，而评论不仅是对客观事实的描述，其中还带有评论者这一发表评论的主体对客观事实的情感表达，这是主观的，因为每个人对同一件事的看法都是有一定差别的，正如俗话所说：一千个读者就有一千个哈姆雷特。你对某一件事的看法不一定能让对方接受，甚至有时还会引发对方的反感和愤怒，倘若运气好，你的评论刚好能让对方接受，问题不大，反之，矛盾会激化。因此，采用观察就是为了避免不必要问题的发生，减小沟通中的观念差异，促进非暴力沟通。

第二个是表达感受，比如喜悦、开心、气愤等。除了将观察和评论混为一谈，我们还常常会把感受和想法混淆。举个例子："我觉得小提琴拉起来像弹棉花"这句话表达的是感受还是想法呢？一看到"觉得"两个字，我们很容易将其归类到感受上，实际上这句话想要表达的是一种想法：我认为我的小提琴拉得不够好。

想要学会非暴力沟通，就要学会区分什么是感受，什么是想法。表达内心的感受，有利于促进人际关系进一步升华，更有利于改善工作。一旦你把你的感受表达出来，彼此的距离就能更为贴近，良好的交流往往需要心灵的碰撞。

第三个是表达你的需要。当我们听到我们不想听的话时，我们的反应一般有四种；第一种是认为自己犯了错；第二种是指责对方；第三种是理解自身的需求与感受；第四种是用心领会对方的感受和需求。

非暴力沟通告诉我们，感受源于我们自己。我们的需求和期待以及对别人言行的理解，导致了感受的产生。换句话说就是，因为你需要和期待一些东西，所以你用你的感受将它们表达了出来。比方说你想要拉着一个朋友去看电影，但是他并不想跟你去，于是你对他说："你不陪我去，我自己去看电影有啥意思？"你表达的是他不陪你去你很无聊的感受，但是实际上你真正想表达的是"我主要是希望你陪我去看电影。"

所以通过理解我们内心的意愿和想法，我们能更容易地去接受我们自身所带来的感受，这样就有利于避免矛盾冲突，在设身处地为他人设想的同时也为自己考虑。

如果我们直接去批评别人，别人很大概率会回击，"你凭什么来要求我"。相反，如果我们把我们的需要直接提出来，对方就比较有可能做出正面、积极的回应。

第四个是表达具体的请求。非暴力沟通告诉我们，提出请求时要尽量使用具体的形容，减少模棱两可、抽象的言语描述。我们想要做出让对方满意的回应，肯定要先清楚对方的意思，道理是一样的，反过来说，我们越是希望对方给我们理想的回应，我们就越是应该尽可能地把我们的意思表达得清晰明白。当然了，适当请求他人对我们意思的反馈是有必要的。问问他们的想法，以便于进一步开展交流。一旦人们认为你的不理睬是对他们的责罚，他们很可能就会误会，把我们的请求当作一种命令，就好像自己不得不接受、不得不去做一样。如果我们清楚地表达我们并没有强人所难的意思，而是公平、对等的交流沟通，人们一般会相信，我们提出的是请求而非命令。非暴力沟通重视人们内心的需求，希望了解每一个人内心的想法，并不是简单地去改变自己来迎合他人。它是联系的，是社交的，它的目的是帮助我们建立联系，而且这种联系不是简单的，而是在倾听和诚实的基础上。

非暴力沟通还有另一大方面，就是倾听他人。倾听是我们日常人际交往中不可或缺的一部分，通过体会他人的观察、感受和需要，然后做出行动来满足他人的请求。同时我们不仅需要倾听别人也要倾听自己，当我们掌握了以上四个要素，我们就可以比较准确地了解自己的意图。因为在日常生活中，我们每分每秒都在脑子里和自己对话，所以我们也需要和自己进行非暴力沟通，当我们生气、愤怒、痛苦时，我们可以问自己"我什么样的需求没有得到满足？"而一旦意识到自身尚未被满足的需要，我们就能更好地调整心态。

而开始体会到别的情感，无论它们是失望、悲伤或者其他，其目的都是推动我们去满足需求和追逐梦想。

当明确了非暴力沟通的两大方面，我们可以运用它来进行有效的沟通。例如充分表达愤怒，那么非暴力沟通表达愤怒为以下几步，最开始，先停，冷静，调整呼吸，像一个木头人一样，先不要去指责或者惩罚。静静地感受自己，回想一下从刚刚到现在发生了什么，然后想想是什么样的想法惹我们生气的，最后表达感受和尚未满足的需求。

这里再介绍一个非暴力沟通很好的运用——如何用非暴力沟通法表达感激？

我们在生活中常常会遇到一些人，他们热情善良，喜欢在别人有需要的时候施以援手，遇见他们是我们一生中的幸运。那么我们应该怎样表达自己的感激？怎样表达出情真意切而又不至于让人觉得虚伪？

非暴力沟通告诉了我们怎么合理地表达感激，它有以下三个部分：

1. 对我们有益的行为；
2. 我们的哪些需要得到了满足；
3. 我们的需要得到满足后，我们是什么样的心情。

在表达感激态度时，不必拘泥于这三个部分的顺序，有时说声"谢谢"或是礼貌微笑就可以了。当然了，如果我们要确定对方是真的听懂了我们要表达些什么，这时关于上面三点的具体语言描述就有必要。

为什么要这样表达？

首先要明确目的，在用非暴力沟通的方式表达感激时，我们的目的是为了感激他人的帮助，而不是想得到什么回报。值得注意的是，很多情况下，在赞扬他人时，我们很少去表达我们内心的活动，而是把自己放在了上帝视角上去判决一件事。非暴力沟通鼓励我们充分表达感激。通过这种方式，我们感激的情绪得到了充分表达，对方也更容易感受到这种感激并不是虚伪的，而是发自内心的。

最后，非暴力沟通这本书它让我们对于语言有了更深刻的思考，对于那些不假思索直接脱口而出的言语加以修饰后再将它送达到他人耳朵里，这样能有效地避免言语对他人的伤害。当我们不去指责、评价、嘲讽，收到的回复就不会再是恶语相向，当我们发起的交流活动是基于他人感受进行时，可以帮助对方找到自己心里的需求，当我们明了自己的感受、需求，可以帮助我们更好地了解自己，培养对自己的爱，促进我们的学习和成长。

推荐文章作者及音频录制：林泽琴　吴琛

第四本
《自控力：如何掌握自己的时间和生活》

我们总说：我要一个月内减肥10斤，我这周再也不看电视，我今天要先把任务完成再和朋友聊天。可也总说：食物如此美味，不可辜负；只看一集就去读书，不会浪费太多时间的；说一句话就回来学习。我们失去的是我们珍贵的时间、一次次对自己的信任和我们成功的机会。快来阅读此书，提高我们的自控力，做自己时间和空间的主人，向目标靠近，成为我们理想的模样吧！

立身以立学为先，立学以读书为本。又到了我们分享好书的时间，今天想给大家分享的好书叫作《自控力：如何掌握自己的时间和生活》。

从小父母就教导我们要有自控力，即使家长不在，也要自己控制自己不玩手机；即使没有人督促，也要自己把作业写完。长大成人后，发现生活中需要自控力的地方越来越多，而我们也有越来越多的地方不能自己把控。眼看着我们与目标渐行渐远，一面痛恨自己无力，一面又在舒适圈中重复过着失去自控的生活。

小鹏是大一新生，第一次离家，每一种尝试对他来说都是新奇的体验。一天他在朋友的介绍下了解了一款新游戏，便一发不可收拾地爱上了这个游戏。为了游戏，他落下了他的课业，和现实的朋友渐渐疏远，每天只有游戏里的朋友陪伴他。有几次看到成绩单的时候，他也陷入沉思，是不是该改变了？可是一看到朋友给他发游戏邀请，他又马不停蹄地投入其中。

在上述案例中，如果小鹏有良好的自控力，就不会因为沉迷游戏而放弃他的学业。

作者认为，自控力归根结底就是指能够进行自我引导的精神本身。没有人可以否认，自控力在我们的生活中发挥了举足轻重的作用。自控力也可以帮助我们做出正确的决定。通常情况下，我们的行动都是自控力先行，然后再做出具体的行动。在我们做选择的时候，我们的自控力就已经出现了。最简单的小例子：我们小时候放学回家是先写作业还是先看电视，相信也有小部分人和我一样选择先看电视（在家长不在家的情况下）。显然当自控力足够强大时，我们就会拿出作业本，先写完我们的作业。所以从另一种角度来看，自控力也可以定义为"一个人应该选择做什么"的力量。

强大的自控力无论对个人还是对社会都是至关重要的。

莫利曾是摩尔人的领导者，他一度病入膏肓，在病床上渐渐虚弱，但在一听到摩尔人与葡萄牙人开战的消息时，却戏剧性地从病床上一跃而起，召集他的军队，带领军队赢得了那场战争。到战争结束时，莫利再也坚持不住，与世长辞了。

当我们下定决心要做某件事时，我们的意志力就会带着我们行动，直到我们完成那个目标。莫利因目标坚定，意志力足够强大，所以可以支撑他领导军队打完那场战争。

午夜降临时，我们脑海中可能会出现把我们自己都吓一跳的邪恶想法，但往往这些想法都不会变成现实，因为我们内心有一条道德准则。道德的约束力使我们放弃那些邪恶的想法，维持社会安定。假设没有了自控力，邪恶的想法就会不受约束，为非作歹，而序列有秩的生活被打破对我们来说并没有什么好处。

那么如何提高我们的自制力呢？作者在本书中给出了七种训练自控力的原则。第一原则：思想与自控力是不可分割的，它们相辅相成。思想坚定，自控力也会提高；自控力提升，会使我们的思想更坚定。如果我们针对某一目标进行训练，很容易就能发现这一点。第二原则：身体是自控力的生理能量场。在我们通过运动来使肌肉变得更紧实的时候，我们的自控力也会变得更强大。其实在坚持身体锻炼的同时，就是在对意志力进行考验。因此作者说：很多力量的增强或减弱有时仅仅是由自控力的变化所导致的。第三原则：训练洞察力是训练自控力的开始。调动身体各个感官来洞察身边的一切，也是一种提升自控力的过程。第四原则：观察是自控力得以提升的首要条件。观察不仅仅是观察事物的外在形态，还包括内在结构和事物间的内在联系。训练自己透过现象看本质的能力，也可以帮助我们提升自控力。第五原则：让自控力在训练下成为一种习惯。当自控成为一种本能，坚持我们的目标，就会变得更容易。第六原则：合理计划决定着训练的效果。训练应该结合实际，松弛有度。目标也应该定在合理范围内，超出人类限度的目标我们不仅无法完成，反而会给我们带来挫败感。第七原则：驾驭"我要做、我想要、我不要"

这三种力量。比如我每天要整理一个章节的知识点，这就可以是"我要做"的内容；我要拿到奖学金，这就可以是"我想要"的内容；我要在2小时内不使用手机，这就可以作为"我不要"中的内容。作者认为，我们的思想越积极，我们就能赢得更多！保持活跃的思想状态，在精神上不断鞭策自己，提醒自己最初的目标，才能得到更好的进步。

书中还有许多对身体和大脑的训练方法，比如对手的训练、注意力训练等。这些训练方法不仅能提高我们双手的灵敏度和注意力，还可以提高我们的自控力。相信我们一定能在书中找到有效提高自控力的办法！

下面我就从阅读训练这方面来分享我的阅读收获：

作为医生、律师、农民等，在处理问题的时候，除了要用到系统的专业知识，也需要用到基础常识。运用系统的专业知识必须做到对知识滚瓜烂熟牢记于心，否则无法加以灵活运用；基础常识则需要我们平常有意识地积累储备。不论是获得系统的专业知识还是基础常识都需要大量的阅读积累，阅读可以让我们不断思考，与名人大家进行思想交流与碰撞，让书中的内容被自己吸收，转化为自己的思想。然而这一切都离不开自控力的帮助，因此想要提升自控力，可以进行有效的阅读训练。

阅读训练首先要挑选一本有价值的书。有价值是相对读者自己而言的，客观来说，每一本经得住时间洗礼的书都是具有很大价值的。在拿到书以后，先从书的书名、作者开始。从书名中猜测这本书的内容，了解作者的情况，尤其是该书的创作背景。充分了解这些信息对我们来说至关重要，因为通过这些信息我们就会对该书的内容有大致的了解，这个评价很大程度上会影响我们的兴趣。阅读完书名和作者情况再阅读前言和简介，前言和简介都高度概括了该书的内容。正式阅读时请先看这本书的前25页内容，如果在这些内容中有吸引你的，抑或你觉得有价值的部分，就可以继续往下看了。因为通常情况下，如果前25页没有让我们觉得有意思的部分，我们就不会继续往下阅读了。当我们打算继续阅读此书，就回过头来精读本书正文的第一句。首先是分析句子成分：主语、谓语、宾语、状语等；然后是理解每个字的意思：表层含义和深层含义；最后是思考：假如句子描述的是一个行为，那么我们除了关注行为产生的原因外还要关注行为产生后带来的效应，如果句子描述的是一个理论，我们可以通过查找资料来了解理论的含义。

在阅读时可以准备一支笔，当我们遇到晦涩难懂的地方或有意思的地方都可以做上记号，这样可以让我们在再次阅读时更容易找到它。在阅读完后，可以将文章的关键词写在纸上，看着关键词，然后用自己的话复述一遍书里的内容，确保复述的连贯性、正确性和逻辑性。当然也可以邀请看过这本书的好友一起，探讨你们有疑惑的地方。如果在现实中找不到，可以在读书网站上寻找书友，了解大家对这本书的评论，有时会遇到一些有意思的想法。当然，看书评一定是最后做的事情，因为先看了书评，我们对书的评价就会受到影响，甚至在看书的时候，对内容本身的理解也会受影响。

最后我们在看书的时候要带有批判性精神，也不能缺少包容性精神。永远用客观、公正的态度读书，既不盲信权威，也不加以过度批判。阅读永远是心中的净土，大量阅读可以丰富我们的常识、陶冶情操、拓宽我们的视野，眼睛到不了的地方，书本可以。

书中还有许多训练方法，都可以帮助我们提升自控力。而在我们自控力不足的时候，做这些训练可能会感到枯燥乏味，但只要我们用对训练方法，并坚持训练，一定能使我们的自控力得到有效的提升。

岁月不居，时节如流。年华易逝，不要再感叹为什么别人可以减肥成功，为什么别人可以变得优秀了，因为他们都在"偷偷地自控"啊！快来阅读这本《自控力：如何掌握自己的时间和生活》，运用书中58种大脑潜能训练方法，提升我们的自控力。祝愿大家都能拥有自控的人生，实现自己的人生理想！

推荐文章作者及音频录制：林泽琴 张国欣

> 第五本
> 《好心情》

这次要介绍的好书《好心情》，又译作《伯恩斯新情绪疗法》，适合的人群很广泛，所有有生活压力、工作压力的人，所有想掌控自我情绪的人都能阅读这本书。因为思维决定情绪，错误扭曲的认知可能会导致抑郁情绪，所以，我会通过具体而通俗的例子结合书中提到的认知疗法、情绪抑郁等理论进行分享，希望大家可以度过生活中的每个低谷，让自己的情绪有所改善。

腹有诗书气自华。大家好，我是靖云，又到了我们分享好书的时间啦，这次我要为你们推荐的好书是《好心情》，又译作《伯恩斯新情绪疗法》，作者是戴维·伯恩斯。

这本书与一些生涩难懂的心理学专业书籍不同，它讲的都是我们在日常生活中会遇到的情绪问题，比如焦虑、拖延、愤怒等。还有许多常见的生活问题，我们都能在书里找到一些有效的改善方法。

大家有没有想过，你所有的情绪都是由你的认知——也就是你的思想、态度和信念创造出来的。而且你的认知是属于自己的主观想法，并不是客观事实，要知道，你的痛苦常常源自这些非理性的认知。

首先，让我们了解一下什么是认知。认知，指的是你的想法、知觉、态度和信念。也就是说，我们如何向自己解释在生活中所遇到的人、事、物，而通过这些描述，我们会产生相应的态度以及信念，这会让我们拥有相应的情绪。举个简单的例子，你在听我分享好书的时候，你可能会想：或许这本书对别人有效，但对我的情况应该无效吧……如果你继续想下去，可能会对此感到更加怀疑和失望，你甚至可能决定退出正在收听的内容，但是，如果你的想法是也许这本书里的某些内容能够帮助到我并且可以改善我的不良情绪呢？我还是先听听看再做决定吧。如果是这样，你反而可能会对这本书产生好奇心，然后继续听下去。可是，我分享好书所说的内容是不变的，但因为你自身对内容的理解和阐释变了，所以，会有截然不同的情绪反应和行为决定。

本书中，作者就用这个要点解释了抑郁状态常年挥之不散的原因。当你看待事物的时候，在一开始就用消极的方式，那么你就已经处在一种偏于抑郁的情绪中了。渐渐的，你会开始想到糟糕的事情，而当你想到未来的时候，你也只能想到无穷无尽的问题，然后不断地焦虑。你的消极认知不停地产生抑郁情绪，而你的抑郁情绪又在不断地强化消极认知，于是，你就进入了一个恶性循环。

可在大多数时候，你的认知并不总是基于事实的，在很大程度上还会受到个人情绪、过去经历、周围环境、他人评价等因素的影响。所以，你对于事物的认知，并不能完全代表它的客观事实。实际上，你的认知就好比是你思考的一面镜子，它可能是哈哈镜、放大镜、反光镜，也可能是普通的镜子，并不一定是真实客观的。我每隔一段时间就会从不同的好友那里听到很多类似"就我最倒霉""所有的不公平只发生在我的身上了，可别人却是一点事情都没有，可以那么幸福"这样的话。事实上，这种非理性的认知正是要注意的问题所在。本书中的这些非理性认知，就属于"认知扭曲"。我们在日常生活中，一旦触发到特定的那个点，类似于这种含有认知扭曲的想法就会自动地跳出来——作者称这些想法为"自动想法"。虽然这些认知是为了帮助我们快速地理解眼前的场景，但是，它会让我们不假思索地相信，这些扭曲的认知就是事实。

举个例子：如果你的一门专业课没掌握好，你会感到难过甚至后悔，这些情绪虽然令你感到不适，却是正常的情绪反应。但是，如果你的想法扭曲成为"我学不好这门课程，和那些学霸们相比，我就是个失败者，我永远都不可能掌握好这门课程的知识了"。那么，你不仅会难过，还可能变得极端，会感到羞耻，充满绝望，甚至抑郁。

接下来我讲的要点就是管理情绪的本质其实是管理我们的认知。

你可以拿一张纸，把纸面分成三个部分，左栏写上[自动想法]，中间写上[认知扭曲]，右栏写上[理性反应]。

比如，当你回宿舍时，发现找不到自己的校园卡了，你感到紧张。这时，你可以赶紧问自己三个问题：现在我心里想的是什么？内心正在对自己说什么？这件事为什么让我难受？这样，你就能找到此时此刻的自动想法了。

也许此刻你想的是找不到的话我就要重新配一张卡，这是多烦人的一件事情，我真笨啊，老给自己惹麻烦，舍友一定也会觉得我很麻烦，在没配好卡之前，都要帮我开门了……

当你意识到这些声音时，请迅速在左栏的[自动想法]中把它们记录下来。接着，根据本书中提到的十大认知扭曲列表进行分析，看看自己是否能够辨认出这些自动想法分别属于哪种认知扭曲。比如"我真笨"属于贴标签与标签不当，"舍友一定会觉得我很麻烦"属于跳跃式结论。把你意识到的认知扭曲写进中间一栏。接着，就到了认知管理最关键的一步——找到其他更合理、更客观、更多角度的"理性反应"，来挑战和反驳自动想法。【*参考十大认知扭曲：1.非此即彼的思想（就是非黑即白的极端两极化思维）2.以偏概全（比如武断地认为自己经历过的不愉快的事情还是会反反复复发生）3.心灵过滤（也就是指戴上了一副有色眼镜，只看见负面的内容）4.否定正面思考（直接把中性甚至积极的一面给翻转成负面体验）5.跳跃式结论（即妄下结论，比如，先知错误，就是说预感自己会不幸，哪怕子虚乌有，却也信以为真）6.夸大与缩小（也称为"双目镜把戏"，把事实不成比例地放大或缩小，比如，放大自己的不完美和缩小自己的优点）7.情绪推理（指把情绪当成了事实的依据，比如，觉得自己好像有内疚感，心里就认为自己肯定做了错事）8.应该陈述（把"应该"和"不应该"强加到自己或他人身上，比如，"我不应该昨天早睡觉的""他应该要告诉我这件事的"等）9.贴标签与标签不当（给自己或者给别人乱贴标签）10.罪责归己（指容易自责内疚，爱把什么事情都往自己身上揽）】

比如，面对"我真笨"的想法，你可以这样反驳："我的确有时丢三落四，但是，我真的有必要把这件事，上升到对自己的否定吗？我这样除了让自己更难受外，还有什么用呢？还不如吸取教训，下次不要再犯这种错误。"把你能想到的反驳写进右边的理性反应一栏。刚开始，你可能对很多想法都没能做出理性的反应，你不妨过几天之后，再回头看当时的记录。时间会帮你与当时的认知拉开距离，也会帮助你增加新的生活感悟。作者建议，我们可以每天花15分钟的时间来实践"三栏法"，来记录自己的"情绪账"。

读完本书，我还想介绍的是一个对拖延症挺有效的方法——"但是反驳法"。作者发现，在造成拖延的想法中，常常有一种"但是"想法。比如，周一傍晚我决定去操场跑几圈，但是……我今天有点累，但是……我没有心情去锻炼等。如果我们想要改善拖延的问题，就应该去反驳这些"但是"想法。比如：我决定去操场跑几圈，但是我有点累——反驳的想法为：那就先在操场休息准备，一会儿再跑也不迟，但是我没有心情去锻炼——反驳为：之前跑完步的感受都能告诉我，一旦锻炼，我会一身轻松，心情愉悦。如果我一直拖着不去，心情反而会更糟。我们一旦把这些想法写在纸上，它们就被迫暴露在理性认知下，这样，我们就可以针对"但是"想法进行反驳，逐一击破。

另一个我想介绍的实用方法是如何有效地激励自己。我们常常在潜意识里用许多"应该""本该""必须"来鞭策自己，结果陷入了"应该陈述"的认知扭曲中，反而增加了心理负担，不敢迈步向前。我们的身体和心灵是很诚实的，只愿意听从真正尊重自己、理解自己的声音，很难心悦诚服于压迫自己、苛责自己的能量。因此，当希望达到某个目标的时候，我们也需要用一种尊重、理解的态度对待自己，才能激励自己前进。我们可以问自己："我到底想做什么？哪种行为最符合我目前的需要？"而不是一味地强迫自己。比如，早晨赖床可能是大多数同学都会遇到的问题。而我发现，越是对自己说"你应该起床了，你应该去学习、上课了"，我就越是不想起床。"应该"这个词造成了一种认知幻象，让我以为有人站在我的身后，拿着鞭子催促我起床，这当然让我很不开心，更加不愿意起床了。

根据《好心情》这本书里的建议，早晨躺在床上的时候，我不再说"应该起床"了，而是要在脑海中列出一个"赖床的优劣清单"。清单的左栏是赖床的优点：1.我很舒服。2.我不用面对一堆生活、学习上的烦心事。3.我可以继续睡觉。清单的右栏是赖床的缺点：1. 尽管现在舒服，但很快我就会焦虑，担心自己迟到。2. 我最终还是要面对那些烦心事，我拖得越久，就越没有时间来处理这些事情。3. 我的睡眠时间已经够了，继续躺在床上睡不着也只是浪费时间罢了。

梳理完清单后，我发现，早点起床并不是逼不得已的，而是确实对我自身有利的事情。这么一想，我便能利索地起床了。对于别的事情，大家也可以尝试用这个方法解决。

以上就是这期的好书分享啦，希望通过我的介绍能给你带来一些启发，慢慢学会控制好自己的情绪，我们要一起进步哦！感谢大家的收听，我们下期再会。

推荐文章作者及音频录制：修靖云

第六本
《偷影子的人》

一个瘦弱的小男孩总是被同学欺负,一个偶然的机会他发现自己能够偷走别人的影子,并且能与影子们交谈,看到他人的心事,从此,他成了需要帮助者的心灵伙伴,也经历了一个又一个温暖的故事。这些故事在马克·李维的笔下娓娓道来,让人觉得不可思议,又好似感同身受。本期推荐——《偷影子的人》,让我们一起去感受这个平凡故事中的温暖。

各位听众朋友们,大家好,欢迎收听《我把好书说给你听》,我是玲珑,我将用一本好书和一个伴你入睡的声音与你度过每一个宁静的夜晚。

今天想要给大家推荐的好书是《偷影子的人》。它是法国作家马克·李维所著的一部温情疗愈小说。马克·李维是法国著名的作家,连续十一年蝉联"法国年度最畅销小说家",他所著的《如果一切重来》《假如这是真的》《伊斯坦布尔的假期》《七日成永恒》等书被译成多国语言,在全世界畅销。今天推荐的这本《偷影子的人》,这本书刚一出版就席卷了法国各大畅销榜单,后在中国出版时,在出版方并没有做太多宣传的情况下,通过读者的口口相传就畅销全国,是一本不容错过的温情疗愈小说。

在本书中作者运用第一人称叙述了一个小男孩童年与青年时期发生的关乎友情、亲情、爱情的故事,故事里有孤独,有温暖,有痛苦,也有幸福。作者的笔法十分细腻,笔下的人物个个鲜活饱满,使人一开始看这本书便觉得欲罢不能,恨不得撇下所有的事情直到把它读完。

这本书的结构其实很简单,作者基本上都是根据时间的先后顺序来展开叙述的。故事从主人公与马格的相遇开始……

入学的第一天,这个瘦弱的小男孩就引来了班上的"恶霸"马格的记恨。主人公与马格是完完全全相反的两个人,不论是性格还是习惯。他们只有一个共同点:喜欢伊丽莎白——班上最具魅力的女孩子。但伊丽莎白对他们俩都不喜欢,这一点本应让马格和主人公同病相怜,但偏偏让他们成了对手。从此,主人公的生活都笼罩在对马格的恐惧下。

某一天,主人公突然发现自己竟然具备偷走别人影子的能力。只要他的影子与别人的影子重叠,他就能与那个人交换影子。而他偷走的第一个影子,就是马格的影子,这一度让他感到十分恐惧,一旦被马格发现,一定会有一场腥风血雨。他急切地寻找机会想将影子还给马格,但一直未果。一个偶然的机会,他竟然听见了马格的影子对自己叙述马格的心事,主人公才发现原来自己不仅可以偷走别人的影子，并且还能够与影子们交谈，听见他们说出人们心中不愿说出口的秘密。于是，在此后的漫长岁月里，他开始成为需要帮助者的心灵伙伴，他可以听见人们的影子诉说他们的心事，而他会尽力做些能够帮助他们的事，为这些偷来的影子们点亮生命的小小光芒，也由此展开了一系列感人的故事。

其中最触动人心的我想就是关于主人公的童年好友吕克的故事。吕克是一名面包师的儿子，但是他一直梦想着成为一名救死扶伤的医生。他很擅长自然科学，也真的热爱医学，但阴差阳错，最后学了医学的却是主人公。吕克因为家庭的关系，留在了小城里，为继承父亲的面包屋做准备。

吕克并不喜欢做面包，但面包屋是父母一辈子的心血，父母渐渐老去了，需要有人来接替他们经营这家面包屋。更何况以家里的经济情况，外出求学会是一个不轻的负担，懂事的吕克便只能把想当医生的愿望变成秘密藏在心里，带着遗憾留在家乡继承面包屋。

而外出求学四年，终于抽空能够回家乡一趟的主人公，再一次听到了吕克的影子强烈的呼唤，决心帮助吕克实现他的梦想。他寻找机会与吕克的父亲进行了一次深谈，那天吕克的父亲没有打断他，听他讲完了所有话，最后却只说了一句"你可以滚了"。主人公当时很懊丧，他以为自己把一切都搞砸了。然而出人意料的是，主人公回到学校后不久，吕克就投奔了过来。吕克的父亲最终还是忍痛选择尊重儿子的愿望，吕克的医学梦终于能够得偿所愿了。

然而在医学院学习了一年后，吕克放弃了学业，他发现当梦想照进现实时，一切都变得不一样了。经过一年的学习他深切地感受到他向往的光鲜亮丽的医生形象背后藏着长久、痛苦的砥砺奋斗。他会很享受成为医生后救死扶伤的成就感，但他承受不住学习过程中的痛苦与艰难。

吕克在期末复习时期为了解压而开启的一段旅程，让吕克最终看清了自己的内心，放弃了求学。那次旅行，吕克住在一家住满了老人的小旅馆里，当老人们吃着他制作的美味面包，露出幸福满足的笑容时，吕克也感到了幸福与满足。医生可以治病救人，帮助别人，面包师也可以用美味的面包帮助别人，让大家收获快乐。吕克终于确定了真正让自己感到幸福与满足的事情是什么，回去之后不久他就与医学院辞别，回到了面包屋。

我想我们都曾经像吕克一样，有着很执着的梦想，但你未必真的看得清你所追求的梦想，是否真的适合你，你未必真的了解，实现梦想所要付出的一切和所能获得的一切是否都是你能够接受的。也许你认为自己真的很热爱教师这个职业，但是实际上你可能根本没有耐心一遍又一遍地向学生重复同样的知识点；也许你认为自己真的很想成为一名军人，但是实际上你可能根本适应不了不管刮风还是下雨都要训练的日子；也许你认为自己真的很向往成为一名医生，但实际上你可能根本无法坚持学完厚厚的课本。吕克很幸运，他拥有了去尝试的机会，最终看清了自己的内心。而在生活中，我们可能没有机会去追求自己最初的梦想，也许会一直固执地认为梦想的那个职业是完美的，当下所做的工作是枯燥无趣、毫无意义的。但实际上，职业并无高低贵贱，每一份工作都有它的价值，你的梦想也许没有你想象得那么美好，你现在的工作也没有你觉得的那么糟糕，能去用心感受当下的工作带给自己的幸福才是明智的选择。

《偷影子的人》是一部关于得到与失去、成长与懂得的温情治愈小说。有催人泪下的亲情、浪漫感人的爱情和不离不弃的友情，清新浪漫的气息和温柔感人的故事相互交织，带给读者笑中带泪的阅读感受。全书通过偷影子，再到接受影子的任务去帮助别人，大大小小的故事中渗透着许多哲理。有一些我们以为的爱可能并不光鲜，甚至夹杂着自私，而每个人为了自己的表面完满都会伪造出一个并不真实的形象，以至于忘记了自己真正想要的东西，于是心底的一切秘密永远地藏在了影子里。

主人公能够偷别人的影子，并且与之交谈的能力让人觉得不可思议，但其实除此之外，一切发生在主人公身上的故事都让人觉得陌生又熟悉。被霸道的同学欺负、被暗恋对象忽视、遭受家庭变故、渴望得到父亲的关爱等灰色记忆与遇到美丽的心灵伙伴、发现父亲一直都在默默关心自己、感受到母亲在小心翼翼保护自己的幼稚想法等甜蜜的经历杂糅，展现出一个个真实、令人感同身受的故事。作者在序言中说道，这本《偷影子的人》中的主人公没有名字，因为他希望我们每个人都能在主人公身上找到自己的影子。确实，这个故事就这样平平淡淡地叙述着，但是好像总能牵动读者的心，不外乎是因为主人公的遭遇，那些或痛苦或美好的经历，都好似我们曾经也有过的体验。

初看时原以为是拥有超能力的孩子自私地出入他人内心世界的故事，看到最后，也被作者的温情打动。如果有一天，心底藏着一些事，一些没有勇气说出来的事，那就告诉自己的影子吧，没准儿他会转达给一个与你心灵相通的女孩呢。看完了《偷影子的人》，心中五味杂陈，人这一生何其短暂，为什么不温柔地对待身边的每一个人呢？一切都是我们自己的选择，所谓的因果轮回，追随本心，做你想做的，即使身不由己，即使没有时间，只要你的心还在鲜活地等待，一切都可以改变。至少，让心中充满爱意，也许你的一个小小举动会改变别人的一生。

我有一个很要好的朋友要去参军了，践行宴上，当我们开起玩笑问他为什么想去当兵时，他说，暂时脱下白大褂，穿上迷彩服，无论是救死扶伤，还是保家卫国，都是心中挚爱。刘彬，愿你历尽千帆，归来仍是少年。也希望阅读过这本书的每个人都能过着自己心中真正想要的生活，去爱值得爱的人，去做值得爱的事，加油！

推荐文章作者及音频录制：黄玲珑 陈玉婷

> 第七本
> 《只想静下来》

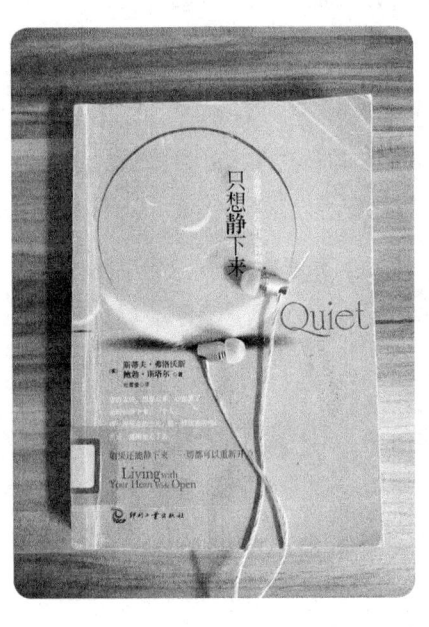

　　于静时感悟美好，于静时享受生活。静生活让我们淡定从容，幸福满足，可是你有多久没有静下来过了呢？众生忙碌，你是否也因害怕追不上大家的脚步而马不停蹄地奔跑了许久？走得太快，走得太久，心也累了，是时候静下来好好理一理烦乱的念头，而不是一味盲目地跟随大流前行了。今天推荐的这本《只想静下来》将帮助你学会如何静下来，本文将把书中提到的一些有助于静心的练习分享给大家，希望能让大家有所收获。

读万卷书，行万里路，又到了分享好书的时间，今天想推荐给大家的是斯蒂夫·弗洛沃斯与鲍勃·斯塔尔共同撰写的《只想静下来》。斯蒂夫·弗洛沃斯是美国著名的精神医疗技师，鲍勃·斯塔尔是美国著名的意识活动研究专家。《只想静下来》是一本帮你学习并实践如何积极面对生活的指导手册。它将引导你放松自己、正视自己、接受自己，然后获得平静，并把静下来变成一种生活方式。

大千世界，众生忙碌，社会的节奏越来越快，世界仿佛成了竞技场。每个人都在奋力地向前奔跑着，生怕追不上时代的脚步。我们穿梭于高楼大厦之中，往返于大街小巷之间，看着其他人行色匆匆，也赶忙加快了自己的步伐。一直埋头前行的你是否已经忘了，偶尔也该静下心来，认真地思考生活，关注自己。一味埋头苦干可能会给你带来很多不必要的麻烦，甚至你会因为情绪被长期压抑而变得易怒、暴躁、悲观。不妨抽出一点时间，让自己静下来吧，从盲目和茫然的世界中退后一步，让内心回到安静的状态，赶走身边的无奈，驱散周围的喧嚣，抚平疼痛的伤口。让自己好好地感受生活，把静下来当作一种生活方式。今天推荐的这本《只想静下来》就是一本能够帮助你学习并实践如何静下来，然后积极面对生活的指导手册。引导你通过正式的练习和非正式的练习来放松自己，获得内心真正的平静。

在这里值得一提的是正式练习与非正式练习。正式练习是指每天都要专门花一些时间有意识地坐着、躺着或站立着来进行一些冥想练习；而非正式练习是指把"静下来"的意识带到日常生活中，对每天的工作和生活都保持静下来的心态。然而我们要在日复一日的生活中保持"静下来"并不容易，在这本书中介绍了几种比较正式的练习，通过练习我们可以让自己慢慢静下来，最后达到在日常生活中也能沉心静气的境界，也就是能在日常生活中进行非正式练习，让"静下来"贯穿生活。全书一共十一个章节，每个章节都分有四个部分：小引、具体故事、静心练习与静心启示。其中静心练习就会向我们介绍不同的正式练习，下面就跟我来看看书中提到的几个比较有意思的正式练习吧。

1. 呼吸式冥想

首先，找一个舒适的姿势，只要保持头和躯干在同一条直线上，不管站着、躺着还是其他姿势都可以。然后四肢自然放松，眼睛可以闭上也可以半睁着，倘若是半睁着要注意目光不要被某一物品吸引。接着，保持均匀的呼吸，将注意力集中在自己的呼吸上，仔细感受每一次的呼气和吸气。在这期间如若走神了，只要把自己的注意力再唤回到呼吸上就好了，每天空出10到15分钟的时间来进行呼吸式冥想对建立平和的心境有很大帮助。

2. 身体扫描

第一个步骤，找一处安静且让人放松的地方，平躺下来。然后把注意力集中在呼吸上，去关注你感觉呼吸最明显的部位，比如鼻子或者腹部，花两分钟进行这个步骤。接着第二个步骤是，将注意力从呼吸转移到身体上，首先是左脚接触床面或地面的部位，然后慢慢扩大到整个左脚，再缓缓把注意力移到左腿的小腿上，再上升到大腿，再到左臀，最后收起注意力，在右半边身体重复同样的步骤。当右脚至右臀也"扫描"完毕后，让注意力顺着腹部—脊椎—下背部—腰部—上背部—胸部—左手—左前臂—左上臂—右手—右前臂—右上臂—双肩—颈部—喉部—下巴—牙齿—舌头—嘴—唇—脸颊—前额和太阳穴—眼睛和眼部周围的肌肉—头顶和后脑的方向去细细感受身体每一处的感觉，去感受视觉、嗅觉、听觉、味觉和触觉。最后，再把注意力扩大到整个身体，去感觉身体各个部位是怎样连接的，自上至下感受自己的身体，你会感觉身体因呼吸到一起一伏。最好花上不少于三十分钟的时间来进行这项练习，练习完毕后可以花一点时间记录一下自己在进行练习时的感受，比如感觉到自己的某块肌肉一直紧绷着，或者感觉自己的呼吸很急促。练习身体扫描可以让你开始学会接受自我，为学会平静地接受任何事情做准备。

3. 培养自我怜悯

对于大部分人来说，自我怜悯是一件比怜悯他人更难做到的事情，面对自己的不足和无能时，大多数人倾向于逃避这些让自己难过的事情，强迫自己漠视自己的痛苦，而不是去接纳自己的不足，告诉自己人无完人，这一切都是正常的。而当别人表现出自卑、自责等情绪时，我们通常都会怜悯别人的痛苦，告诉他们没什么好自责的。培养自我怜悯的练习正抓住了这一特点，进行这个练习你首先要做的是，想象一下，此时你的一个很要好的朋友正在向你倾诉她的苦恼，她觉得自己很没用，她觉得自己是一个毫无价值的人，她很羞愧，你会怎样安慰她？你会对她说些什么？把你会用来安慰她的这些话记录下来。接着去想一想让你感到伤心、自责的那些事情，然后试着也像刚刚安慰朋友那样安慰自己，对自己说一些怜悯的话。在你向自己表达怜悯和仁爱时，观察你生理或心理上是否产生了变化。再将注意力转向你受伤的心，甚至可以把手放在你的胸口上，坚定地对自己说："我在乎这种痛苦"，并去想想朋友经历类似的事情时，你对待他们的态度。你会明白所有人在生活中都与你一样，需要承受和处理各种各样的痛苦，没有人能够逃离痛苦，你经历这一切是很正常的，不怪你，也不必去逃避痛苦，而要接纳这一切。最后静心呼吸 10 分钟，结束这个练习。

4. 感到安全

这个练习是为下面的仁慈式冥想做准备。仁慈式冥想需要你敞开心扉对待自己、对待他人，这个过程十分需要安全感，因此，如果你觉得自己是一个缺乏安全感的人，不妨先进行这项练习，再去尝试仁慈式冥想。

首先，花一点时间去感受自己的身体和心灵，问自己有安全感吗？如果没有安全感，你是否愿意现在就去探究这种感觉？如果不愿意，就先做些能让自己有安全感的事，先把这个练习放一放。如果愿意，那么现在放任自己去感受任何感觉，包括心理上和生理上的，细细去感受这些感觉的强弱，去探索是哪一个因素加强了你的不安感。接着,去感受你的皮肤、你的肉体——你的身体现在正在一个你知道的地方,在这里是安全的,试着放松自己,去接受这种安全感。这个练习有助于你培养安全感。

5.仁慈式冥想

首先,把注意力转移到呼吸上,保持自然匀速的呼吸,关注鼻子、胸部和腹部有韵律的活动。当你每呼出一口气时要意识到呼气了,当你每吸进一口气时要意识到吸气了。接着,把注意力转移到胸腔和心脏的周围,带着同情和爱去感受你之前不如意的生活,如果产生了自责或是自己没用的感觉,告诉自己在仁慈、开明和平等之光下那也应该得到认可。坚持进行"仁慈式冥想",把爱带进你的内心、肌肤和筋骨中去,慢慢地,你会爱上你自己,会对生活充满自信。

书中还列举了许多有助于静心的练习,在这里就不一一赘述了。建议大家每天都能抽出一些时间来进行这些练习,如果你实在挤不出这么多时间,哪怕静下来一分钟也是有用的。尽力而为,不管修习了多长时间,都是你给自己的一份美好的礼物。

此外,书中给我感受最深的一句话是:"我们向世人展现自己,得到美好的东西,甚至能向旁人证明自己的自信和满足,但我们却不能向自己证明。那些短暂的溢美之词后,只剩下无情的缺失感如影随形。"读完这句话我才发现原来我也一直喜欢从其他人、其他事上寻找满足感,这样是行不通的,满足感并不是从这些地方获取的,而是来自自己对自己的认可。我们总是进行自我批判,缺乏自信,才会那么想通过得到他人的赞扬来增添自己的信心,但我们的内心仍是不肯定自己的,依然活得小心翼翼,生怕出一点差错。你是否同我一样在生活中有过不够自信的困扰或者其他的疑惑?让我们一起静下来吧!翻开这本书,慢慢阅读,享受整个静心实践之旅;让我们一起静下来,去倾听自己内心真实的声音,去思考是什么阻碍了自己,去正确使用自己的心力。

最后，祝大家都能在喧闹的世界里静下来，好好爱自己，好好爱生活。

推荐文章作者及音频录制：陈玉婷

> 第八本
> 《刻意练习》

这次要介绍的好书是《刻意练习》，本文将引出刻意练习要经历的四个阶段并且解释书中 PDCA 循环的具体含义，再分享书中有价值的七个观点——找准动力、保持专注力、利用好反馈机制、迈出舒适区、重视技能运用、改变单变量的思考模式等。希望本文能帮助大家进行一些学习方式和态度上的改变，对于刻意练习有一个更全面的认知，并且实践于自身的专业学习中，变得更加优秀。

腹有诗书气自华，我是靖云，又到了我们分享好书的时间啦。这次我给大家带来的好书《刻意练习》在豆瓣读书获得了很高的评分，而作者是著名心理学家艾利克森。这本书用了几十年的时间研究各种领域中的专家级人物，从心理学的角度总结出了一些行之有效的训练原则和方法。我将给大家带来本书中最实用的干货，希望大家对"刻意练习"有一个更加全面的认知，并能够实践于自身的专业学习中。

　　那什么是刻意练习呢？顾名思义，刻意练习的刻意就不同于天真的练习，而是有目的的、大量的练习。这种练习关键不在数量，而在于明确的目标。比如，学会针灸就是一个模糊的目标，在 2 年内学会针灸的相关操作并能够在临床上熟练使用就是一个较为明确的目标。其次，这种练习需要的是专注，还得包括有意义的反馈。所以作者建议在进行这种练习的时候，要找到一个好的导师，帮助我们并给予一定的反馈。还有一点就是，有目标的练习需要我们走出自己的舒适区。也就是说，不能总待在舒适区内进行反复练习，这样的练习持续再久都不会带来质变。总结便是，刻意练习应包含的要素有：1.有特定、明确的目标 2.在练习时要保持一定的专注 3.正确处理练习中的反馈 4.走出自身的舒适区。

　　在刻意练习的过程中，我们会经历四个阶段。在第一个阶段，我们可能会因为各种原因而对一件事物产生兴趣，然后在主动学习的过程中，我们的兴趣逐渐加深。然后就进入了第二个阶段，我们变得更加认真，对这个行业里的大框架开始清晰起来，也知道了这个领域里的专家领航人物是谁。紧接着，如果我们还继续持有兴趣和热情的话，便会进入第三个阶段，我们开始全身心地投入其中。这是一个非常漫长的过程，而在这个过程中，我们可能会不断地训练，根据训练结果的反馈，再不断地调整训练方式，这被称为PDCA 循环，即计划（Plan）、执行（Do）、检查（Check）、处理（Action）。最后，随着时长的不断增加，我们开始成为这个领域小有成就的人，这个时候便需要进入第四个阶段——开拓创新。因为在这个时候已经很少有他人的经验能够帮到我们，如果这时还想要继续成长提升，便需要自己去摸索创新，找到适合自己的最佳练习方式。根据以上的刻意练习过程，我必须要提一提本书中一些有价值的观点。

第一，找准并保持动力的重要性不容小觑。很多时候，我们和天才的差距并不在于智商层面，而在于他们更加让自己投入到这件事情上，实际上，在很多时候我们最需要的是找到自己的动力。举个例子，如果我们能认真地在一天内背诵五十个单词，经过一年的积累也有起码一万八千个的单词量，足以应对诸多英语等级考试。可是很多同学并不能坚持下来，而且觉得完成这件事充满阻力。我们会遇见觉得困难的事情，主要是因为我们找不到对这件事的兴趣，没有动力驱使的我们，又怎么能愉悦、轻松地去完成这件事呢？所以，找准并保持动力的重要性不容小觑。

第二，要保持绝对的专注力。就像很多人都错误地认为：只要花费足够多的时间，那么最后一定可以获得进步。实际上，我们知道这是荒谬的定论。我们缺少的其实不是自认为需要的足够多的时间，而应该是绝对充足的专注力，因为专注程度也决定了时间的利用效率。如果只是一味地计算自己在这件事情上所付出的非有效时间，其实并没有太大意义。

第三，我们要找到可度量的反馈机制。虽然这个环节的反馈可能让我们感到不适，就像背诵方剂歌诀一样，每次背诵完之后的复习，都会发现明明没过多久，可自己背诵的内容又忘记或者记混淆了，可这个环节对于我们来说都是不可或缺的。发现自己记背的内容遗忘或者混淆，翻看课本和个人笔记，进行理解并再次记忆，这样反馈的情况便会在我们的应对下越来越好。总之，反馈是个非常重要的过程，一个合理的反馈，可以让自己知道目前的状况，不至于被自己蒙在鼓里，还能及时地调整计划。

第四，我们要勇敢地迈出舒适区。想突破自己的舒适区，其实每个人都可以做到，但是想要持久地待在舒适区以外，却并不是人人都能坚持的，这意味着我们会伴有长久的不适感。现代心理学把人类感知外部世界并投射内心的呈象划分为三个区域：最里面一圈便是舒适区，没有什么学习难度的知识或者习以为常的事情都在这个范围。而中间一圈是学习区，有一定挑战因而感到不适，但是不至于太难受的范围。最外面一圈的恐慌区，是超出你能力范围太多的知识或事情，感觉可能会严重不适，导致崩溃以致放弃。显而易见，一个人最理想的状态就是处于学习区，学习一些具有适当挑战性的东西，在一段时间后，一部分的学习区将会慢慢变为舒适区，而一部分的恐慌区也会相应地变成学习区。

第五，除了知识外，我们要重视技能的学习运用。作为福建中医药大学的学子，我们要意识到，医学生不仅仅需要掌握好所学的专业知识，还得达到"实操有技术、上临床有能力"的标准。所以，在日常的学习中，我们就要重视起上实操课的机会以及课后的勤奋练习和实践机会。

第六，不要用单变量的模式去思考问题。这个观点很有意思，比如，"如果我以后有了很多钱，我要去哪里玩，我要做什么事……""如果我以后有时间了，我要怎么样……"这些想法的共同特点就是假设的变量只有一个，而默认现有的环境不变。书中提醒我们，生活复杂，变量之间是会相互影响而演变的，如果我们用单变量的模式去思考问题就容易忽略变量之间的联系，然后形成偏差。这就好比"刻舟求剑"的故事，虽然那个人把记号刻在了小舟上，但是舟随水流，剑却沉在河底，并未一起移动。所以，这告诉我们一个关键点便是，思考行动时要考虑到事物之间的关联性。比如说，当我们遇到一些自己觉得困难然后不能坚持做下去的事情，或者遇到一些觉得自己做得不够完美而不愿意去做的事情，或者觉得自己的时间不够，没法去做一些重要但不紧急的事情，上面这些都是没有考虑到变量的问题。比如，当我们开始早起的时候，也许我们就开始重构作息规律，开始能够按事情的重要顺序排列然后行动，开始变得爱运动……这都是有可能的。很多人在实践之后都表明，开始行动之后所带来的切身体会往往会带来欣慰，一种自己正在进步的满足感。很多事情是因为你做了什么而随着改变的，并不能所想就有所得。

第七，不必遇见所有人。我们都有主观能动性，在某些情况下还是可以进行个人选择的。所谓"人外有人，天外有天"，在上面总有比我们厉害的精英大佬们，在下面也有与我们有差距的人，而我们在思考问题以及行动之前都要先明确自己所处的位置，这样才能决定自己往哪里走。在专业素养、综合实力、能力提升上面，人与人之间的差距在客观上还是存在的。我们会与各种各样的人接触，正因为这些差异性，我们与不同的人接触会有不同的体验。正如"久入芝兰之室而不闻其香，久入鲍鱼之肆而不闻其臭"，如果我们与能对我们的成长有帮助的人多接触，遇到上进又靠谱的人，不仅有共同的理念还能互相督促持续行动，我们的自我提升可能就会飞速，久而久之也成为优秀人群中的一员，反之，若是潜移默化地被不思进取的人影响，则可能让自己本来拥有的闪光点渐渐黯淡。

《刻意练习》这本书中还谈到了其他的好点子和好方法，等待着你们去发现。希望这次的好书分享可以带给你一些思考，帮助你进行一些学习方式和态度上的改变，希望我们能一起变优秀。感谢大家的收听，我们下次再会。

推荐文章作者及音频录制：修靖云

第九本
《小学问 解决你的7种人生焦虑》

"挣钱、自律、高效、爱情、成为小透明、丧"等,这些会让我们感到焦虑吗?如果会,我们又该怎么办呢?《小学问》"众筹"帮我们解决了人生的七种焦虑!"小学问"是具有碎片化、实用性、延展性等特性的知识,这些像积木一样的知识构建出了我们的知识大厦。本文分享了关于自律的小学问。让我们每天学一点小学问,学会与焦虑和平共处!

立身以立学为先，立学以读书为本。又到了我们分享好书的时间了，今天想给大家推荐的这本书是由马东出品的《小学问》，作者是奇葩说团队的优秀辩手们，有黄执中、周玄毅、邱晨、马薇薇和胡渐彪。本书致力于从"小"开始，以小学问帮助我们解决人生的七种焦虑。

我们常常会听到这样的言论：现在的年轻人太浮躁，被纷繁物质所扰，已经没办法静下心来细啃一本书了。或者又会听到这样的说法：网络里的碎片知识太多了，很多时候我们只有用碎片的时间学习一点碎片知识，过了一段时间后会发现这些碎片对构建我们的知识体系并不能起到什么实际作用。这些看似充满真理的"名言警句"被多少人直接当作真理，于是他们下定决心拿起一本经典细细品读。

可事实是，现在这个时代，不是小时代，而是小学问的时代。而小学问也不是碎片知识，它更像是构成我们知识体系、思维方式甚至人格的基石。

在课堂上，老师留下了一篇小论文作业。越来越少人会去图书馆阅读大量书籍，再在浩如烟海的书籍中筛选出我们需要的材料。更多的人倾向于打开电脑，在网络上搜索相关知识：论文、书籍、杂志等。只需要连上网络，那些我们需要的材料便会按照你想要的顺序罗列出来。显然，后者更省事省力，可以更高效地完成任务。在学校，更是开设了相关课程，帮助我们快速、准确地使用网络检索我们需要的材料。

这些小学问都有一些特性：第一，碎片化。小学问可以用三五句话就让我们了解晦涩难懂的道理。第二，实用性。这些小学问在生活中非常实用（纷繁的信息充斥在我们周围，当我们把部分时间花在实用的学问上，岂不是事半功倍？）第三，延伸性。除了在具体的某件事上可以用，也可以通用于生活中的各个方面。

出师表中有一个小学问："侍中、尚书、长史、参军，此悉贞良死节之臣，愿陛下亲之信之，则汉室之隆，可计日而待也。"这个小学问就兼顾了：碎片、实用、延伸的特性。

　　作者把小学问比作积木。积木不同于碎片，碎片越碎，越是难拼起我们的知识拼图。而积木越碎，就可以越灵活地拼出鳞次栉比的知识高楼。很多被称为"碎片知识"的，是因为这些知识本身没有经过实证，三人成虎，乍一听觉得很有道理，其实禁不起细细推敲。很多人接收了这些碎片，没有经过思考转换，自然无法辨识真假。小学问是科学里某一部分的简化，光了解小学问，还不足以使我们把小学问灵活运用到生活上。重点是学习它的人，可以把它和原有的知识、记忆结合，从中整合出属于自己的小学问。就如作者所言：将几块积木加以组合，充分运用，最后拼成一套属于你自己的论述。

　　全书集众人之力，帮助我们解决人生的七种焦虑。我们可以不必从头开始读，只需选择自己感兴趣的部分来阅读即可。以下是我在自律方面的阅读分享：

　　很多事情我们需要积攒很大勇气才能去做，做的时候又得咬牙切齿坚持，因此我们常说要自律，好像这是个很难的事。而作者认为，只要有强大的驱动力、合理的参照对象，以及每天完成自己的目标，自律就可以变得像喝水一样简单。

　　在行动开始之前，我们需要一个强大的驱动力。

　　同学小染计划今年把考了3次还没过的六级给过了，一次性买了很多语法书、单词本、真题集、模拟套题，甚至还有很多英文小说，制定了详细的计划，每一天都安排得满满当当的。可是在执行计划的时候总是有客观因素干扰，每一天的任务都无法完成，只过了几天，任务就堆积了很多。这样的状态持续了很久，依旧束手无策。转眼考试将近，好像这是个无法被打破的魔咒一般，六级依然没过。

　　这样看来，好像坚持确实挺难的。可是作者认为，说自律难只是因为我们没有找到强大的驱动力，不是因为我们缺乏自律，才无法坚持背单词，而是我们根本不想背单词。

我们过六级是为了什么？提升英语能力是为了什么？是为了能够出国学习还是为了能阅读更多国际前沿的专业文献？假设有一个明确的目标，我们背单词时就不会再那么痛苦。

同学小七特别渴望能够拿到去国外大学交换学习的名额，而只有雅思成绩达到要求，学费才能全免。面对那5000个单词和5000英镑的开销，小七在它们之间画了等号，背下一个单词，就等于赚了1英镑，这样想想就太划算了，这样坚持下来也容易得多。

在坚持的过程中，我们需要及时的驱动。如果计划是坚持七天晚餐不吃主食，第八天给自己一点奖励，那么我们很可能坚持不到第八天，就放弃了。这是因为我们没有及时给自己驱动。如果把奖励换成：今天晚饭坚持不吃主食，晚上就可以奖励自己看喜欢的电影，这样或许就会奏效得多。

而实验研究表明，正向驱动对坚持改变能起到很好的效果。

实验员请来了许多戒烟者来参加实验，实验员将戒烟者分为两组，其中一组每天给他们正面的激励，比如类似这样的短信：今天是戒烟的第15天哦，加油，你已经做得很好了，再坚持坚持就能成功了！假如戒烟者发出求助，就会收到类似这样的短信：听说烟瘾只会持续5分钟哦，只要在这5分钟内转移注意力，做一些别的事情就好了！而另一组只会收到类似"谢谢参与"这样冷漠的话语。经过一段时间的实验，结果表明第一组的戒烟成功率要明显大于第二组。

无论是想要戒掉自己的坏习惯，还是想要学好某一门外语，都需要长期坚持，但只要有足够强大的驱动力和及时的正向驱动，自律就会简单许多。当我们坚持做某事的时候，能找到一个合适的参照对象，也能够使我们事半功倍。

吉吉上学期的成绩不太理想，这学期下决心要改变以往的习惯，不再懒懒散散过日子了。可是吉吉心里明白，自己天生就有惰性，很多计划会因为清晨无法按时起床而作废。为此，她想了一个办法。吉吉的舍友阿宁是一个作息规律的人，每天准时7点起床，晚上11点入睡。吉吉决定以后就跟着阿宁，和阿宁商量好，并叫阿宁来监督她。于是以后的每一天晚上，阿宁去洗漱了，吉吉也就开始收拾书本，准备睡觉；每一天清晨，听到阿宁拉开床帘的声音，吉吉也就知道该起床换衣服了。吉吉克服了自己最大的困难，最终期末拿到了满意的成绩。

这些都归功于吉吉的参照物选得很合适，她没有选择马云先生、比尔·盖茨先生那样的大人物，而是选择舍友作为自己的榜样。因为舍友的作息是我们能看见的，大人物的传说也许很励志，但他们不能给我们细节性的信息，就像我们不知道马云先生最近都是几点起床处理工作，也不知道他的午休时间是真在午休还是在处理公务，但身边的人可以时时激励着我们。

每一次改变都要经历好几个阶段：第一阶段，前意识阶段。没有深刻认识问题，没有危机感。第二阶段，意识阶段。意识到事情的严重性，也意识到是时候做出改变了。第三阶段，准备阶段。对这次改变进行各项准备，包括思想上和行动上的准备。在思想上有没有做好改变的准备？有没有和身边的人沟通过，他们是否愿意帮自己？在进行改变的时候会对生活造成什么影响？遇到挫折应该怎么办？第四阶段，行动阶段。这个阶段就开始执行计划了。第五阶段，保持阶段。坚持我们的计划，如有需要，再进行调整。

很多人改变进行得不彻底是因为他们缺少了第三阶段。很多人意识到要改变往往是受到了一个打击，比如称体重的时候，数字着实不太理想；商场试穿衣服的时候，好看的衣服都没有自己的号码。这时候他们处于第二阶段，意识到改变的必要性。这时候人们往往是热度最高的，他们马上制定了许多减肥计划，立马就行动了起来，而往往这样也是最容易失败的，因为他们没有对计划进行完整思考，在计划执行时碰到挫折后大多手足无措，这样必定导致失败。

想要自律，其实也没有那么难，只要转换自己的思维方式，选择合适的参照目标，我们也可以使自律变成我们的本能。

书中除了自律，还讲述了如何处理"效率、挣钱、丧"等焦虑情景。我们知道，在这个高压时代，也许我们穷极一生也无法彻底摆脱焦虑，因此，学会如何与焦虑做伴，才是本书的终极目标。

很多时候几顿饱餐并不能使我们变得肥胖，真正使我们体重增加的往往是饭后的小零食。小学问也像这些零食一样，对我们的知识积累起到"润物细无声"的作用。让这些属于经济学、物理学、心理学、社会学等的小学问被我们理解，变成我们自己的知识，从而融会贯通地运用在生活的各个方面吧！

推荐文章作者及音频录制：林泽琴 张国欣

> 第十本
> 《心灵符语》

你了解自己吗？你了解自己有哪些方面的天赋吗？你知道最适合自己的发展方向是什么吗？你知道当下你最该解决的毛病是什么吗？这些问题可能很少有人都够全部答出来，我们对自己的了解还远远不够，那么你想多了解自己一点吗？本期推荐的这本《心灵符语》将引导你通过"图像偏好心理测试"探索未知的自己。本文将把本书的主要内容分享给大家。

读万卷书，行万里路，又到了我们分享好书的时间了，今天要与大家分享的好书是《心灵符语》。

在介绍这本书之前，我想先问大家一个问题，大家有没有发现这样的现象：身边的大部分人都对心理小测试具有一定的兴趣，当有一份心理测试题摆在面前时，大部分人都愿意抽出时间来测试。那么心理测试究竟具有怎样的力量，能够吸引大家的目光呢？我在网上看见过这样一个答案："我们喜欢做心理测试，是因为我们都渴望了解自己，想要知道'我是谁'。"

但真正了解自己并不是一件容易的事情，一方面，我们很容易在外界的众多声音之中迷失自我，难以看清自己。当我们陷入人生的瓶颈期，倍受外界嘲讽时，常常怀疑自己的能力，总是妄自菲薄；当我们步入事业上升期，倍受众人的追捧时，常常高估自己的能力，变得狂妄自大。可当我们静下心来细细想过，我们就会疑惑"自己到底才如何，智如何？优势有哪些，劣势是什么？外界对自己的评价是否都客观准确？"

另一方面，我们很难看清自己的真实想法，根据奥地利著名心理学家弗洛伊德的潜意识论来说，人的心理活动分为意识、前意识、潜意识三个层次，其中只有意识层次的心理活动是我们个体可以直接感知到的。也就是说，我们每个人感知到的自己，都只是冰山露出来的一角，而我们心底深处隐藏的许多秘密都难以被探知。

而通过心理测试，我们常常能够感到打开了神秘世界的大门，发现了自身潜藏的能力和天赋，对自己的了解又更进了一步，满足了自己的好奇心。当然，我们要选择具有一定权威性和理论依据的心理测试题来做。今天要向大家推荐的这本《心灵符语》就向大家详细介绍了一套有趣的心理测试题："图形偏好心理测试"，并将这项测试的由来、依据一一做了说明，各项结果所代表的含义也做了详尽的分析。

《心灵符语》可以通过引导读者进行"图形偏好心理测试"，亲身体验五种图形的启发能量，帮助我们以人类古老的图像智慧分析自我性格，洞悉自己的内心想法，了解自己的潜力所在。我这么说大家可能觉得很玄乎，很不靠谱，那么不妨让我们先来了解一下作者的经历和这本书的由来。

《心灵符语》的作者安杰利斯·阿连，是一名人类学者、教育工作者、企业顾问及作家，并且还是"安杰利斯·阿连跨文化教育研究基金会"的创始人。自小她就十分痴迷各种神话和民间故事，并且热衷于研究不同文化背景下的人在相似的生活环境中生活方式的不同。这种对不同文化的强烈好奇心和探究各文化间差异性的渴望，最终使安杰利斯步入了人类文化学的研究领域。随着安杰利斯在人类文化学领域研究的不断深入，她开始将自己关注的重点转移到多元文化领域。在此书出版的过去二十五年里，安杰利斯致力于探究不同文化交流背景下的各种神话、符号和人类价值观的含义。她在博物馆、图书馆、文化展览馆和档案馆都花了大量时间，查阅、研究了许多资料，收集了许多案例，并通过走访各地居民获得了大量的宝贵素材。在对各种资料的研究过程中，她发现在所有已知的文化中，都存在着五种基本图形。"图形偏好心理测试"就是利用这五种基本图形设计的，这五种基本图形我先不告诉大家，留个悬念，在下面的主要内容介绍中我们再说。为了检验"图形偏好心理测试"的可行性、准确性，安杰利斯让加利福尼亚综合研究所、肯尼迪大学以及超个人心理学研究所的两百多名研究生进行了检测。最后百分之九十以上的学生都对这项测验的意义和价值表示了认可，并表示这真的是一个能够改变测试者生活的工具。这套测试有了如此雄厚的理论和实践基础，我想足以证明这个测试的可靠性。

讲到这里，你一定对这五种基本图形是什么充满了好奇，下面就随我来了解一下这本书的主要内容，领略这项测试的神奇之处吧。

其实这五种图形就是我们生活中十分常见的图形，它们分别是：圆形、正方形、三角形、十字形和螺旋形。你一定觉得不可思议，就这么简单的五种图形怎么能够帮助我们了解自我呢？那么让我们一起翻开《心灵符语》，来感受一下这五种图形的奇妙之处吧。

本书开篇就先把"图形偏好心理测试"呈现在了我们眼前。此项测试其实十分简单，测试者只需按照自己的喜好先后顺序将五种基本图形进行排序即可。这个时候你是不是很莫名其妙，就排个顺序能测出什么呢？不要着急，让我们往下看。作者在第二部分和第三部分中分别为我们解读了每个图形的含义以及不同图形在各个位置上的含义，结合这两个部分，综合分析，你就能得到自己的测试结果了。

五种基本图形蕴含着不同的意义，都代表着我们内心深处的愿望、需求等。圆形象征着渴望独立，需要私人空间，不喜欢被限制，喜欢圆形的人喜欢做独立性强的工作，习惯于自己解决问题，很自信；十字形，类似加号，象征着人与人之间的关系与整合，喜欢十字形的人独立能力不强，对社交充满兴趣，适合与人打交道；螺旋形象征成长和改变的过程，喜欢螺旋形的人喜欢新奇的事物，喜欢挑战和改变，具备较强的创造力；三角形代表着目标和梦想，喜欢三角形的人想象力丰富，最大的心愿就是可以追寻梦想，最害怕的事就是迷茫，没有目标和方向；正方形象征着稳定、稳固，喜欢正方形的人富有责任感，诚实可靠。

而你对五种图形的排序，反映了你追求的是什么，你逃避的是什么，你最喜欢的状态是怎样的，你的天赋在哪里……下面我们就来看看各个位置上的图形所代表的含义。

第一位置的图形代表了你最喜欢的状态，揭示了你当前最关注的东西，同时也暗示了最能让你感到惬意的环境，放在第一位置的图形象征你对未来的想法。比如说我，我放在第一位的是螺旋形，意味着我对多样化、创新和改变都有着强烈的渴望，我害怕一成不变。

第二位置的图形暗示了你最突出的能力和你的天赋所在。你会发现，在别人评价你时往往都会提及你具备这项特质。

　　第三位置的图形揭示了你目前最真实的状态。放在第三位置的图形是最意味深长的一个，它暗示了你的天赋将在哪个方面得以适当地发挥，暗示了你的潜力将会在什么情况下被激发出来。

　　第四位置的图形表明了你所遇到过的考验和挑战等，揭示了能够促使你进步，激励你前行的因素所在。这个位置上的图形所代表的事物或状态是一直以来你改变自己的动力。

　　第五位置的图形代表了你目前比较抵触或是不太喜欢的东西。你现在不一定要面对它，因为这个事物一出现你就十分想拒绝、逃避。比如我放在第五位的图形是正方形，透露了此时此刻，我最不愿意面对的就是责任感。在看这本书之前，我从来没有想过自己如此害怕面对责任，但仔细反思，我发现虽然我面对许多事情的时候因为理智都选择坚持承担责任，但内心还是会觉得焦躁、痛苦。

　　我通过阅读这本书获得了最有价值的东西，我真正地认识了自己，最真实的自己，明白了自己应该去调整哪一方面的心态，明白了自己的天赋所在，找到了最适合自己的发展方向。

　　《心灵符语》真的是一部了不起的作品。作者透过最简单的五种图形看到了万事万物的联系，做了大量的研究与试验，才最终著成了这一本《心灵符语》。别看它只是薄薄的那么一本，其中的内容或许不是我们阅读一次就可以领悟到的。

　　《心灵符语》具备大量的理论和实践基础，具有一定的权威性，同学们不妨在课余时间捧起《心灵符语》，研究一番，与内心深处的自己进行一次深入沟通。最后，祝愿大家都能理性、客观、全面地看待自己，认识自己，弥补短板，发展优势，挖掘潜力，超越自我。

推荐文章作者及音频录制：陈玉婷

第十一本
《心的重建》

本文分享的好书《心的重建》,教会我们面对失去时该持有的正确态度,消除对失去的误解,接纳真实的自己,尊重自己的伤痛,正视它并且及时疗愈伤痛,做到为自己负责,并通过解释走出伤痛的几个阶段引出如何走出伤痛,学着拥抱自己美好的人生。希望这本书能让大家从此改变对失去的固有态度,接受失去的现实并利用好失去带来的自省机会,学会从各种经历中收获和成长。

腹有诗书气自华。大家好，我是靖云，本期为你带来的好书是美国的心理治疗师露易丝·海为第一作者所写的《心的重建》。这本书告诉我们关于失去以及失去后我们应该怎样去面对。如果你在生命中曾经经历过严重的失落，无论是创业失败、失恋，还是身边人的离世，这本书都能帮到你。对于很幸运地没有经历过重大失落的人而言，本书能起到一个预防作用，让我们的心理更加健康，培养应对未来生命中种种挑战的能力。

我们很多人都对失去有一定的误解，我们会认为失去的本质偏向于一种否定。倘若身边有人离开或者关系破裂，我们很可能产生一种错觉，会感觉好像自身缺少了一部分，但实际上这并不是真的。因为得到和失去一直都是人生的一部分，这都是我们所要经历的生活状态，那些不合适的部分，随着生命的变化进展就会以各种方式离开。此时，我们要么陷入因失去而产生的痛苦中，默默地消化这种难受，要么意识到这是对我们而言的一个好时机，如果进行自我重新审视并调整，还能进一步地发展自己的生命。我们可以以客观的角度去审视过去，观察当时自己的状态和想法，思考一下自己为什么会产生那样的想法以及是否有补救的方法。比如，书中提到了一位不自信的女生卡拉的故事。她很漂亮，有趣又聪明，但是她自认为不够有魅力，一无是处，找不到真爱。后来，通过审视自己，她承认自己原来是内心空虚，渴望依赖他人，所以，她想到的办法就是每天用不同的方式去扭转这种认知。比如，每一天起床时都在心里默默地对自己说"我很优秀，我爱自己，我可以做到的"这种积极向上的话语。也就是说，她每天都"假装"自己已经做到了，然后具化自己是一个正在被爱包围的人，她的这个方法便是用积极的想法去替代之前消极的想法，然后保持下去，维持一定的时间后，她便真正地做到了，而且是身体与思想的一致。

我们要知道的是，当我们每经历一场失去，我们都可以借机深度地挖掘自己关于感情和生活的扭曲想法并尝试着改变。我们现在也不能避免地会遇到失恋的情况。对此，我觉得对于大家而言较为重要的一课是你不能给他人你并未拥有的东西。这句话的意思你可以理解为，如果你没有学会自爱，就不要妄想着让其他人去爱你，如果你自身就嫌弃自己，同样也很容易被他人抛弃。我们或多或少都在关系中迷失过自己，把安全感、幸福感甚至自己活着的意义都寄托在另一个人身上，无视并放弃了对自己生命的责任和对生活的掌控。本书告诉我们：人与人之间的关系就像一面诚实的镜子，它能照出你最真实的样子。当我们的内心对爱抱有消极的态度时，那么我们所遇见并吸引到的人很大程度上也是抱着同样态度的；如果我们的内心缺乏自信，同样的，可能也会遇上相似的伴侣。毕竟，物以类聚，人以群分，我们总会吸引到和自己持有相似观念的人。如果你没有从一段以分开为结局的恋爱中得到经验并从中成长，那挺令人遗憾的，因为这段失去所带来的意义由此减少。相反，一旦你能清楚地知道每一个曾经走进自己生命中的人，都能带来收获甚至点醒你上升到一个全新的阶段，你也会明白：你所生活的这个世界一直为了你变得更好而进化着。所以，你可以不定期地对自己的失去进行检视，仔细回忆自己都学到了什么，因为只有这样你才能真正收获这些经历所给予的礼物，否则你还会在下一个人身上面临同样的问题。

　　你对待失去的态度将决定失去对你的影响程度。每个人的生命都不可能一直平静，总会遇到一些艰难险阻，让我们挑战自己，我们也会在此过程中品尝痛苦和伤痛，关键在于我们要学会发现其中的真谛。这也许听起来很奇怪，但实际上，每一种失去背后都有它的意义。比如，经历失恋以后，你是"我不愿意相信爱情了"，还是"我要分析自己失恋的原因，并重振自己，以一个好的状态迎接下一段爱的到来"呢？假如我们遭遇了别人的背叛，从今以后，我们是选择不再相信他人，还是选择提醒自己要慎重，知道背叛是出于个人的原因，他人还是值得相信的呢？亲人离世了，你会一直沉浸于悲伤中甚至自责自己陪伴的时间不够长，还是选择渐渐接受这个事实，尊重生命的最终结局，记住你们之间的爱并珍惜眼前人呢？也许伤痛发生得猝不及防，也许你还有一大堆问题需要解决，那么在你准备好去面对那些伤痛之前，可以暂时将它搁置，但是要记住，伤痛还是会在那并且不会随着时间消失，如果你搁置的时间太长，这个伤痛则会默默地用消极的方式影响你的生活。也许它会藏在你对事情的态度里，也许会隐藏在你面对的新的事物里，当你发现它后，其实还是那个旧伤，但你本来可以选择让它痊愈并且过上另一种积极的生活。我们需要记住，无论是哪一种失去，面对它带来的痛苦所持有的心态都是至关重要的，要么选择一直沉浸于伤痛，要么变得平静，变得努力。如何在这两个状态间进行选择，完全取决于我们内心的想法和态度的积极程度。书中提出，很多人的事例都已经证明了治愈失去带来的伤痛是有可能的，但因为每个人的伤痛都是独一无二的，所以我们不应该老是因为周围人不理解自己而抱怨，也不要对通过他人的安慰而疗愈自己设有很高的期望值。要为自己的伤痛负责，而且意识到只有自己才能治愈自己独一无二的失去。

我们要学会走出伤痛。书中提出，伤痛应该分为六个阶段：否认、愤怒、挣扎、抑郁、接受、发现真谛。在第一阶段，我们很可能会否认失去的事实。失去之后，我们会一直不愿意承认自己所感到的失落。可我们必须要承认和面对，因为眼下的状况就是如此，哪怕这个痛苦可能是当时的我们所承受不住的。我们最终都能改变失落带来的伤痛，这不是说我们不用再感受它，而是指我们通过换一种思维和态度去面对，就不用一直处于长时间的难过之中，相反，我们可能会为以后的自己选择另一种更加积极和健康的方式。接下来，我们可能会找到属于自己的方式来发泄不良情绪。在这个阶段，我们责怪哪个人都无法阻止事情的发生，责怪既消极也没有带来帮助。假如我们选择消极，并且还利用情绪的低落将矛盾归咎于他人，想让自己因此分心，去逃避那些痛苦，这是十分错误的。我们作为成年人应该早已意识到：我们必须为自己产生的不良情绪负责。除了容易责怪他人，我们也容易进行自我攻击，我们会认为自己之前应该做一些事情但却没有做或者自己之前不应该做的事情却做了，结果现在时常追悔莫及。要记住，无论是何种情境，都要温柔地原谅自己，没有必要苛责自己，因为重要的是我们可以从这件事情上学到什么。在这之后，我们会进入下一个阶段，哀悼自己的失落。这个过程其实至关重要，倘若我们不尊重生命的安排，那么发自内心的那一份抗拒就会让我们因为遇上的各种事而感到痛苦、难受。相反，如果我们对生命保持谦卑，不去批判和指责他人，我们会发现，自己的情绪可以一直维持谦和平稳的状态，并且那些因为失去而感受到的痛苦可以消失大半。

我们如果在失落后进行自我肯定，告诉自己"我会从这种经历中收获和成长，这不是我的悲剧，我也不是受害者"，当你能意识到这一点，我相信你的未来会过得更好。我想用书中的一句话来结束此次的分享：希望现在有创伤的你们，都能顺利地从第一个阶段走到最后一个阶段——带着爱，去创造自己的新生活。感谢你的阅读，我们下次再会。

推荐文章作者及音频录制：修靖云

> 第十二本
> 《拖延心理学》

拖延很常见,每个人或多或少都有一些拖延的问题。本期推荐的好书就与拖延关系密切。该书名称简单直接,叫《拖延心理学》,是由美国著名心理学家简·博克和莱诺拉·袁所著。就像这本书的名字一样,书中内容围绕"拖延"两个字展开,在这本书中,作者详细地介绍了拖延的原因、拖延产生的不良影响,以及关于拖延我们能做些什么来应对它。

偶然地，你在手机每日推送上看到了一篇关于某部电视剧的推荐，而这部剧刚好又合你的胃口，你的兴趣被激起了，心想着找个时间好好看一看，不过今天要出去玩，就没办法看了，明天再说。等到了明天，又因为其他的事情给耽搁了。你总说这本书我非常想把它看完，但是却老是不能天时地利人和，就这样，你把一件本可以很快或者马上就做的事情一拖再拖，总是能找到很多理由、很多借口，却懒得迈出最简单的那一步。如果你确实是这样的，那么很遗憾地说，你已经进入了一片迷雾森林，这片森林的迷雾总是环绕着你，困着你，这个迷雾叫作：拖延。很多人会把拖延理解成懒惰，觉得是因为自己太懒了，以至于没有办法立即着手某件事，总想着明天再说、后天再做，而到了那天又不想弄了，又扔给未来的自己。实际上，拖延并不是懒惰的问题，尽管在生活中我们常常把这两者混为一谈。不过跟懒惰不同的是拖延者们并不是不想做，其实在他们心里还是很想做一做的，也常常在原地挣扎，不过就像一条咸鱼在桌上扑腾一样，最终没有坚持下去，早早放弃。

让我猜测一下，你是不是在日常生活中经常出现这样的情况：天亮了，你枕边的闹钟按时叮当作响，试图把你叫醒，你确实醒了，不过醒来后迷迷糊糊地把闹钟关了就又继续睡了，一直到快上课的时间，你的舍友都已经准备好才发现你还在床上打着呼噜，这时才真的把你叫醒，而此时时间已经不多了，于是你开始手忙脚乱，草草地准备一下，凌乱地前往教室。待到快上课时，你踏着铃声赶到，一脸窘相。每天晚上计划着在养肝时间11点前入睡，好好睡个养生觉，但是打打游戏，刷刷朋友圈，看看短视频，一不留神半宿过去了，在这个过程中，你没有想到时间正在一分一秒地被你浪费，你的脑子里只知道"啊！游戏真好玩！朋友圈真有意思！短视频刷得根本停不下来！"过后，你意识到自己是不是做错了什么，然后开始不断自责，负罪感满满，在心里默默地告诫自己，不能再有下次了，再这样我就怎么怎么样……然而下一次还是老样子，仿佛被困在迷宫中，陷入了无尽的循环。

这只是其中一种危害，拖延症的害处想必不用多说大家或多或少都有体会，不过问题在于很多时候都是到了悬崖边，就快要掉下去了，好不容易回来，又不自觉地回到悬崖边，就犹如过山车，来来回回，胆战心惊。

虽然拖延症很可怕，不过还是有解决办法的。首先咱们来理解一下拖延的问题所在，作者从近百项研究中，列出了影响拖延的三种类型——低期望、低价值、冲动，并总结出了拖延方程式：动机 =（期望 × 价值感）/（冲动 × 推迟），它的意思是，一个人对一件事情期望值越高，越有足够的自信去做好它，越认为这件事是有价值的，就越有更强的动力马上着手去做。相反的，如果越冲动，越不理性考虑而是一时兴起，就越容易让自己分心，难以集中注意力，而把心思放在了其他的东西上，这样也就越容易导致拖延。另外，截止时间也是影响因素之一，截止日期定得越远，就越容易给拖延创造空间，越容易引发拖延。即动机是影响拖延的重要因素，而动机与期望和价值感呈正相关，与冲动和推迟呈负相关，受四者的影响。换句话说就是，只要相信自己能完成，认为完成这个任务的好处是有价值的，而且能克制自己分心，有时间紧迫感，就可以使做事动机剧增。书中的一些小测试也可以帮助你了解自己拖延的动机是什么，以便更好地战胜拖延。

当你明白了自己拖延的主要动机是什么，就可以根据书上相应的调整策略来对症下药，消灭那些阻碍你完成最好的工作和过最好生活的借口。

低期望是拖延的要素之一，曾经的一些不愉快的经历很容易成为我们对这个世界失去希望的理由，一个曾因为初学打篮球就发生事故导致骨折的人会对篮球这个运动产生心理阴影，他的期望值也就低了，甚至觉得自己学会篮球是没有多大可能性的。

这时候就要靠信念来支撑了，要相信自己，保持乐观向上的生活态度。要有敢于接受失败的心，虽然一时失败，但是这不意味着世界末日，不代表你未来做不到、永远做不到。敢于承认自己的优点，同时也要接受自己的不足，树立信念和信心。据研究表明，多数拖延者与非拖延者相比更加不自信，所以增强自信心对于期望而言至关重要。

那么我们应该如何提高期望呢？本书提出了三个方法：

1.在平常的学习生活中，我们可以多做一些志愿者活动，去尝试新的事物，要开拓自己的眼界和接触面，敢于挑战一些有难度的事情。当你接触了各式各样的人，尝试了各种各样的活动，完成了一件件你觉得有难度的事情后，你的成就感也会油然而生，同时，你自己也得到了提升。

2.看一些励志电影，读一些励志传记，听一些励志演讲，多和正能量的人相处，从故事中或社交圈寻找激励。所谓物以类聚，人以群分，多和一些充满正能量的人与物接触，你自身也会潜移默化地被感染，不知不觉中也充满了正能量。

3.展开你对未来的想象，让自己心生向往，将这个理想和自己目前的处境做个心理对比。也许这个理想是你想做但做起来有难度的事情，也许是你倾尽所有才有可能实现的理想，做个对比，想象在未来到来的那一刻、理想实现的那一刻自己是多么的喜悦！理想总要有的，万一实现了呢？再确定了理想之后你也许就更有动机去追求自己的目标。

当拖延动机是低价值感时，人们做什么事都感到特别无聊，想要拖延。无聊感向我们发出信号，告诉我们做的事情是无关紧要的，就像出趟远门只为买一瓶矿泉水一样，不做没有什么太大的影响，做了也好像意义不大，可有可无，这样很容易就分心了。对此，书中提了几个好建议：

1.给自己的任务多点挑战性，这样学习、工作时会少一点厌倦。对于唾手可得的东西人们往往不会珍惜，恰恰是有一些难度的，需要付出的任务，人们更有动力去完成。你对一件事的投入越多，你对这件事的看重程度就越高，越会去珍惜，越会去认真对待。

2.留出白天效率最高的时间段来完成最困难的工作。一般来说，白天的效率会高于晚上，所以尽可能把最困难的工作安排在白天，并且安排在白天中自身效率最高的时间段。当你把最困难的工作啃下来之后，你会有一种释怀感，而此时剩下的工作对你来说也不算什么问题了，毕竟跟最困难的工作相比，都不算什么了，最困难的工作已经解决了。

3.列一张待办事项，当完成规定计划后，允许给予自己适当的奖励。纯粹地埋头苦干，就像吃一个没有馅的汉堡包一样，你会感到食之无味。适当给予自己一些奖励就像往汉堡包里塞馅料，会可口很多。

拖延的最重要因素是冲动，冲动是对这一刻失去耐心，期望得到的现在就得全部得到，急功近利。比如，当手机提示音响起，我们迫切想要知道里面的信息，就好像是心爱的人给你发来消息，社交账号里收到了一个红包，尽管很多时候打开一看都是一些没有用的广告消息，让你白高兴一场。易于冲动的人，要表现出自我控制和延迟满足是很困难的，有时他们尽力去做却还是难以控制自己。这里给大家介绍几个简单驯服冲动的方法：

1.将诱惑放在你能够得到的范围之外，至少是越远越好。把接触诱惑的成本提高，比如在宿舍读书时，就不要把手机放在桌子上或者是自己看得到的地方，可以选择放在书包、抽屉里，或者放在离自己5米以外的地方，让自己不容易去接触。

2.尽可能完全隔开学习和娱乐空间。划清学习和娱乐的界限，把自己的生活环境做一些调整，娱乐空间里的学习用品就放到学习空间里去，学习空间里就不要出现游戏机、娱乐杂志这类的东西。在学习的空间里就只做学习的事，在娱乐空间里就好好放松娱乐。

3.用具体的语言来设置你的目标，设置具体的截止时间来完成它，同时将长期目标分解为一系列短期目标，拖延的时间越短，动力越强。

拖延心理学这本书中除了提供应对常见问题的有用策略外，语言还相当有趣，同学们要是有兴趣可以到图书馆借阅哦。以上就是全部内容，最后，让我们一起跟拖延说再见,成就更好的自己。

推荐文章作者及音频录制:林泽琴 吴琛

第十三本
《美好人生诊断书》

随着社会的发展和进步,人们面对的生活压力越来越大,焦躁不安是常态,失眠焦虑成常事。到底是从何时起,我们逐渐被这些"都市病"给淹没了?本期向大家推荐的好书《美好人生诊断书》,针对当今人们普遍存在的种种"都市病"做了分析,并提出了相应的解决方案。本文将以社交恐惧症为例,向读者展示这本书的基本结构,希望能对大家有所裨益。

读万卷书，行万里路，又到了我们分享好书的时间，今天要向大家推荐的好书是《美好人生诊断书》。

许多年前，当学生们还没被各种大大小小的补习班、兴趣班淹没，当手机电脑还没有进入家家户户，当空气还很清新，当房价、物价还很美丽，我们享受着每天散步去学校，骑单车去上班的日子。而如今，当地铁连接起城市的两端，当手机成了我们的贴身管家，当网络覆盖了我们生活的方方面面，我们出行的包袱越来越轻，一部手机就能走天下，一趟飞机就能横跨太平洋，我们却不再享受生活。生活便利的背后是时代的飞速进步，我们享受着便利的同时也为跟紧时代的步伐累得气喘吁吁。从前是慢生活，如今是快节奏，人们的神经一天天地紧绷起来，心理状态一天天地差了下来。失眠症、抑郁症、焦虑症、躁狂症、节后综合征、考试综合征、星期一综合征等"都市病"一拥而上。

穿过熙熙攘攘的人群，望着灯火通明的街道，仿佛能看到那些来来去去的行人，在追赶生活脚步的同时，也在寻找解药。今天要向大家推荐的这本《美好人生诊断书》，或许就是你正在寻找的那一剂良方。

这本书提及了我们日常生活中高频发生的39种心理症结，比如在"双十一"之际，面对琳琅满目的商品，不知如何选择而患上的选择障碍征；比如临近期中考了，一米高的书还没有看，一下子焦虑症、考前综合征全部涌上来；比如失恋时，如行尸走肉，无可救药地患上的恋爱受挫综合征，还有嗜睡症、星期一综合征、酒精依赖症、躁狂症等。这些症结犹如潜伏在我们身边的猛虎，随时会扑向我们。这本书针对每一种病症都用了案例引入，并对病理原因进行了分析，列出了症状表现，最后提出了解决办法。也许你不知道自己是否病了，也许你无法确定自己患上的是哪种病，也许你正在为自己患上的心理症结紧张焦虑。不要着急，当你打开这本书，一切问题就都有了答案。每一种心理症结的病理原因、症状表现和解决办法，书中都叙述详尽，再加上案例的引用，大家很容易就能理解并学会自我应用。

因为篇幅有限，我们今天就来谈谈社交恐惧症，其他的心理症结大家可以通过自行阅读这本书来了解。

一直以来，你对社交恐惧症患者的印象是不愿去人群密集的地方，不喜欢与人打交道。没错，这些都可能是社交恐惧症患者的表现，但其实，除了这些比较明显的表现以外，社交恐惧症还有另外一些表现，可能从未引起你的注意。如果你发现自己或周围的人有以下表现，一定要多加注意，因为具有这些表现表明了这个人极有可能患有社交恐惧症。

1. 赤面恐惧

我们在害羞、紧张的时候很容易脸红，脸红是一件再正常不过的事情，人们也不会因为自己脸红了而刻意回避。不过患有社交恐惧症的人却会觉得脸红是一件十分羞耻的事情，并会刻意去掩饰自己因害羞或紧张而涨红的脸。比如一位不敢参加聚会的人，可能会在聚会前喝上许多酒，以此来让大家认为他是因为喝了许多酒而脸红的，并非因为紧张和害羞。他们还有可能在自己脸红时找各种理由逃离现场，比如说临时有急事，或是说想去洗手间。

2. 视线恐惧

具有视线恐惧的这一类社交恐惧症患者在与人交谈时很害怕和对方对视，总会觉得十分尴尬。为了保持镇静，他们常常会刻意去避免自己的视线与对方的视线相遇。然而越是这样，他们越是会因为视线的问题无法镇静下来，无法集中注意力，导致谈话时总是颠三倒四，前言不搭后语。

3. 表情恐惧

有一类社交恐惧症患者，他们总是认为自己的表情会引起周围人的反感，会遭受歧视，所以他们不敢与他人交谈。这种现象称为表情恐惧。

4. 异性恐惧

新东方的创始人俞敏洪在多次演讲中都提到过自己曾经是一个极度自卑

的人，不敢与班上的女同学说话，这就是异性恐惧的表现。这一类人常常因为自卑或者是害羞而不敢与异性接触，尤其是异性的领导，每每与异性领导交流，他们都会感到极大的压迫感，无法镇静下来，甚至会说不出话来。

5. 口吃恐惧

此类患者的表现是在与人对话时总是无法准确表达自己的意思，常常话说到一半就说不下去了。患者会因此而担忧、焦虑，认为自己有缺陷，并为此苦恼不已。

综上所述，我们可以发现社交恐惧症患者总是过分惧怕外界的某种环境，或者害怕自己的某些表现会让人觉得可笑，让自己陷入难堪的境地。那么到底是什么原因在干扰着他们，让他们如此害怕社交呢？

引起社交恐惧症发生的因素有多种，有可能是生理因素，比如美国著名精神病学教授戴维·西汉先生就发现如果人体内一种叫"5-羟色胺"的化学物质失调，就可能引起人们的恐惧情绪。除此之外，社交恐惧症的发生也有可能与患者的社交环境、家庭环境等有关，比如有以下几种经历的人群是社交恐惧症的高发人群：

1. 当一个人具有极强的自尊心，但却对自己的外貌不满意，并且十分害怕遭受拒绝的时候，就很有可能患上社交恐惧症。

2. 当一个人从小因家庭因素，如频繁的搬迁等，导致自身性格被压抑，再加上父母没有教会他社交技能，他就很容易患上社交恐惧症。

3. 当一个极端完美主义者在与人交往的过程中遭受了打击时，就有可能因害怕自己无法把社交关系处理成自己理想的样子而患上社交恐惧症。

4. 如果一个人所处的社会环境比较恶劣，在与人交往过程中屡屡碰壁，或有过被他人嘲笑、讽刺的经历，导致其产生了心理阴影，也很容易害怕社交并患上社交恐惧症。

总的来说，一个人会患上社交恐惧症，有可能是他自身的原因，也有可能是因为外界环境给他带来了不好的影响。如果自己或身边的人患有社交恐惧症，我们要了解其患病的原因，才好对症下药。

这本书向读者提供了五种疗法，症状还不太严重的患者可以尝试按照这五种疗法进行练习，进而从心理上缓解甚至根治社交恐惧症。如果症状比较严重，还是建议及时去正规医院求助心理医生，以免症状进一步加重。

下面我们就来看看这五种疗法：

1. 催眠疗法

催眠疗法是指精神分析师通过言语暗示将患者催眠，然后去挖掘患者心灵深处的东西，引导患者说出令自己记忆深刻的事情，以此来看患者是否曾经历过某些令人感到窘迫的事情，从而判断患者的发病原因。这种疗法可以从根源上消除患者的心理障碍，但花费比较大，治疗时间也比较长，并且需要患者的积极配合。

2. 情景疗法

情景疗法十分简单，患者只需找一个安静的地方，闭上眼睛，在脑中模拟一直以来都令自己害怕的社交场景，不断鼓励自己面对这个场景。一遍遍地重复这个假想过程，久而久之患者就能够适应令自己恐惧的社交场景了，恐惧社交的症状也会有所减轻。

3. 强迫（暴露）疗法

顾名思义，这种疗法的要义就是强迫自己暴露于令自身感到恐惧的社交情景中，不断刺激自己。比如你十分害怕与人对视，那么在每次与人对话时都刻意去看着对方的眼睛；如果你很害怕接触异性，就抓住有限的与异性接触的机会，多与异性进行交流。利用这种方法，经常进行练习，能够使患者认识到自己对社交的种种恐惧其实都是一场误解，就会对社交恐惧有很大的改观。

4. 亲情疗法

克服社交恐惧症最有效的方法是增加与他人的沟通，对社交恐惧症患者来说，与陌生人或是不太亲近的人交流是一件不太可能完成的事。这种时候不妨让患者先与家人或是关系很亲密的朋友增进沟通。如果患者对与任何人交流都感到恐惧，那么也可以把一些物品，比如自己的玩偶当作人，与之进行社交演练，长期进行此种训练对治疗社交恐惧症也具有十分明显的效果。

5. 自信疗法

社交恐惧症患者大多有些自卑，因此可以通过培养患者的自信心来达到治疗社交恐惧症的目的。让患者多接触一些积极开朗、自信乐观的人就是一种不错的方法。近朱者赤，久而久之，患者也会被感染，逐渐开朗自信起来。

如社交恐惧症一样，其他的心理症结也是我们不容忽视的问题，否则极有可能严重影响到我们的正常生活。在日常生活中我们要时刻关注自己和家人的心理健康，这本书针对每一种心理症结都做了如社交恐惧症一般详细的介绍，在心理健康越来越被重视的今天，你也不妨捧起这样一本书，为自己和家人的心理健康学习起来吧。

最后，祝愿大家都能有一颗坚韧不摧的心，战胜生活中的各种挑战。不论走到哪里都能保持从容的心态，不论走到哪里都是碧海蓝天。

推荐文章作者及音频录制：陈玉婷

第十四本
《情绪急救》

人会有各种各样的情绪,却往往容易对自己的情绪视而不见。有时,还会采取发泄的方式,那些不良情绪所带来的后果则被忽视。这次分享的好书正能解决这一问题,本文关注拒绝、孤独这两种情绪,从拒绝带来的四种心理创伤入手,提出四种自我疗法,并讲述孤独带来的不良影响,找出挫败的原因以及缓解孤独感的办法。希望这本好书能够帮助你解决一些生活上的情绪伤害。

腹有诗书气自华，大家好，我是靖云，本期为你分享的好书是盖伊·温奇博士所写的《情绪急救》，出版社为上海社会科学院出版社。我们每个人每天都在和情绪打交道，情绪算是我们最熟悉的陌生人。我们会有各种各样的情绪，比如，经历"小确幸"时，我们会高兴地和好友分享；拖延了好久的任务，到了截止日期，我们会显得焦虑不安等。我们非常熟悉自己的情绪，但却在有的时候对它视而不见，我们常有意掩盖那些负面情绪所带来的不良后果。而《情绪急救》这本书，列举了人们在日常生活中常见的心理伤害，教会我们如何在情绪急救箱中找到合适的工具，在第一时间进行自我救助。

本书分别介绍了七种常见的情绪伤害，它们是拒绝、孤独、丧失、内疚、反刍、失败和自卑。被拒绝会让自己感到不安，长期的孤独会引起内心的痛苦，丧失则让我们的生活有缺损感，内疚剥夺了我们的安宁，而对痛苦的反刍很快就会发展为焦虑，失败很可能导致极度的失落，自卑则让我们不愿意寻求他人的帮助。针对每种情绪伤害，作者都给我们提供了相应的解决方法。根据同学们常见的情绪问题，我选了其中两种情绪伤害——拒绝和孤独，与大家进行内容的分享。

生活中我们无法避免被拒绝的情况，比如，申请加入一个团队被拒绝，没有被邀请参加活动聚会，被潜在的对象、上司、朋友拒绝等。各种各样的拒绝都会让我们受到一定的创伤，给我们的情绪、思想、行为造成不良影响，但是我们往往会低估它所带来的心理创伤。

书中提及了四种心理创伤。1.情绪上的痛苦。书中提到了一个扔球游戏实验，发现只是在很琐碎的小事情上被陌生人拒绝也会引发人的痛苦情绪（情绪低落甚至自尊下降）。所以，那些真正意义上的拒绝，会让我们经历更大的威胁感和痛苦。被排斥在外时，人的大脑会发出一种警告，这个警告激发了早期预警系统，会让人感受到尖锐的被群体排斥的痛楚。根据研究显示，经历拒绝和身体上有实际痛苦，被激活的脑区是完全一致的。2.被拒绝的人缺乏理性。人总是试图让自己忘记伤痛，但是说服自己忘记被拒绝的伤害是个困难的过程，很大原因就是在那时候我们缺乏理性，我们的逻辑、常识都会变得无效起来。3.愤怒和攻击性。不知道你是否见过或者自身经历过，在被拒绝以后心里冒出一股火气，忍不住进行一些具有攻击性的行为。我们也经常看到一些案例，一些青少年在被拒绝后因为感受到排斥以及嫉妒，走上了违法犯罪的道路。另外，这一项里还包括自尊受损。如果是反复经历或者印象深刻的拒绝事件，哪怕仅是回忆这个过程，都能让人的自我价值感减少，损害到我们的自尊心。通常情况下，我们会自我评判，然后在自我批评的基础上，又一次拉低自尊心。长此以往，我们的心理健康便会受到破坏。4.归属感受到威胁。人类的基本需要之一便是受到他人的认可，被周围环境接受。当被拒绝时，我们的内心会感受到他人对自己的疏离，会生出一种周围环境与我格格不入的感觉。

知道了拒绝带来的四种心理创伤后，那么我们应该如何处理这些心理创伤呢？书中分享了四种疗法。疗法A：与自我批判争辩。我们可以试着弄清每一次被拒绝的原因，是因为什么地方出错了，是否是自己的问题，然后建立正确客观的认知，以减少未来再犯错的可能。在被拒绝后，我们首先要列出当时产生的各种消极想法，然后根据情境，想出各种反驳的可能。这个练习是与自我批判争辩的过程。这能帮助我们全面考虑一件事，加深客观认识的同时能抚慰我们的痛苦，减少冲动的愤怒行为。疗法B：恢复自我价值。可以列出自身最优秀的五个特点，要花时间去仔细思考，然后按照重要性进行排列，问自己为什么这种特点对我而言很重要，它会怎样影响我的人生，这个过程同样能帮助我们舒缓感情上的伤害。疗法C：修补社交感受。在受到社交方面的拒绝后，我们可以选择寻找更适合的归属关系来弥补。有些时候要考虑到圈子里的人与自己的性格、爱好、生活方式等是否相似，因为形成的归属关系是否持久也取决于此，若是能与那些合得来的群体一起，我们将体验到的是一种强大的社会联系感，而非拒绝带来的孤独和无助感。疗法D：自我脱敏。这个意思是，如果我们一直接触到同样的反馈，我们就会习惯那些反馈带来的感受，达到"脱敏"的效果。这虽然不适用于所有被拒绝的情况，但是当涉及类似邀请他人聚餐被拒、求职被拒、申请实习被拒、与人交往被拒等情况时，选择自我脱敏还是有一定好处的。不过使用时需要注意，不应该频繁选择这种方式，只有在自己觉得能忍受多次较为轻微的拒绝时，作者才建议使用这种方法。当然，如果拒绝带来的痛苦太过深刻，还是需要寻求心理专业人士的帮助。

我们接触的世界正因科技的进步、网络的发达变得越来越小，但每个人却依然感到愈发孤独，哪怕有再多的网络好友也不行。我们要知道，孤独并不是指身体上的疏远，主要还是来自情感上的无法靠近。缺少人际交往容易产生孤独感，研究表明，长期孤独的人更易患上各种身心疾病。长期的孤独使人产生缺乏社会支持的感受，可能导致自杀倾向和睡眠障碍等问题。不仅如此，孤独还会让人产生自我封闭的后果。长期的孤独感会让人在行为上越发退缩，内心越来越不想参与社会性的交往。一旦社交技能缺乏锻炼，长此以往也会逐渐衰退，这就形成了一个恶性循环。

而对抗孤独，作者告诉我们要挑战消极的自我看法。很多长期孤独者都对自我产生过负面想法，因为自己不被他人接纳，所以和人接触的机会就减少了，甚至会因此对人际关系产生更消极和悲观的定义。比如，哪怕只是对方的一个眼神，都可能觉得是对方对自己的蔑视和贬低。这种胡思乱想肯定需要早点停止，一开始就应该坚定地告诉自己，其实人们没有那么讨厌自己，也许只是还不够了解，也许他们在惴惴不安中也不知道如何开始社交呢，为何不自己开启一个有趣的话题去社交呢？

接下来要找出让我们挫败的原因。比如，迎面走来了一位熟人，我们也许会想："既然我不擅长与人交往，又害怕说错话，还是别打招呼了。"我们担心在与他人的相处中出现错误，所以不愿意去行动，可越不行动，越可能出错。我们要找出这种自我挫败的行为，选择另一种积极的自我对话的方式，比如对自己说："在提高个人社交能力的过程中，出错是正常的。"还有一个方法就是我们可以锻炼自己换位思考的能力。当一个人能够设身处地地站在他人的角度去思考问题，他更容易建立起较为亲近的关系。可有时候我们容易误入思维的盲区，只坚持自己的观点，以至于不能对他人的看法给予足够的重视。所以，我们需要经常提醒自己，对方与我的想法可能会不一致，这个是正常的。当我们能够充分考虑到彼此之间的差异时，很多争执和冲突就能更好地被避免。

我们不仅要学会换位思考，还需要学会深化和他人的情感联系。作者认为，我们需要了解别人的感受。要做到这点，了解环境的背景就显得很重要。比如，在具体的情境下，别人有什么样的情绪以及他们可能遭受的痛苦。想象自己正处于对方的处境中，然后在了解对方的感受之后，我们将这种感受传达给对方，让对方感受到你对他的理解。虽然世界上没有完全的感同身受，但是我们的理解是否正确有时候并不是最重要的，让对方感受到你为了更加理解他的感受付出了很大努力，这一点就足够深化你们彼此之间的交流。做好这些能力和心态上的准备，我们还需要创造更多社交联系的机会。比如，根据个人的兴趣爱好，多参加一些社团组织，以创造自己和他人产生联系的机会。

最后再次向大家推荐这本书，其中非常值得一读之处还在于它所提供的情绪调节的方法都是基于发表在一流学术期刊上的科研成果，这保证了每种方法的科学性，而在本书的最后有二十多页的参考文献提供给对该领域感兴趣的人进行深入钻研。希望这本好书能够帮助你解决一些生活上的情绪伤害，我们下期再会。

推荐文章作者及音频录制：修靖云

> 第十五本
> 《黑羊效应》

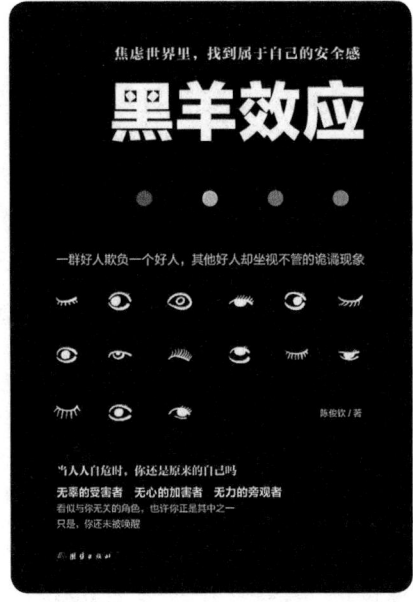

　　本书是由台湾地区著名精神科主任医师陈俊钦所著的《黑羊效应》。黑羊效应的含义是指众人欺负一个人，而其他人熟视无睹的现象，并且这些人都属于好人。其实很多人都处于黑羊效应的威胁下，生活中的黑羊效应如果不运用合适的方法去克服，是很难避免的，这会让我们在不知不觉中吃哑巴亏。如何避免去伤害别人？如何避免被别人伤害？如何避免吃哑巴亏？这本书会给你答案。

黑羊效应在生活中并不少见。黑羊效应虽然名字挺好听,但却是一种心理学陷阱,并且它的存在是很难被意识到同时又是在生活中很常见的。它的存在对我们的工作生活起着很多负面影响。黑羊效应中有三个重要元素:

1.无助的黑羊。这是一个受害者的形象,经常是啥都没做就无端"背锅"。

2.持刀的屠夫。这是一个加害者的形象,经常是一脸懵懂地跟着大流,别人干什么他也跟着干什么,并不清楚发生了什么事。

3.冷漠的白羊。这是一个旁观者的形象,类似于我们常常说的"吃瓜群众"。旁观部分或全部过程,但是毫无作为。

回想一下从小到大的校园时光,大家应该能回想起这段时期目击、听闻或是亲自参与的霸凌别人的事。如果我们分析一下,我们会发现导致这些事情发生的原因多半是一些无关痛痒的小事,比如"他很瘦弱""他性格很孤僻""他太爱出风头"甚至是"我看他很不爽"等,而就是这些理由就引发了众人对某一个人的欺凌。你在一个团队中,你们一起工作,一起克服困难,在这个过程中,你们相处得很好,彼此配合。可是快到结束等待验收成果的时候,团队出了差错,成果让上级很不满意,于是上级开始追究责任。这时,你突然就被认定是业务失败的害群之马,成了一个替罪羔羊。可是事实上,你只是整个链条中的一部分,你发挥的好与坏对结果并不会起到至关重要的影响。可是你还是被惩罚了,虽然你本不应该受到如此严重的惩罚,你也不能理解为何是你。你希望有人能出来为你说话,为你打抱不平,或者是一同承担,可是那些两边都不想当的、不愿意做加害者或者受害者的人,宁愿去选择冷眼旁观,也不肯向有办法改善这种现象的人反映。直到最终受害者被迫离开,这场闹剧才算结束,这就是黑羊效应。

想要说清这个问题,我们不能把它放在单一环境下,从社会层面讲,你会成为黑羊的原因有:

1.你曾经做过屠夫或白羊,并且这种情况是在无意识下发生的,也许你可能印象不深刻甚至没印象，但在别人心中印象深刻。这个是很让人困惑的，因为你根本不知道或很难意识到那么做的原因。

2.你被选中成为黑羊或卷入某场斗争中。如果你是因为这个原因成了黑羊，那就真的是"咬断牙往肚子里咽"了，你自身是没有意识到的，莫名其妙就被洪水猛兽吞噬了，即便你并没有做什么，可他们还是选了你作为攻击目标。

3.你犯了一个错，并且你自己都没有感觉到自己犯了错。

4.你过于执着与坚守的观念让别人厌烦，让别人对你产生了距离感，最终把自己变成了黑羊。也许你的观念从客观来讲并没有什么错，可是它不契合大众口味，难以被人接受，使得你和别人形成了一种距离感，把你和他们隔开了。

5.你把集体利益看得太重，以至于忽视了集体内的个体，结果就是更容易成为黑羊。我们应该注意的是，集体利益中是包含着个体利益的，一味追求集体利益或者一味追求个体利益都不利于团体的和谐，最好的办法是两头兼顾，学会权衡，把握集体利益和个体利益的和谐点，努力做到既照顾集体利益又能兼顾个体利益。你可以为了集体利益牺牲一些个体利益，但必须在可接受范围，在不破坏团体和谐运作的基础上。

除此之外，为什么身边的人会忽然变成冷血的屠夫和冷眼的羊呢？有以下三个原因：

1.回避责任。我们很多时候会推卸责任，认为别人需要对失败付更大的责任。人们总是容易表达自己的优点，却很难承认自己的失败与缺点，虽然心里知道，但是却很难抹开面子去说，因为这会有损自己的形象。相反，把失败的责任推卸给他人就显得容易多了，推卸责任意味着你有可能免受自己本应该受到的惩罚，不会危害自己的利益。举个例子，每个人都像是胸前挂着玫瑰，背后挂着污秽，玫瑰代表着每个人好的、优秀的部分，而污秽则代表着每个人不足的地方，每个人都是排成竖排往前走的。因此我们更加容易去注意到胸前的玫瑰有多么鲜艳美丽，并为此表达赞扬。欣赏玫瑰的美太容易了，你只需要低下头就可以做到。然而，你的眼睛在前面，你的后脑勺、你的背后是不长眼睛的，想要看到背后的污秽是有难度的，至少你需要一面镜子。又因为你和其他人是竖排走的，所以他人背后的污秽你很容易就能观察到，相同的，你背后的污秽也更容易被他人所看到。推卸、逃避责任的成本与自己去承受相比，那是要小得多且容易多了。

2.认识行为失调。就像被卷进漩涡一样，只要你有一次去欺负黑羊，你就收不住手了，你会开始为自己的攻击行为辩护。也不知道自己哪来的动力，就是看黑羊不舒服，虽然可能心里还是会犯嘀咕："它真的像我说的那么坏吗？""我一开始就这么讨厌它吗？"可是这就像离弦之箭，一旦开始就很难收住了，自己的立场已经表现得很明显了，已经站好位了，想改变也已经不太可能了。事实上，黑羊挺无辜的，它其实并没做什么，有苦说不出，但人们就是要指控它，就像之前所举的例子一样，找一个人的缺点就像观察一个人身后的污秽，太容易了。

3.从众心理。有时候一件事与我们关系不大，我们一开始也是抱着事不关己高高挂起的态度，但是当我们发现周围的人开始对某一个人产生敌意，开始针对这个人时，我们便有意识或无意识地产生了从众想法，试着与绝大多数人保持一致，于是，我们也加入了这个集体，一起攻击某个人，尽管我们是有些凑热闹的意思。此时，不管是被针对的某个人还是其他人，都充当了坏人的角色，尽管他们都没有意识到。虽然你不一定真的那么想攻击黑羊，可是你看到周围的人都不约而同去攻击它，你心里会觉得"它是不是真的有问题？"加上大家都在攻击它，已经形成了一个团体，倘若你不去跟随他们，而是特立独行，势必会遭到这个团体的排挤、排斥，这样对自己也不利。另外，你还会有"大家都攻击它，那我也攻击，反正出了问题大家一起承担，总比我一个人承受要好得多"这种利己主义的想法，从众的现象自然就出现了。

这时候问题就来了，当我们发现我们很不幸地被卷入了黑羊效应的漩涡中，我们该怎么办？

首先，心态最重要，把心态端正了，冷静分析眼前的情况。成为黑羊，不代表自己有错，不代表自己一定犯了什么天大的过错才招致一群人的攻击、敌对。放轻松点，无须去指责自己。相同的，黑羊效应出现后也不代表"屠夫群"是故意的，他们可能自己也没有意识到，可就是控制不住，也许在事情结束后过段时间他们就明白了、意识到了。

其次，建立恐惧，让更多人意识到黑羊效应的可怕，让大家认识到什么是黑羊效应，怎么去应对黑羊效应。方法还是有的，可以开一场读书会，让大家阅读一些关于黑羊效应的书籍，也可以举办宣传活动，在活动中可以模拟黑羊效应出现的情形，让所有人都轮流体验一下黑羊效应中的所有角色，让大家有更深刻的体会。

最后，黑羊可以把注意力转移到这个范围以外的地方，重新和自己的朋友接触，和自己的家人在一起，参与更多的社交活动。有句俗话叫"眼不见为净"，避免不良环境给自己带来负能量最好的办法就是远离它。黑羊效应也是一样，尽可能远离或者不接触黑羊场所，减少再次发生黑羊效应的可能性，去尝试一些新的东西，多接触一些来自不同领域的人，多参加一些团建活动，加入更多的兴趣类团体，扩大眼界，让注意力从黑羊效应所带来的负面影响转移到更舒服、更有利于提升自己的方面上，这才是切实有效的。

希望各位读者在今后的日常生活中遇到黑羊效应时，能够有自己独立的见解，避免盲目从众，提防集体效应，同时注意保护自己，避免成为被攻击的对象，减少不必要的麻烦。

推荐文章作者及音频录制：林泽琴　吴琛

第十六本
《我们是这样活过来的》

本期推荐的这本书《我们是这样活过来的》,讲述了一个抑郁症患者从患病到康复的亲身经历。我们经常能够听到"抑郁"这个词,但可能从未接触过真正的抑郁症,本书将带你走进一个抑郁症患者的内心,揭开抑郁症神秘的面纱,带你了解真正的抑郁症的样子。本文将对本书的主要内容进行大致的介绍,并且分享一些读书收获。

读万卷书，行万里路，又到了我们分享好书的时间，今天要与大家分享的好书是《我们是这样活过来的》。

这本书讲述的是作者艾玛·弗瑞斯特自己的亲身经历。22岁的英国女孩艾玛孤身一人离开家乡，漂泊在曼哈顿。父母的古怪浪漫，造就了有一些怪异的艾玛。22岁以前，在父母身边的艾玛就像在一片古怪却温暖的水域里的精灵，而22岁以后，离开父母独自来到陌生城市的艾玛就像走进了深海区的无助者。

在这个陌生的城市里，她觉得自己与周围的一切格格不入。她心地善良，但是她的行为却总是被人误解，她渴望爱情，却一次又一次地被伤害，她常常感到孤独寂寞，整日与痛苦为伴。艾玛和她想要的生活渐行渐远，最后她患上了抑郁症。她总是觉得很痛苦，对这个世界充满了不理解，她开始不由自主地伤害自己。她暴饮暴食，每天都要通便六七次甚至是八次，她划割自己的身体，手臂、腿、肚子甚至脸，她想借身体上的痛苦来向自己证明自己还存在。当时的她在所有的事情上能感受到的只有痛苦与悲哀，还要含在嘴里翻来覆去地品味。孤立无援的她陷入了深深的绝望，她的人生滑向了低谷。

在最艰难的时刻，艾玛认识了精神治疗师R医生，R医生给艾玛的生活带来了转机。R医生快乐，是永远的乐观者。凡是艾玛给他讲的事情，他都会告诉她，一切并非她想象的那么糟。在与R医生的一场场谈话中，艾玛逐渐从痛苦的深渊爬上来，她的心理状态逐渐好转，她从开始的每周都去R医生那里，到后来只需要两周一次，再之后一个月才去一次，到最后成了必要时才去。艾玛在那段时间里感觉内心很平静，很快乐。她还遇到了一个很善良很温和的人，那个人曾经也经历过黑暗，他们相爱相恋，拥抱彼此的伤痛，成为彼此的光亮。

就在艾玛以为生活会就这样平淡美好地过下去的时候，传来了R医生去世的消息，紧接着，男友也毫无征兆地离开了自己，艾玛再一次陷入了精神的困境。没有了精神支柱，光亮也突然黯淡，艾玛伤害自己的念头重又萌发，但这一次，艾玛坚持住了，她没有再伤害自己。R医生离开了世界，但是一直没有离开艾玛，他的声音一直存于艾玛的脑中，他那种乐观的精神一直感染着艾玛，给了艾玛克服困难，战胜挫折的勇气。

人人都有低谷，也有繁盛的人生。艾玛从孤独绝望走向繁花怒放，走了十年。十年人生路，艾玛终于穿越丛林，成为自己生活的主角。未来还会有挫折，但她心里已有一粒成熟安静的种子，足以驱散雾霾，让那些伤痛，再也没有容身之地。你有过低谷吗？在最黑暗的时刻你有没有想过自我伤害？我想我们每一个人离开父母来上大学时就像当初的艾玛离开英国独自去往曼哈顿一样，低头抬头看见的都是陌生的景色，陌生的人，内心充满迷茫困惑，可是挣扎着不知道该与谁诉说。在偌大的世界里找不到自己的安身之处，孤独寂寞紧紧扼着自己的喉咙，但其实，在那些痛苦的时刻里，父母从未离开过自己，昔日老友也一直在背后默默支持自己。他们虽与我们相隔千里，可心里一直挂念着我们，我们以为自己一无所有了，但其实我们什么都没有失去，我们以为人生没有希望了，但其实美好从没有停止出现。

对艾玛来说也是如此，在无数个让艾玛痛不欲生的日子里，美好从来没有终止出现过。会帮艾玛打死房间里的蟑螂的邻居皮特，对艾玛不离不弃的朋友莎本和惕特，友善的房东斯科特，还有永远都很乐观的R医生，都是陪伴在艾玛生命里的美好，可是对于当时失意的艾玛来说，她只能感受到痛苦，对一切美好失去了感觉。我们每个人在孤独失意时或许都像艾玛一样，不相信世界存在美好，总是把自己浸泡在痛苦里，就像钻进牛角尖一样怎么也出不来，但其实你看，在痛苦的那些日子里，父母一直都在身边紧紧陪伴着，支持着；朋友也一直在身边不离不弃；途中也出现了几个爱你的人，有过非常幸福的生活……生活不仅有痛苦，更有快乐，但你只记住了痛苦，并且放大了痛苦，把快乐当成苦苦追求亦难得到的奢侈品。其实，快乐一直就在那里，从来没有离开过，只是你不再去注意它们。

　　这是一本关于疗愈的书，在这本书中我收获了满满的感动和温暖，艾玛的经历带着许多伤痛，但是她的文字却带着暖意，让人感觉充满了希望。通过阅读这本书，也让我们走进了一个抑郁症患者的内心世界，了解到抑郁症真正的模样，并且学习了许多关于心理疾病的知识。我们也许经常被呼吁要重视心理健康，但是很少真的花时间去关心自己和家人的心理状态，也很少去学习有关心理疾病的知识。在这本书里我想你就能够学习到很多关于心理疾病的知识。

　　比如心理疾病很有可能在早期就有征兆。艾玛的母亲认为是纽约让艾玛变成了生病的样子，但艾玛自己清楚，在纽约的经历只是一个导火索，纽约只是一个让她内心奇怪的感觉终于爆发出来的地方。她早在十二岁的时候就已经开始有了一些奇怪的想法，她甚至会在半夜突然醒来，坐起来祈祷自己可以死去。她的心理早就出现了一些问题，只是在早些时候从来没有被人发现。艾玛的经历足以成为我们的前车之鉴，心理健康真的是需要我们高度关注的问题。一点点异样都可能是暴风雨来临的前兆，多多关注家人的心理健康是十分必要的。同样，当我们觉得自己的心理状态似乎出了问题时要及时与他人沟通，不要让疾病的种子在心里生根发芽。

　　再比如患有心理疾病的人往往做着一些疯狂的事情却不自知。艾玛曾经在一天之内把家里的每一面墙，甚至天花板都写满了字，这是她在精神错乱时做的，清醒之后她对这件事情一点印象也没有，她根本想象不到自己是怎样够到天花板的，好在她并没有伤到自己。另一次，当艾玛又处于恍惚状态时，她迷迷糊糊就产生了把手臂放在滚烫的暖气片上，以此来唤醒自己意识的想法。结果当然是她依然恍恍惚惚的，但手臂被严重烫伤。患者有时候并非有意自我伤害，只是他们对自己正在做什么也一无所知。所以陪伴具有精神疾病的患者时，一定要关注他的意识状态，尽量避免患者因意识混乱做出可怕的事情。

我想我们每个人都曾像艾玛一样，失意落魄，抑郁痛苦，相信这本书能带给你一些温暖和力量。艾玛经历过漫长的黑暗，遭遇过许多打击，但最终她成功地破茧成蝶，找到了生活美好的样子。看看问题严重的艾玛是如何走出阴霾重获快乐的，从她的身上我们应该会得到启发，收获力量，走出阴影。

在这本书中，还有一个人十分值得我们学习，他就是 R 医生。R 医生的一生帮助了许多人，他给很多已经绝望的人带去了光亮，带他们走出了痛苦的深渊。他身上有许多可贵的闪光点：他永远乐观，是真正的乐观主义者，即使在他身患重疾时，他与妻子仍满怀希望，积极治疗，从不认为生活是痛苦的；他总能以积极的角度去看待每一件事情，即使是患者觉得很糟糕的事情，他也可以在其中发现不一样的美好，并且他能把这种积极乐观的精神传递给他人；他总能用欣赏的眼光看待他人，他也十分善于鼓励他人，他会告诉他的患者，他觉得他们很棒，他会去买患者的画，把它挂在办公室的墙上，他从心底里欣赏每一个人。

我们每个人都是艾玛，都会经历一些挫折和苦难，希望她的故事能给你注入力量。也希望我们每个人最终都能成为 R 医生，永远享受生活，永远与快乐结伴，并且在身边的人陷入精神困境时能够给予他们温暖和关怀，用乐观的情绪感染每一个灵魂。

在图书馆找书时无意间瞥见了这本书，橘黄色的封面很温暖，艾玛平静的叙述很动人，她的故事关于痛苦，关于失去，更关于爱，关于痊愈，希望也能带给你一些温暖。

推荐文章作者及音频录制：陈玉婷

> 第十七本
> 《做事的常识》

　　每个人每一天的时间都是24小时，但是时间利用所产生的效益却可以相差甚远。本文将分享《做事的常识》一书中的时间管理方法，围绕三个要点进行展开，认识到时间并不均匀后我们要发现自己的最佳时段，让自己的时间"从碎变整"，认识到习惯的养成需要刻意训练，一次只专注于一件事情，学会建立有效激励机制促进自己计划的完成。希望大家能够学会一些小技巧，让自己的做事更有效率。

腹有诗书气自华。大家好，我是靖云，这一次我要为你分享的好书名叫《做事的常识》，作者是来自日本的小仓广，他是日本人力资源和领导力方面的专家。在本书中，他用自己亲身实践所得，告诉我们如何管理时间，如何自控，如何顺利地把事情做完。因为书中的小节比较多，要点细碎，有人便根据经验，将它总结为三个方面的常识，方便大家理解。第一点是认识到时间并不均匀，第二点是习惯的养成需要刻意训练，第三点是学会建立有效激励机制。

我先向大家抛出一个问题：如果我们要把一件事情做好，甚至做到完美顶尖的程度，一共需要经过多少步骤呢？虽然不同的事情各有相应的方法，但总体而言都需要经历三个艰难的阶段：开始期、困倦期、瓶颈期。任何事情在一开始行动时，我们都算是新手，会面对未知的各种困难。在这个时候最重要的就是我们能够制订一份行之有效的计划，管理好时间用于这件事上。我们开始去做一件事并且感到结果尚可接受时，这仍然没有结束。因为不用过多久，我们就会产生疲倦感。在这个时候，最重要的便是凭借自己养成的习惯，借助习惯带来的惯性来克服眼前的困难。而当我们好不容易度过了困倦期，往往还会遇到瓶颈期。比如，如果我们想做到十分优秀的程度，我们还需要从中不断总结经验，并且坚持重复这个过程，可往往这个过程是枯燥且不能即刻见效的，因此你需要找到自我激励的方法。而针对这些问题，我们就需要《做事的常识》这本书的帮助。

我们先来看第一个要点——时间并不均匀。每个人的一天都有24个小时，但区别在于，每个小时的意义对不同的人而言是不一样的。例如，在早上的时候，有些人的精力往往更充沛，而他们在下午的时候则更适合做一些简单的工作，晚上则适合做一些需要整合以及回忆的工作。虽然不同的人具体的情况不同，但在不同时间段的差异性是明显存在的。正是因为人在不同的时间，其体能、专注投入等方面存在差异，所以时间以我们的学习效果来看，就显得并不均匀。

那我们怎么才能做到适当的规划呢？根据这本书的内容，我的总结建议如下：第一，了解自己。你最需要了解的是自己的时间密度。很多人学习了一些成功人士的经验后，往往喜欢生搬硬套。例如，听说某位牛人坚持每一天早上都是五点半起床晨跑，便也全部照搬，但对于他的结果可能却是在晨跑回来就困得不行，反而更易昏睡，拥有的是低效的一天。每个人的生物钟都是不同的，假如你总是处在需要经常熬夜的状态，习惯性熬夜到两点钟，怎么可能在五点钟起床还能够确保精力的充沛呢？因此，做好时间管理，最要紧的事情并不是看了一本相关的书后便完全按照里面的内容照做，而是应该沉下心来，首先了解清楚自己的精力周期：你是早晨还是晚上精力充沛？哪些时间你是可以整块利用的，而哪些时间对你来说是碎片化时间？然后再把精力充沛的那段时间拿出来，作为一个整块时间段，留给自己更为重要的事情。第二，别在黄金时间段做琐碎而不那么重要的小事。无论你怎样规划自己的生活，最核心的要义就是要在适当的时间做正好的事，按照事情的重要性来合理地安排时间。比如，对我来说上午的时间是黄金时段，因为在一天中，早上的精力最充沛，同时，在心理上会感觉早晨是一天的开始，并没有很强烈的时间紧迫感，因此我就应该把这个时间留成一个整块，用于一些有意义、有质量的工作。这段时间你就不要去做一些零散的事情，例如，不要去做打印资料、回复邮件这类不需要动太多脑子的事情，而应该要做那些完成后能产生成就感和价值感的事。我们日常在忙碌的很多事情，其实在事后来看大多不那么重要甚至是无意义的。留出整块时间的关键词是"整"而不是"多"，因为我们不会有太多的整块时间，多少关系不大，完整和精力充沛更重要。本书里，作者教会我们可以每天都使用一个叫"四象限工作法"的时间管理方法，把重要紧急的事、重要不紧急的事和不重要但紧急的事、不重要也不紧急的事都列出来，然后按照列出的这个表格，确定你在每个时段应该做什么。当你养成这样的行为习惯之后，你甚至可以不列这个表格，脑海里也会自动排序出各个时段应该做的事项清单。

　　接下来的第二个要点是习惯的养成需要进行刻意训练。习惯的培养，是需要我们在短期内，针对一件事进行刻意训练，最后才能养成的。在这分享书中的三个培养习惯时要注意的要点。第一点是一次只专注于一件事，即我们要把注意力集中到具体的一件事情上。如果我们不专注，不仅会丧失效率，还会扼死心流。什么是心流呢？积极心理学家米哈里，他把完全投入、十分专注于眼前行为的心理状态，称为"心流"，换个耳熟能详的词就是"忘我"。心流是我们喜欢做一件事的内在动力，而专注又是心流的源头。即使是利用碎片化的时间去学习，我们也应该尽量保证学习本身的完整性，也就是说，要在一段时间内只专注一个领域进行学习。这样做的好处是不仅提高了学习的效率，而且还可以不断反刍，让我们逐渐深入该领域。第二点是我们要学会制订 B 计划。对于一些比较难做的或者需要长期的努力才能完成的事，我们很有必要提前就准备好 B 计划，这样才不会被内心的挫败感压垮。如果你在制订计划的时候，将其设置得过于死板，毫无灵活性，这就很有可能会给自己带来"我怎么样都得做完这件事"的紧迫感，而这会使我们的情绪更加焦虑。第三点是我们要渐渐培养属于自己的仪式感。因为人往往会被仪式感本身所刺激，从而激发自身工作或学习的效率。比如，当我们把手机调成静音、飞行模式或者关机状态，然后每次都固定一个时间坐在固定的位置开始学习，这样的效率一定会比我们不定期不定时地躺在床上，懒散地做事要高很多。如果我们坚持属于自己的仪式，那么我们的大脑会渐渐习惯并加深对这个过程的铭记。形成一定的反馈之后，在每次启动这个仪式的时候，我们便不自觉地就能切换为学习工作的高效率模式。培养习惯其实是一个漫长的过程，研究也表明，起码需要坚持 21 天。本文只提到了三个点，事实上还有很多值得发掘的好习惯，要根据你对自己生活经验的总结去提炼，在你提炼出一个你认为值得养成的习惯之后，你需要花时间训练这种习惯，使它融入你的生活。

接下来看第三个要点：我们要为自己建立有效的激励机制。如果要高效地做一件事，从长期来看，更关键的事情是我们要学会自我激励的方法，因为这会带来源源不断的动力。最简单的激励就是用类似于小孩子的奖惩制度来对待自己：如果表现好就给"糖果"吃，如果表现不好就没"糖果"吃甚至有惩罚。例如，当我们完成了一个制定的目标后，我们可以用自己的兴趣爱好作为奖励，比如买一本书或者买一个"手办"，相反，如果我们没有完成任务，那就限制自己这个月的开销。不过这种情况存在一个最大的漏洞：当没有监护人的角色存在时，我们会倾向于偷"糖果"吃。比如，我们本来制订了一个不错的学习计划，规定自己如果在这周顺利地完成这些任务，就可以在周末吃一顿烧烤或者看一部电影。然而实际的情况可能是，我们尽管没有完成，但到了周末却仍然安慰自己，"没事啦，这周我好歹做了一些，而且感觉也挺累的，也可以奖励一下自己"。这种对没有完成任务的激励，自然不会起到任何好的效果，反而可能使我们更加怠惰。有个建议是我们要在微信、微博等社交媒体上公开自己的目标和奖惩制度。因为当我们在社交媒体上活动时，潜意识里在意的一点就是自我印象的管理。在公开自己的目标任务之后，当意识到计划会被围观的人监督时，他们对我们来说，就变成了如同监护人对小孩的存在。我们会羞于偷糖吃的举动，因此会加倍努力完成所制订的目标计划。不过选择公开自己的目标有时候也有负面的影响：它会带给我们一种完成目标后的满足感，哪怕这种满足感只是一种幻觉。朋友可能会称赞我们真厉害，也可能有的人会对我们很崇拜，就像我们真的已经完成了这件事一样。因此，如果我们的目标很容易就能成功，那最好不要说出来，选择埋头苦干更好，以免公开后可能产生的错觉，而陷入飘飘然的情况。如果我们认为它不那么容易成功，过程可能会很困难，那么可以把目标公开，因为失败的概率越大，我们就越容易从一定要努力实现公开目标中获得斗志。

本期的好书推荐，只分享了《做事的常识》一书中一部分精华要点，大家有空的话，可以去阅读并学习作者给的做事建议。感谢本次收听，希望给你们的生活、学习、工作带来帮助，我们下期再见。

推荐文章作者及音频录制：修靖云

第十八本
《重遇未知的自己》

我们是谁？是医生？是妈妈？是某个公寓的主人？在物欲横流的世界，我们似乎什么都想要，什么都想完成。而除去那些拥有的或还没拥有的外物，我们还剩什么？除此之外，还有一个问题值得思考：人生又是怎么回事？人生的目的和意义何在？我们饱困三餐，终其一生，凄凄回望来时路，才知岁月不可挡。在岁月有限的生命，我们找到属于自己的天命了吗？

各位听众朋友大家好，又到了我们分享好书的时间了。今天想给大家推荐的好书是由张德芬所著的《重遇未知的自己》。本书向我们分享了当我们在人生长河中面临一些难题时该用怎样的心境面对，旨在帮助我们获得身心灵的成长。找回迷失的自己，学习如何拥抱生活，如何让自己、家人和朋友生活得更快乐，为自己的快乐和人生负起全责。如果你对心灵成长有兴趣的话，本书会是一个不错的选择。

在《美国丽人》这部电影中，男主角的邻居非常讨厌同性恋者，但他自己就是一个同性恋者，在对男主表白被拒后，竟恼羞成怒，杀了男主。

我们的一生中有许多阴影，大致分为负面的阴影和正面的阴影两类。剧中的邻居做出了这样的惊人举动，是因为在他身后隐藏了巨大的负面阴影，这些负面阴影遮住了指引我们前行的光亮，让我们变得孤独无助。

正面的阴影一直存在，只是未被发现。要怎样找到生命中正面的阴影呢？作者认为应该在那些我们崇拜、仰慕的人身上去找寻，我们仰慕他人的特质，其实我们自己也有。

好友小元曾和我说，某天她在街上看到一位坐在轮椅上的女士突然停在了路中间，那位女士着急地按着轮椅按钮，轮椅却没有什么反应，推轮子也无法使轮椅移动半步，过往的车辆络绎不绝，女士的处境看起来十分危险。就在这时，有一辆车在她面前停了下来，堵住了来往的车辆，形成一个安全区域，两位男士下了车，把女士连同轮椅一起抬到路边后，一位男士回去把车开走，另一位男士留下来等女士的家人赶过来。

小元说，这样的小举动很温暖。当你在困难的时候受到别人的帮助，会感激、开心，并对对方表示感谢，对方也同样能感受到这样温暖的情绪。她说她也想成为这样温暖有力量的人。其实她不知道的是，在我们看来，她也是这样的人。在餐厅吃完收碗筷的时候，她会很自然地接过小朋友的碗筷；寒暑假放假时，在楼道里碰到提着重行李的人，她也会主动帮忙提到楼下。

由此可以看出，从仰慕对象的身上可以看到我们也具备的优秀品质。找出我们身上正面的阴影，正面的阴影实际上是我们前行的光，带领我们找到未被发现的、理想的自己。

我们总觉得越长大越孤单，越长大越不安。事实上，是我们的心态决定着我们的幸福指数，也就是说快乐是可以选择的。我们必须要学会为进入我们生命中的人、事、物负起全部责任，学会接受自己的不快乐，也接受人生的不完美。

生活中我们总会抱怨为什么，为什么是我，为什么事情不能如我所愿。当怀着受害者心态去和现实较劲时，不仅得不到一个令人满意的结果，反而越挣扎陷得越深，不如顺其自然地去接纳这件让你难过的事，面对它、处理它、放下它。书中谈到很多时候我们都被自己的念头困住了，像被一道无形的枷锁捆住手脚，动弹不得。比如我们做了某件事不能让身边所有同学都满意，就会感到很愧疚；父母对我们的学习期望很高，我们便觉得必须做到最好才对得起他们，但是这个过程让你很不快乐。当你陷入挣扎的泥潭时不妨转念一想：我做的事情一定要让所有人都满意吗？我可以接受他们的不满吗？父母对我期望很高，我做得很好就一定能满足他们吗？这些困住我们，使我们不快乐的问题都只不过是个想法，当我们换个角度这样想：就算我没有满足所有人的需求，但我还是一个值得信赖的朋友；就算父母对我的期望很高，但是我不用做得最好也可以对得起他们。因为每个人都是独立的个体，自己决定着自己的生活。当你决定不再随对方起舞时，对方也会放开对你的钳制，要明白很多想法都在"一念之间"，不要再让想法制约你，让你无法做个自由的人。

情绪也是如此。在日常的学习和生活中，同学之间难免会有一些摩擦。我们很容易因为做错了什么事而感到愧疚，会因为说错一句话而觉得自责，会因为同学间的误解而感到悲伤，这些情绪会影响我们的精神和想法。很多人在感受到负面情绪之后，或许会压抑它，告诉自己：我不能悲伤，不能发脾气。其实长时间这么做会给身心带来健康隐患。情绪需要我们去认可、面对，而不是压抑。不管是好的情绪还是坏的情绪，都是我们思想的反应。当负面情绪来临的时候，尝试在身体上感受它，聆听身体各个部分的感受，或者把注意力放在呼吸上，不要逃避，不要压制，你可以适当地发泄：去捶打枕头痛哭一番，或是去操场跑个大汗淋漓回来，抑或去一个空旷的场所痛骂对方。让情绪像一种能量自然地流经全身，我们的身体只是负责情绪流经的管道，而不是装盛它的容器，不要让负面情绪积攒在我们身体内。

人生究竟是怎么一回事？这个问题听起来好像在探讨人生的本质，似乎已经属于哲学的范畴了。也许你会认为这个问题不归我们管，归哲学家管。实际上，许多人没有找到这个问题的答案，虚度了许多时光。在人生的旅途中行色匆匆地往前走，好像丢了许多东西，边走边回头，路也空空，心也空空。恍惚间已经来到了尽头，回望来时的路，不禁泪下，感慨万千。最想见的人见到了吗？最想完成的事情完成了吗？最初的梦想都实现了吗？

作者认为我们来到这个世界上，都带有自己的使命，为了完成自己的使命，每个人都有各自独特的天赋。就像保罗·柯艾略曾在《牧羊少年奇幻之旅》中描述的那样：一个牧羊的男孩站在一片茫茫的雪地上，举目四顾，不辨东西。不知从何而来，也不知要去向何方。撒冷王告诉他要寻找自己的天命。他便游历四方，听从自己的天命预兆，找到天命所在。他们都认为这看起来像是大梦一场，可其中蕴含的哲学之道"找到天命所在"与作者的见解不谋而合。

那么我们如何才能找到自己的天命所在，发挥出自己的优势，不虚度此生呢？作者认为有几个方法值得一试：第一是明确什么是自己真正喜欢的事情。第二要相信宇宙，相信生命。作者认为宇宙给了我们生命，自然也会给我们其他我们想要的东西。第三想象在自己临终的时候，我们会关注什么。

保罗·柯艾略在《牧羊少年奇幻之旅》中也有类似的想法：生活会领着

我们找到自己的天命，我们会对一样东西发自内心的喜欢，并希望能够从事这个行业。在刚开始时，我们都会有一个良好的开端：我们做这件事的时候相比其他人好像会更容易。不过这只是生活领我们入门，给我们的运气，让我们有一个良好的开端，有信心继续下去，就像打牌的人一开始总能连胜好几局一样。当然，天命可不是一局棋牌，它是我们生存价值的体现。有了良好的开端，就要坚持下去，再往后，生活就无法再关注你，持续给你施加好运了，往后的奋斗都需要靠自己，幸福都是奋斗出来的。

保罗也认为：当你真的想要某种东西的时候，整个宇宙都会给你施加能量帮助你。宇宙含有宇宙能量，当我们内心迫切地想要某种东西，宇宙是能感受到的，并会动用整个宇宙的能量来帮助你。正如作者所说，相信宇宙，相信生命！

作者所说的第三点，在临终时我们在关注什么。我想那时除了严监生外，则应该不会有人关注"早知道再多赚一点钱了，早知道就把那套房子买下来了"，那时很多人会想的应该是我一生中最辉煌的成就是什么，它为社会带来了什么价值？我爱的人是否平安快乐？我是否充实地过完了这一生？

作者认为自己很幸运。基于爱分享的特性，她与朋友分享了不少她的感悟，甚至能够写书和更多的人分享。她在许多读者的反馈中，发现自己感动、帮助了不少人。或许，这就是作者的天命。用作者的话来说：我能的，你也能。找出你的天赋，完成你的使命，不枉此生！

一切的心灵成长都是为了更加成熟地面对人生。在生命中，逆境不会因为不理睬、不抵抗就不出现。心灵成长是指培养更坚强、更富有智慧的心，用更从容的姿态，笑对人生。让我们踏上爱和喜悦的心灵旅程，重遇未知的自己！

推荐文章作者及音频录制：林泽琴 张国欣

> 第十九本
> 《超脑智慧》

　　脑科学家詹姆斯·哈特博士历经三十多年对人体脑电波的研究，发现了一种能够促进我们大脑潜能开发的神奇脑电波——阿尔法波。它在我们脑中的产生不仅可以使我们变得更具创造力、更富有精力，而且能够缓解我们紧张、焦虑的情绪，使我们更平和、镇静、从容。哈特博士将自己对脑波的研究成果收录在了《超脑智慧》一书中，本文就将带你走进这本《超脑智慧》，开启我们大脑的阿尔法波之旅。

读万卷书，行万里路，又到了我们分享好书的时间，今天要向大家推荐的好书是《超脑智慧》。

本书的作者是全球顶级脑科学家詹姆斯·哈特博士。哈特博士三十多年来聚焦于对脑波的研究，发现一个人的一切经历都是由某些脑波导致的。我们都知道，我们只使用了大脑固有能力的一小部分，我们每个人其实都拥有巨大的潜力。你一定常常在想如果我们能挖掘大脑内在的潜力用来学习、发明、创造，还有解决问题，是不是可以大大提高自己的生活质量。那么，怎样挖掘大脑潜能就成了首要问题。哈特博士通过多年的研究发现我们大脑中的一种脑波——阿尔法波，对超常的创造力和智力是十分重要的。

在人的大脑中，会产生五种脑波，他们分别是德尔塔波、西塔波、阿尔法波、贝塔波、伽马波。我们先来简单了解一下这五种脑波，德尔塔波是频率最慢的脑波，传统医学认为它一般仅见于深度睡眠时；西塔波有多种类型，见于不同情景下，从苏醒过渡到睡眠时、高级冥想者冥想时、癫痫发作前等这些情况下都可能出现不同类型的西塔波；贝塔波是人们最常见的脑波，代表了集中思考的状态，但也表示焦虑和担忧，当高度紧张、极度愤怒、内心不快加剧时贝塔波会升高；关于伽马波的研究比较少，至今还不能确定它与何种活动有关；而我们前面提到的阿尔法波，它并非总存在于人的大脑中，但当大脑中的阿尔法波出现时，人会感到幸福、开心、有爱心、有创意、精力充沛和平静。经常生成强大的阿尔法波的人，更能进行智慧型思考，更具有创造力，更容易做出巅峰的成绩。可见，如果我们能增加我们脑中的阿尔法波，我们的自然创造力就会大大增强，也就意味着我们大大挖掘了自身的潜力。回到我们最开始的问题，如何挖掘大脑潜能？似乎已经有了答案——让我们的大脑尽可能多地产生阿尔法波。

在这本书中，哈特博士将自己对阿尔法波的研究工作进行了梳理和分析，提出了他研发的脑波反馈训练，并对其原理和应用进行了系统的介绍，通过脑波反馈训练可以使一个人的大脑大量地产生阿尔法波。脑波反馈训练目前只有在哈特博士的生物智慧研究所才能体验到，但这并不意味着阅读这本书没有意义，在书中，作者还列举了许多我们在日常生活中能遇到的与阿尔法波的产生或抑制有关的因素。如果我们能在生活中注意这些因素，那么就能让我们的大脑尽可能多地产生阿尔法波，也就意味着尽可能大地挖掘了我们自身的潜能。

下面我将向大家介绍几个能够影响阿尔法波生成的重要因素：

一、直觉

爱因斯坦说："直觉的大脑是上帝的赋予，而理性的大脑是忠实的奴仆"，但在现代生活中，理性认知模式一直占据着特别重要的地位，我们从小就习惯于主要运用理性思考模式，习惯于抑制我们与生俱来的创造力、好奇心、自发性以及情感表达。我们把理性认知模式放在主导地位，甚至排斥了其他的认知模式，但实际上，思维形态学的研究表明，直觉认知模式要比理性认知模式更能让人类接近绝对真理。抑制直觉、偏重理性的生活方式一直在抑制着阿尔法波的生成，所以，我们有必要把理性认知模式的地位减轻一些，让直觉与理性并存，才能形成一个健康、坚实的认知生态系统，不至于使我们的创造力被大大压制。

二、做瑜伽或坐禅

大多数情况下人类是不具备控制自己脑波的能力的，但经过研究发现，那些长期进行修禅或瑜伽训练的人，能够进行长时间的深度冥想，并且在长久的冥想训练中获得一定的控制自己脑波的能力。他们会让自己的大脑尽可能多地释放阿尔法波，以此来让自己获得更多的幸福感，获得更强的创造力。尽管他们可能根本不知道脑波是什么，也对自己能控制自己脑波这件事完全不知情，但在长期的修行生活中他们确实不自觉地掌握了控制脑波的方法，开发了自己的大脑。所以，如果想要促使自己脑中的阿尔法波更多地释放，你可以尝试坚持一段时间的瑜伽或坐禅。

三、宽恕

宽恕对于提升阿尔法波状态至关重要，但需要我们去宽恕的事情往往是让我们十分耿耿于怀的事情。我们在这些事件里可能受到了相当大的伤害，我们必须要愿意去触碰伤痛并且进行冷静理性的分析才有可能释怀这一切，这需要十足的勇气。因此很多人会选择把宽恕这一过程搪塞过去，而这会耽误你的进步，会让你的自我继续掌控着你。此书中提到了一套宽恕程序，参考这个程序，或许有助于我们成功地建立宽容的心态。

宽恕程序包括：

1. 回想相关的人或情形。

2. 在心里开辟一块爱的空间。

3. 感受那个时间和那个事件的伤害与痛苦，让它真实重现。

4. 回到现在，意识到那件事情带来的好处。

5. 在这个好结果的基础上，改变你对那件事的态度。

6. 宽恕那个人，还有你自己。

7. 从他们的角度再看一下这个事件。

8. 在心中感受对他人的爱。

在你学会宽容他人，用平和的心态去处理各种事情时，你大脑中的阿尔法波就会逐渐多起来。

四、屏息

中松义郎是世界上成果最多的发明家，名下有3000多项专利，如软盘、电子手表。他说他产生创意点子最好的秘诀是"游泳游到累死"。他屏气在水下游泳，一直屏到极限。为什么屏气会有用呢？这是因为当人体的氧气供应被切断时，血液中的二氧化碳含量会逐渐上升，氧气的含量大大降低，为了让大脑获取足够的氧气，为大脑供血的颈动脉会逐渐扩张。经常做这样的训练，颈动脉就会永久扩张，从而向大脑输送更多血液，大脑就会持续获得更多氧气。富含氧气的大脑是生成阿尔法波的必要条件。因此，屏息能够帮助中松义郎获得灵感，是因为通过屏息训练，促使他的大脑生成了阿尔法波。如果从小就练习屏气，颈动脉就会得到更充分和更持久的扩张。不一定非得去水下潜泳，只要可以延长屏气的时间，任何方法都可以。所以，如果你想让自己产生更多的阿尔法脑电波，可以尝试练习长距离潜泳或者做各种长时间的屏气练习。

除了上述的这些因素能够影响阿尔法波的生成外，书中还提到了许多你可能意想不到的会阻碍阿尔法波生成的因素，比如食用洋葱和大蒜。我们知道洋葱和大蒜对健康有许多好处，但不讨论健康问题，我们现在就讨论它们对意识的影响。瑜伽理论中认为洋葱和大蒜会促使大脑高度紧张，这是一种比较亢奋的精神状态。高度紧张的人难以约束自己的大脑，因而达不到冥想的要求，注意力也会变得分散。这会抑制阿尔法波的生成，如果你很认真地想创造有助于阿尔法波生成的环境，就要开始考虑从食谱中删除洋葱和大蒜。此外，还有诸如摄入咖啡因、尼古丁、酒精，睡眠不足等情况也会抑制阿尔法波的生成。

阿尔法脑电波的生成是人脑固有的能力，但紧张的现代生活方式造成的一个后果是，因环境所迫，我们已经忘了如何生成阿尔法波了。经常性地生成阿尔法波的人，更能进行智慧型思考，也会更具创造力，更能取得巅峰式成绩。他们更能减轻敌意、焦虑、愤怒、不快和沮丧。在强阿尔法波状态下，人们还会更加友好、更有活力、更有动力、思维更清晰、注意力更集中。如果能有更多的人能够学会在更高的阿尔法脑波状态下生活，那我们生活的世界将变得更加美好，这就是我想把这本《超脑智慧》推荐给大家的原因所在。通过阅读这本书，我们能掌握一些促进阿尔法波生成的方法。在做创造工作时，了解并有效避免抑制阿尔法波产生的因素，能使我们的生活更愉快，更有意义。

　　对大众读者来说，初读这本书，书中的一些理论看起来可能会有些高深莫测，但认真读下来，会发现很多道理在我们的生活中都会被体现，所谓大道至简，生活与理论、与科学都是相通的。阅读这本书，除了能掌握一些与阿尔法波有关的知识外，还能收获不少与心理学相关的小知识，比如说每一种情绪下面的潜在情绪是什么、焦虑的危害有哪些、怎样改善不良睡眠情况等。我想这本书既像是一份研究报告，又像是一本心理百科全书，更多的内容等待你去发掘。

推荐文章作者及音频录制：陈玉婷

第二十本
《精神焦虑症的自救》

若能将自己的情绪把控在一个良好的范围内,就能让自己的生活过得轻松又享受,所以,对于情绪的控制方法,每个人都有必要掌握。本文选取好书《精神焦虑症的自救》提及的四个词——"面对、接受、飘然、等待"进行分析解释,分享一些有助于缓解负面情绪的小技巧以及控制焦虑感、紧张感或恐惧感的四个方法,希望能帮助大家成为自己情绪的主人。

腹有诗书气自华。大家好，我是靖云，这一次我要为你分享的好书名叫《精神焦虑症的自救》，作者是克莱尔·威克斯。本书介绍了人类内在的力量，一些简单的神经疾病，如何重新发现自我，如何治疗变得复杂的神经系统疾病等内容。如果我们能克服压力和恐惧，让自己放松，去享受生活，这会帮助我们获得精神上的救赎。首先，大家不要因为书名而感到惊讶、疑惑，我会推荐这一本书的原因是每个在日常生活中有焦虑感的人，都可以通过这本书进行一定的辅助缓解。大家肯定都有过因为压力而夜不能寐的经历，也有过对于自己未来前途的迷茫和疑惑，这些都可能让我们变得焦虑，那么，怎样才能有效地减轻这种焦虑呢？例如通过了解焦虑的发生途径及学习减轻焦虑的有效方法等。这本书为我们提供了许多实用的信息。

大家也许都曾有过不知原因的头晕、胸闷、失眠、做什么都打不起精神的时候，但正是因为在医学上查不出具体原因，如果我们试图向自己的家人或周围的朋友倾诉，往往都容易被简单而草率地归咎为我们懒或是我们太过矫情。渐渐地，我们对这种状态便缄默不语，任由其发展。有的人也许痊愈了，有的人却不幸地走向极端。而作者用了一种平易近人、非常理解的态度，用简单、可实践的方法来告诉我们：其实问题并没有那么糟糕，只是，在很多人的行为模式中，所使出的力气和选择的方向不对。具体是什么意思呢？下面让我来进一步讲述。

让我印象最深的是书里提到的四个词——"面对""接受""飘然""等待"。这四个词作为书里反复提及的自救办法，在不同的章节又进行了相互补充，比如换个环境，比如停止自怜，比如寻求顾问等。其中心思想仍然是面对并接受它，处在飘然的状态并进行等待。"面对"和"接受"的目的是缓解由于对抗引起的更深的焦虑。很多人难以做到"接受"，比如接受自己有缺点的事实，接受他们的确无法达成一些事情，接受一些并不愉快的现实。可正因为他们的内心太在意这些，所以，一旦失败，他们便会觉得这十分严重。所以，我们要让自己逐渐正视起胸口的那种沉重感。首先是正视它，然后是学会接受。焦虑症其实是变得敏感的交感神经所分泌的肾上腺素变多，超出了正常的阈值，导致人体一直保持着紧张的状态并且不断地恶化着。在我们知道这个原理并且明白这种状态不会对身体造成真正的伤害后，接受将变得更容易。对于如何接受，主要的方式是学会从另一个角度看问题。书中提供了一个案例，这个案例是关于一个不能和别人一起生活的女士。作者建议她观察对方的长处，借以缓解并减轻对对方的负面情绪。比如，放到我们的生活中，我们肯定少不了与人的接触，所以也无法避免地会产生一些矛盾和不愉快，受一些委屈是常有的事。可正因如此，我们的意志被更好地磨炼，我们在这个过程中学会了完善自己的不足，学会了退一步海阔天空，学会了用包容的心去对待一切，慢慢学会了为人处世的道理。

"飘然"在原文的英文对应词是 Floating ——漂浮，其实就是指接受那种席卷你全身的不适感并要做到不为所动的状态。举个例子，假如你睡不着，你就可以试着接受它，在床上进行腹式呼吸，逐渐地放松，可以选择舒缓的音乐或者使用书中的建议——听外界的所有声音，然后试着软化这些刺激。例如，室友使用键盘的敲击声，窗外呼啸而过的风，拉开抽屉或者搬动椅子的声音，甚至是翻身的轻微声响。也许任何细微的声响起初都会给我们带来巨大的刺激，甚至在脑海里会受到反反复复的震荡。在这个时候，我们需要做的是找到所有声音导致的感觉，然后在内心告诉自己，这是一个正常现象，我们的神经因为过于敏感，所以草木皆兵罢了。总而言之，我们应该轻轻地向需要靠近的目标慢慢靠过去，一点一点地接受，而不要一次性用力过猛。

"等待"所要求的关键之处就是要做好准备，接受焦虑的情绪很可能会反复产生的情况，我们没办法奢求大脑在短暂的调整过后就能进行正常运转。焦虑不是一天两天的问题，在选择"自救"的路上，它会反复找上门来。强迫地认为"自己是正常的"，这样的做法其实是不对的，我们应该慢慢地等待正常情感自然回归。也许今天的我们感觉比之前好了,但可能在第二天起床后,那种熟悉的令人难受的感觉又会重新回来。这个时候,请不用惊慌,我们要习惯并允许它反复出现,并且始终相信一点——自己慢慢地会变成身体的主人。

接下来讲一些有助于缓解负面情绪的小技巧。

1.腾出时间去做一些喜欢的事情。我们的生活避免不了会忙碌,但是我们可以在忙碌的一天当中挤出一些容易实现并能带来满足感的事情,并让这些事情带动我们的情绪变得积极。比如,在进行了一整天的学习之后,回到宿舍的我们可以选择打一通电话给爸妈,聊一聊最近的状态,或者看看自己书架上放着的课外读物,放松地沉浸于书中的世界。

2.我们要多和那些拥有相同价值观的人在一起,因为这会让我们感到舒适和开心。要遇到相同价值观的人,就需要我们敢于迈出愿意与别人进行深入了解的那一步,然后在思想的交汇下,发现在众人中的那些知己好友。

3.请试着去寻找存在的不合理的逻辑漏洞,大多数事情都能够被积极的想法重构。写下自己的焦虑原因,拿一张纸,各个方面的原因一字排开,一个个分析所产生的后果,以及这些后果所对应的策略。

4.多听听舒畅、节奏缓慢的轻音乐,比如冥想乐、古典音乐等。

5.闻一些你觉得好闻的味道。美国俄亥俄州立大学的最新研究证实,柠檬香味具有去忧、安神和止痛的作用,闻柠檬味可使血液中的去甲肾上腺素浓度增加。

6.将我们的生活环境布置成自己喜欢的风格和色调,因为井井有条的布局有助于整理思绪。比如,我们可以网购一些自己喜欢的桌布,添置一些北欧风的简约铁框架和半透明的收纳盒,在桌上放上一瓶干花或者小盆多肉植物,让我们每次回宿舍后都能享受自己喜欢的小氛围。

7.不要长时间地待在单一的空间里,要多换环境走动,享受大自然的风景魅力。

8.进行适量的运动。要知道,出汗与流泪的效果是一样的,都可以排遣我们的负面情绪。而运动能够促进多巴胺的分泌,对缓解情绪压力效果很好,并且能锻炼我们的身体,可谓一举两得。

下面再讲一些控制焦虑感、紧张感或恐惧感的四个方法。1.积极的想象和模仿。尽量让自己找到事物偏积极的那一面。比如,你要上台进行演讲,那么你可以提前在脑海中过一遍流程,想象着自己上台之后进行的每一个步骤,想象自己正在顺畅地表达观点。2.减少注意力的分散。比如,当我们参加一个比赛时,也许心里一直想着"我一定要拿奖,我一定要做好这件事情",如果沉迷于拿奖,往往不能专注事件本身,但反过来,如果我们专注于比赛的内容,起码在这个过程中,我们就不再为结果担忧,反而更能投入比赛当中。3.分析目标成本和最终效益。在心里列出对于焦虑之事的利与弊,在内心告诉自己,行动的好处大于不做,然后鼓励自己迈出那一步,以克服自己的恐惧感。4.问题解决法。如果我们面临的不安是因为未知的恐惧,那么我们可以提前为自己想好万一某些事情发生要做出的对应措施,完备的计划会让我们从容地去尝试,不再害怕未来的不确定。

如果我们的情绪真的严重到自己没办法缓解的地步,可以选择找学校心理中心的老师们聊一聊。记住,我们不用过于害羞,而是要积极地去寻求帮助。如果自我救赎的道路对你而言实在太困难,那么寻求专业上的帮助是明智的选择。最终,心理疾病的治疗过程是克服恐惧、弱点,使自己变得更好的过程,这未必不是一件好事。在这种分裂重建的过程中,也许每个人都积累了很多经验,那也是值得的。请你记住在关键时刻自己的勇气,并感谢自己的坚持不懈。我们下期再见。

推荐文章作者及音频录制:修靖云

第二十一本
《瞬变》

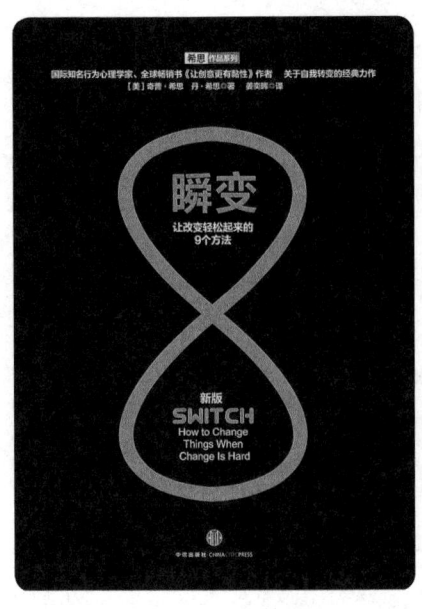

本书《瞬变》是由奇普·希思与丹·希思共同撰写的。改变是生活中始终要面对的问题,改变自己的学习方式,改变自己的运动习惯,改变平时的作息时间等,但是你会发现改变是一件非常艰难的事情,而这本书就是教我们如何使自己轻松改变的。这本书里不仅仅是理论,同时结合了许多生动真实的个人改变的例子,给出能让我们立即运用起来的可以改变自己的方法。

时间在流逝，万物在转换，改变是生活中始终要面对的问题。然而改变不是说变就能变的，改变的过程往往意味着要吃苦。作者认为人类的情感与理智，就如大象和骑象人：骑象人希望走向自己的目的地，但存在惰性的大象却不听使唤仍在原地徘徊。大象和骑象人的故事时刻发生在我们的生活中：期末复习压力大，但还是赖床不想去看书；觉得自己体型不好看要坚持锻炼，最后还是不了了之。这样的生活例子数不胜数。下面，先让我们了解一下关于改变我们不得不知道的三个事实：

　　1.令改变很困难的看似是人的问题，其实是情感的原因。很多你觉得做不到的事事实上并非做不到，而是你自己觉得做不到。你的兴趣不足，觉得做某件事提不起兴趣，便很难做好，甚至都不敢着手去做。就像你讨厌数学，如果硬逼着你去学数学，去解数以百计的题型，你肯定是做不下去的，觉得就像关在监狱一样如坐针毡。某些事很困难，因为你曾经因为这件事产生了心理阴影，就像一个曾经溺过水的人，让他去学游泳，他肯定一接触甚至一看到就充满恐惧，想学会游泳，难度可想而知。

　　2.令改变很困难的看似是懒于改变，其实是缺乏动力。你处在一个舒适区，觉得很安逸，可是随着时间的推移你发现这个舒适区不仅给你带来了安逸舒适的生活，还给你带来了麻烦，你不敢去接受新的、充满挑战的事物，对于新鲜的、自己从没体验过的东西你很难去招架，错误频发，不过虽然如此，你还是过得很舒适。虽然你也许想过试着去改变，可是没多久就放弃了。在放弃之后，你便心想，是我太懒了，不然也不会在舒适区待了这么久才稍微想到要去改变，于是把锅扔给了自己的懒惰。其实可以反问一下，然后自问自答：改变之后能给我带来什么？不知道。我非得改变不可？好像不是，不改变也不见得有多糟。确实是这样，不过那些改变之后获得更大成功的人也是大有人在。我们可以思考一下，他们为什么会选择去改变？难道仅仅是因为他们勤奋，不懒惰吗？非也，实际上是因为他们有动力。如果说有一天有个先知告诉一个人,他预测到了那个人的未来,只要那个人做出改变并付出行动就能变成百万富翁,那么觉得自己懒而不想去改变的那个人是不是就很有可能去做出一些实质性的行动了?所以问题就在于是否有动力,动机就像夸父逐日时高挂天边的红日,驱使夸父忘记饥渴与劳累毫不停息地追逐着。不过与夸父逐日不同的是,夸父所追逐的太阳最终没有追到,但是你改变后所收获的东西是实实在在的,关键在于你是否愿意,是否有这个动力,怎样为自己设置一个可以追逐的"太阳"。

3. 令改变困难的看似是心生抗拒,其实是方向不明。你想改变,但是心里又是矛盾的,因为改变不一定带来成功,不改变一定很轻松,眼前舒适安逸的状况与做出改变后要吃的苦使你在表面上产生了抗拒心理,可是究其原因,其实是因为目标不够明确。抗拒心人人都有,但还是有人能够克服,没有方向,没有目标,意味着就是原地踏步、止步不前,就像是深陷丛林之中。方向明确了,有了一个清晰的目标,如迷途中获得一个指南针,再抗拒,也会因为清晰的方向感而显得不那么强烈。

而根据这三个事实,想要改变某种行为,必须从这三个角度下手,书中提了相应的建议:指挥骑象人,激励大象,营造路径。那么具体应该怎么做呢?

指挥骑象人有以下三个方法:

1. 找到亮点。改变自己的观察方向,找到事件上的亮点,亮点不仅给骑象人提供方向,使骑象人知道应该引领大象往哪条路走,同时,也为大象带来希望和动力,让大象不只是单纯的如冰冷的机器一样听从骑象人的指挥,而是自身也有了驱动,更加自觉。举个例子,比如我们决定每个礼拜看一本书,可以是课外书或者其他类型的书籍,正常来说,我们刚开始会比较难坚持,这时候就可以转变一下观念,我们可以把看书这件事当作每天提升自己的一项任务,读了一本书就相当于提升了自己一点,把桌角累积的看过的书籍当成自己从阅读中提升的能量。那么这样就给自己设置了一个亮点,这个亮点就是阅读等于提升自己。

2.制定具体的关键举措,就是把模糊不清的目标转化为具体实在的行为。制定计划:列出自己要看的书单,每天要看几页?准备一天花多少时间来看完这几页的内容?是在吃饭后的这几十分钟还是睡觉前的一段时间?把计划规划得具体一点,避免模棱两可、模糊不清,当你规划的行为越具体,那么你去执行这件事的动力就会越大,成功的可能性也越大。

3.指明目标。在改变的过程中,我们不但需要关心眼前的短期目标,而且还需要一个有吸引力且振奋人心的长期目标,两者兼顾。倘若你要让你的目标更有高度、更有远见,你就需要更加注重长期目标,并且制定好它。如果你一个礼拜读一本课外书,则一年就可以读完52本书,是中国人平均读书量的11倍,这样的积累量,要是坚持下来,不管你的知识和智慧是否会远远高出普通人,但至少你的眼界和涉猎范围就要比寻常人多得多。

激励大象的方法:

1.找到感觉。改变需要足够的紧迫感以及必要的正面情绪。刚开始坚持做一件事时,如果觉得不容易坚持下来,不要急着放弃,撒手不干,要做好心理准备,刚开始做一件事就能很好地坚持下来是很难的,可以让事情先慢下来,给自己一个适应的时间,让自己慢慢适应这样的环境。

2.缩小改变幅度。比如你要背单词,你给自己制订了计划:每天背100个单词,实行起来的时候发现很难做到。此时,可以做一些调整,可以先要求自己每天背10个单词,坚持几天后如果效果好的话再给自己增加10个单词,循序渐进,慢慢地根据自身学习情况做具体的、幅度上的调整,把握轻重,避免盲目追求数量。当你有了足够累加的信心,100个单词对你来说,就不是什么难事了。

3.影响他人。人的决策模式分为两种,结果模式和认同模式,必须积极寻找并塑造认同模式,改变只看重结果的决策模式,努力影响那些需要改变的人。

营造路径有以下这些方法：

1.调整环境。我们总是喜欢把对方的行为归咎于对方的个人特质，而不是对方所处的环境。比如，期末复习时我们若是在宿舍，总会做出吃个零食，玩个手机之类的行为来妨碍自己的学习，心想着"我读了很久书了，玩一会没事的""感觉有点累啊，明天再复习好了"，就这样，在一天快要结束的时候我们就会发现自己挥霍了一天，什么都没学到，开始抱怨自己缺乏意志力。出现这种情况的原因是环境中的干扰因素太多了，让自己的注意力分散了，难以集中于眼前最重要的事情上。所以要防止这样的行为，可以从两方面入手，一方面，我们可以改变复习环境，比如把复习的环境换作教室或者图书馆，或者是其他比较安静有学习氛围的地方。另一方面，容易干扰到自己的东西，比如手机、电脑什么的就尽量放到离自己比较远的地方，如果你很容易被这类东西转移注意力，那在要去图书馆或者教室的时候，手机和电脑就不要带了，放在宿舍里就好了，这样学习的干扰因素就少了很多。

2.召集同伴。行为具有感染力，召集同伴就可以最大限度发挥正面力量。期末复习时，你可以和同学约定好一起去图书馆，结伴一起做同一件事的好处是你心里会有安慰，你会觉得自己不是一个人在奋斗，有人陪着你，和你一起做同一件事，会产生心理慰藉。另外，一同复习还可以互相监督，尤其是对于自制力不强的人来说特别有效，可以很好地避免妨碍学习行为的发生，提升专注力。

坚持改变是一件很有意思的事情，秘密在于强化。改变对自己和同伴都是一件非常重要的事情，世间万物都在变，你为何不变？为何不试着通过改变让自己更优秀？除了本文提到的一些内容，书中有更详细，更具体的改变方法和例子等着大家去挖掘，让我们现在就开始改变自己吧！

推荐文章作者及音频录制：林泽琴　吴琛

> 第二十二本
> 《番茄工作法图解》

如果你听说过很多时间管理方法，那么番茄工作法你肯定有印象。在时间管理方法中，番茄工作法是比较简单易行的，它是一种更微观的时间管理方法。使用番茄工作法时，要选择一个等待完成的工作，将工作时间设为25分钟，在这25分钟里，你要做到专注工作，工作过程中不允许做任何与当前工作无关的事，直到25分钟达到，这时才可以短暂休息一下，休息时间不用太长，大约5分钟。这种工作方法不仅极大地提高了人们的工作效率，还给使用者带来了一定的成就感。本文就来讲讲什么是番茄工作法。

时代在进步，我们的生活水平也同时在提升，生活变得越来越方便，信息传播速度越来越快，而正所谓有利便有弊，生活水平提高、信息传播速度加快，也意味着外界因素的干扰越来越多了。比方说你现在正拿着的一部手机，或者是你面前正放着一台笔记本电脑，都很容易干扰到你。我们常常就是学习、工作了没一会儿就不自觉地被其他东西吸引了，心思就从工作、学习转移到了其他的东西上。到最后，发现花了很多时间，却没什么成果。提升效率，不单单只是靠意志力，还需要正确、合适的方法，番茄工作法，帮你更好地提升效率。

当周公所造的幻境逐渐被晨光照亮，上下眼皮的爱情开始经历冷淡期的分离，你醒了，新的一天来临了。新的一天的到来意味着你要开始面对一天的日程和工作，你是否做好准备了？你是否能做到将工作按时完成并井井有条？或者是被眼前的工作弄懵了头脑，不知该如何应对？如果你想知道，那么今天为大家推荐的这本《番茄工作法图解》一定不要错过。

说到番茄工作法，很多人会好奇这个名字的由来。弗朗西斯科·西里洛在1992年创立了番茄工作法。像很多人一样，他在上大学时就曾因为效率低下、学习学不进去而感到烦恼，当时的他就曾将希望寄托在别人的帮助上，希望靠别人监督他而提升效率。不过求人不如求己，别人也有自己的工作要做，不可能总在旁边看着你，真正地提升效率，根本上还是需要自己的努力。后来，他想到了一个方法，不过这个方法需要一个定时器作为帮助，于是他就在厨房里找了一个定时器，而那个定时器的形状就像一个番茄，这个番茄就是后面番茄工作法名称的由来。

何为番茄工作法？简单来讲，就是理清思路，想好当天要做些什么，设置一个25分钟的闹钟，从第一件事开始，每完成25分钟的工作就休息5分钟，休息了5分钟后再继续进行25分钟的工作，如此往复。一个番茄时间由25分钟的专注工作时间和5分钟的休息时间组成。休息时间可用来做一些娱乐活动，比如喝水、玩手机、散步等。

除此之外，每天的回顾反思，对中断发生的控制，预估要花费的时间等，也是必须要考虑的。每天的回顾反思指的是在一天结束后，要把这一天的工作学习进行记录，把它们进行处理，以直观的、可视化的方式展现出来，并进行思考，思考哪些是已经完成的，哪些是未完成的，有没有什么是没有做好的？或者有哪些是我今天做得不错可以继续保持的？这些都是每日回顾反思需要做的。接着是对中断发生的控制，所谓的中断分为两种，一种是内部中断，一种是外部中断。内部中断是指直觉向心智发出信号，告诉自己去做当前专注活动以外的事情。外部中断是指外界因素对自己的干扰而导致的工作中断，比如朋友打电话过来或者是房间突然停电了。对中断发生的控制就是要从这两个方面考虑，思考当中断发生时应该如何应对而不影响工作效率和工作进程。然后是预估要花费的时间。我们不是在今日活动清单上安排好今天的活动后就可以直接去做了，还需要预估每个活动需要花费的时间，如果没有考虑每个活动的时间，往往会出现活动安排得很满很充实，但是当着手去做时才发现只是华而不实，因为时间根本不够，事情根本做不完，那么剩下的工作就只能堆积着，留给明天，而明天又不知道能不能做完，如此往复，效率不增反减。预估时间，要做到将每个活动的时间都尽量安排得合理，不浪费也不空余，把每一分每一秒都用在刀刃上，同时根据时间情况，合理安排活动，今日事今日毕。

知道了这些后，结合我们大学生的实际，番茄工作法具体应该怎样使用呢？我们可以将需要做的诸如做作业、背重点、背单词、预习分到25分钟的番茄中。当25分钟到了之后，就可以休息5分钟，这5分钟可以自由安排，你可以听一两首歌，闭目养神一会儿，都可以。值得注意的是，对于我们大学生，实际上上课时间已经被番茄化了，因此这里推荐只要在课余用4个番茄做作业，效果就挺好的了。越早的番茄越适合工作、复习，比如早晨起来就可以安排一些工作、复习的活动，而晚餐后的番茄，更适合用来预习。重要的是，把工作时间有序地连在一起，紧凑一些，尽量往前靠一靠，有条不紊地，努力避免外界干扰，避免接触诸如手机、电脑等容易分散我们注意力的东西，把容易干扰我们的东西放在离我们较远或者不易触及的地方，提高使用这类易干扰物的成本。这样做既容易，又能有更好的工作效率，劳逸结合。

另外，有几点是值得大家注意的。初学者在使用番茄工作法时要循序渐进，不要急于求成，着急看到成果。一个方法的使用往往不是马上就能见到成果的，需要一个过程。番茄时间是最小的计量单位，不可以进行拆分，如果中途被打断了，可以考虑先把它进行标记，以便于事后处理，或者直接重新开始。值得注意的是当你已经转动了第三至第四次闹钟后，较长一段时间的休息是很有必要的，因为此时人体已经出现了较多的疲惫感。最后，不要拘泥于25分钟的时间限制，25分钟只是作者实践后给大家的建议，不一定对所有人都适用，大家可以根据自己的实际情况进行适当更改。如果觉得自己的控制力实在太差，或者是想借助某种东西监督自己，不妨试试这类手机应用软件，把计时交给外力，这样能使自己的大脑更加集中注意力。

懒惰并不可怕，效率低也不是我们自责的理由，关键是找到正确提升效率的方法。不要总想着要完成整件事你还得花多少时间，而是想想要完成这一个番茄钟要花的时间其实也还好。把一整个像一块大蛋糕一样的工作细分，将其变为几个部分，先完成一份，你就会得到一份回报。把今天要做的活动评估好优先级，按照级别依次排序，再按照次序依次去做，先做最重要的事，尽量保证自己这一天都是在做最重要的事，而不是在别的没有多大意义的事情上浪费时间。根据安排，按部就班。避免长期工作而做适当休息，熬夜工作，通宵赶工，在桌子前一坐就是好几个小时，长期持续这样的状态，效率会逐渐低下。就算凭借惊人的意志力咬牙坚持，也别别扭扭的，很难拿出好成果。那些复杂的，很难在短时间内完成的工作经常会导致拖延，一旦出现拖延，累积的事情就会越来越多，越难以完成。扭动番茄钟，抛掉心理上的束缚，开始干就行了，在完成一个个番茄钟的过程里，你不仅会有工作成果上的收获，还能获得休息时间的奖励。

如果你有心的话，你会发现，游戏比读书学习更容易让人上瘾，这是为什么呢？原因是，游戏刺激了神经系统的内部机制，变相诱导大脑皮层相关区域产生刺激，促使其产生快感。游戏的反馈机制有所不同，它带给我们的是一种即时性反馈，它的反馈更直接更迅速，相比需要花费较长时间才有收获的读书学习，游戏所带来的反馈要快很多。长时间的单一工作，很容易带来疲惫和厌倦感，因此，类比游戏，番茄工作法把工作分成几份，用不长不短的时间去完成，其中夹杂自我激励，就像游戏带来的反馈机制一样，工作不是就一味坐在那里单一重复，而是在工作了25分钟后给自己5分钟左右的时间休息，一方面给自己放松放松，另一方面给自己一些较为即时的反馈，给自己一些获得感，效率会更好。

说了这么多，实际上提升效率最重要的还是靠自己，现在没有任何一种方法能从本质上克服懒惰。方法只是一个辅助，从我的理解来看，番茄工作法对克服懒惰有很好的帮助，但这只能是起到抛砖引玉的作用，最根本的还是要靠自己意志力和专注力的提高。在通过这种方法的刺激后，使用者在很长一段时间里不自觉地培养了自制力，将高效率的工作内化为自己的习惯，从而提升效率，我想，这才是这种方法最有价值的地方。如果你苦于深陷懒惰的泥沼中不能自拔，试试番茄工作法吧！相信你会有所收获。

推荐文章作者及音频录制：吴琛

第二十三本
《大学生沟通艺术》

　　大学是我们不断充实自我,获得成长的重要阶段。在这个阶段中我们不仅要学习专业知识,更要学会如何处理人际关系。马克思指出人的本质在其现实性上,是一切社会关系的总和。可见社交的重要性。那么怎样才能处理好自己的人际关系呢?本文要推荐的这本《大学生沟通艺术》就是一本很好的指导书。该书涵盖的内容十分广泛,针对我们生活中会遇到的各种沟通与交流问题都做了系统的阐述,本文提取了书中的部分精华与大家分享。

读万卷书，行万里路，又到了我们分享好书的时间。今天要向大家推荐的好书是《大学生沟通艺术》。

不知道大家当初是带着怎样的期望步入大学殿堂的。当时的我比较侧重于发展人际关系，我认为人际沟通能力是大学生综合素质的重要组成部分。人际关系不佳容易使人的心理走向病态，且良好的人际关系有利于我们接触新事物、新知识，充实自我，不断进步。

但是上了大学以后一切并非像我想得那么顺利。班上的同学来自五湖四海，各种性格的人都有，我常常羡慕那些活泼外向、风趣幽默的同学，不管老师还是同学，他们都能与之聊得不亦乐乎；我也常常羡慕那些性格沉静、做事稳重的同学，虽然话不多，但是同学们都乐意找她聊天，遇到困难时也会请她帮忙。而我的交际范围似乎局限在了宿舍内，与其他同学的交流少之又少，每次在路上遇到同学打完招呼后就只剩下一片尴尬的沉默。我一度为自己的不善交际感到非常苦恼，内心充满挫败感。那时候我认为性格就是天生的，也许有些人天生就是自来熟，与谁都能成为很好的朋友。如果今天的你与当时的我一样拥有与人交往的困扰，请一定要听听我接下来的话。

黄齐生先生说："事在人为，休言万般皆是命。"人生中的许多事情并非如基因一般已经永久镌刻在了我们的生命中，当下你所面临的种种窘况其实都是可以改变的。当我意识到这一点时，我不再把一切归咎于命中注定，而是开始着手找办法解决我的困扰。我开始观察那些善于交际的同学的言行举止，去图书馆翻阅关于人际交往的书籍。今天我想向大家推荐的这本书——《大学生沟通艺术》，就是我在努力想要改变自己交际能力的那段时间里发现的一本好书。在推荐这本书的同时，我也会分享一些我的经验，希望对正在被人际交往问题困扰着的你有所裨益。

《大学生沟通艺术》全书共 13 章，由原理篇、技巧篇和应用篇三大部分组成。原理篇主要讲述了大学生沟通的基本原理、沟通现状和特点等，理论性较强；技巧篇重点介绍了团队沟通、网络沟通、日常沟通及跨文化沟通等方面的技巧；应用篇阐述了演讲、交谈、求职面试等场景下的实用策略。技巧篇和应用篇实用性较强，且各个模块分布明确，读者完全可以根据自己的需求选择性地阅读某些部分。

如果你不知道自己在人际交往方面存在什么问题，但就是觉得与人交往的过程十分不顺利，那么你可以仔细地阅读原理篇，把自己的情况与书中所写的几种情况做比较，判断自己的问题所在，知道了问题所在才好对"症"下药。本书把大学生最常见的人际交往问题总结为五种情况：

1.具有社交恐惧症。如果你总害怕自己在别人面前出洋相，害怕被别人观察，在与人交往的过程中感到焦虑紧张甚至恐惧，达到了不能自制的地步，那么你很有可能是具有社交恐惧症。社交恐惧症会严重影响学习、工作和生活。一旦你觉察到自己可能有社交恐惧症，一定要及时向心理医生求助。

2.缺少知心朋友。这类人是可以正常地进行人际交往的，但是缺乏可以互诉衷肠的朋友，导致常常会有孤独、抑郁之感。平时生活中不会有太大问题，但在一些重大事件发生时，这类人很容易因压力过大而无倾诉对象出现比较严重的心理问题。

3.与他人交往平淡。这类人可能交际范围挺广的，但也许同我一样，觉得与大部分人的交往过于不自然，只停留在打招呼的阶段。常常会觉得尴尬、迷茫、失落。

4.与人交往困难。这类人十分渴望与人交往，但现实总是不尽人意，因为交往能力有限或者方法欠妥等，常常无法实现自己对人际关系的期望。久而久之会陷入自卑，甚至更严重的心理问题中。

5.不想与人交往。这类人主观上不愿意在交际上花时间，或是孤芳自赏，或是具有怪癖。也许在感知到人际交往给自身带来的快乐之后情况会有所改善。

判断出自己的症结所在后，就可以根据自己的实际情况选择是应该去寻找心理咨询师的帮助，还是要求助于心理医生，如果是不怎么严重的情况那么不妨看看这本书的技巧篇，给自己的交际方式来个大变化。根据书中所阐述的方法重新建立自己的交际模式，许多问题都会在这些小小的改变中不攻自破啦。

高中时期大家可能都在埋头苦读，每天接触的只有家长、老师和同学，而进入大学后，交际范围就相对来说扩大了很多。家长、室友、老师、同班同学、学长学姐、同部门的干事干部，如果兼职的话，还有一起工作的同事等，面对错综复杂的人和关系，一时间手足无措是很有可能的，那么我们应该怎样处理好与他们的关系呢？

下面我就结合书中的精华与自己的经验总结将人际交往中需要注意的问题归纳如下：

一、与所有人交往时都应该注意的基本事项：

1.与人交谈的过程中，若对方正在说话，不要插话，认真倾听。倾听时应尽量集中注意力，不要漫不经心，眼神不要飘，可以盯着对方的鼻梁看（紧盯对方的双眼会让对方觉得尴尬）。并且要适当及时地给予对方一些反馈，让对方知道你在认真听他说话，如点头、微笑等。

2.维护他人的自尊。如果发现对方有缺点或不良习惯时，不宜在公众场合提出来，这样会让对方难堪。可以私下找他谈一谈，且尽量用建议的方式提出意见，如用"我觉得你可以这样……"的句式提出问题，而不是用"你不应该这样……"的句式批评对方。

3.与他人发生冲突时，不要急于争辩，先让双方冷静下来想一想。

4.善于觉察，懂得换位思考。比如在与人交谈时对方局促不安，那么他可能另外有事，只是出于礼貌没有打断你，这时最好停止自己的话，以免造成对方的困扰。

5.不问及对方的隐私问题,尊重他人隐私。

6.时刻保持谦逊有礼。

二、与室友相处时应该注意的事项:

为什么我要特地讲与室友之间的相处问题呢?因为我们与室友朝夕相对,同寝室之间关系和睦,那么寝室就像另一个家一般温暖舒适。如果大家彼此不和睦,那么天天生活在这样的氛围下一定是件让人十分头疼的事,所以我们有必要与室友建立良好的关系。与室友相处,我们应注意:

1.在其他室友已经休息或正在学习或正在通话的情况下,不宜发出过大的声响。

2.注意个人卫生,垃圾千万不要乱扔,记住寝室不只有自己居住。

3.不要乱翻室友的东西。

4.爱护公共财物。

以上几点是在寝室中要注意的最基本事项。如果你想跟室友发展更进一步的友谊,那么你可以尝试"事事都想着他们"。比如出门玩了或者去逛商场了问问他们需不需要帮着带什么东西回去;看见有意义的活动问问他们愿不愿意与你一起参加;发现了一家好评如云的小吃店第一时间告诉他们……只要持一颗真诚的心,多注重细节,多考虑对方的感受,相信你一定会跟室友相处和睦的。

三、如果你想发展交际的广度:

大学校园通常都会举办很多活动,且形式多样,多参加一些活动,你认识的人一定会慢慢多起来的。此外,担任班委,加入部门或者做一份兼职,都可以让你有机会接触到更多人。

四、如果你想发展交际的深度:

如前面所说,要和室友建立友谊,可以尝试用"事事都想着他们"的办法。这个方法也同样适用于除室友以外你想建立友谊的人身上。不管是班级还是社团，或者是同级班委之间，大多都建立了群聊。看见好玩的活动在群聊里问问有没有人愿意一起，得到了好的学习资料分享在群里，出去拿快递问问大家需不需要代拿，有时候有人会在群聊中问问题，比如某某地方怎么走，某某文件怎么做……多帮助别人解决问题，有时候你一个小小的举动就会给他人带来极大的便利，也更容易给他人留下好的印象，之后要发展友谊就容易多了。

　　以上说的这些都是生活中比较容易遇到的情况，书中涉及的人际交往问题更加广泛细致，且各个板块分布明确。比如你想了解倾听时的注意事项就可以通过目录直接翻找到"倾听的技巧与艺术"这一章节来阅读。此外，在应用篇中还谈及了一些特殊场景下的人际交往艺术。大多数大学生多多少少都会加入一些社团，那么在进行面试之前，你知道该如何准备吗？在面试中你知道该如何表现吗？假如你对演讲很感兴趣，你知道怎样让自己的演讲更具吸引力吗？如果你恰巧要出国做交换生，你知道与外国人交流时要注意哪些细节吗？遇到这些问题的你，不妨翻开这本《大学生沟通艺术》，满满的干货，选择你需要的来阅读学习。最后，祝大家都能拥有令自己满意的人际关系！

推荐文章作者及音频录制：陈玉婷

> 第二十四本
> 《克服压力 认知行为自助手册》

在高压时代，似乎每个人都承受着生活的重担，这些压力使我们喘不过气来，更别提如何领略生命的美好了。《克服压力 认知行为自助手册》就是在高压时代的必备生存手册。正确认识压力，当处在高压的精神状态下及时调整，换一种思维方式看待压力源，相信自己有能力应对目前的情况。合理安排自己的时间，及时完成紧急重要的任务，减轻压力。照顾好自己，在生活中引吭高歌！

立身以立学为先，立学以读书为本。又到了我们分享好书的时间，今天给大家推荐的好书是《克服压力 认知行为自助手册》。请问大家是否常感到头疼、脖子和肩膀僵硬、暴躁易怒等不适？它们降低了我们做事的效率，让我们学习和工作变得拖沓。可是你知道吗？这些症状往往是我们承受太多压力后身体反应出来的结果。如果你的身体出现了以上一些征兆，那么这本书将有助于你认识你正在遭受的压力，并针对具体压力情景提供解决办法和技巧。

　　不知大家是否想过思维、感受和行为之间的关系？看似无关联的三者在认知行为疗法看来却存在很大关联，它们相互影响、相互促进，影响着我们生活的方方面面。通过大量实证研究，思维方式在很大程度上能对我们的判断做出影响。假设我们换一种方式看待事情，那么我们的感受和行为也会发生大大的不同。因此认知行为疗法被广泛运用于多种焦虑障碍中，帮助更多的人摆脱焦虑、重度压力等困扰。

　　关于压力，作者的理解就是人们对自己感知到的身边的或自己身上发生的事件的全部反应。发生的事件就被称为压力源，我们怎么看待压力源及如何看待事件与我们的关系就是感知或评价，我们通过感知或评价后对事件做出具体的行动就称为压力反应。想象一下当你在房内专注学习时，这时候有人敲门，原来是弟弟想问你外面正在放映你最喜欢的电影，要不要一起去看。那这时你是感到恼怒，认为自己好不容易静下来学习又被打搅了，还是向弟弟表示感谢，谢谢他和你一起分享好电影呢？第一种情况下我们的情绪是愤怒的，第二种情况下我们怀着感恩之心，是欣喜的。由此可见，让我们感到压力的，不是事情本身，而是我们对事情的感知与评价。

　　而另一个例子则很好地证明了更重要的不是我们对压力源的评价，而是我们对自身处理压力能力的评估。在一次地震中，有两个人不幸被压在一个超市的角落，身旁只有一瓶水和几块饼干。其中一个人认为：太好了，还有一瓶水和一些饼干，我们要相互鼓劲，一定能撑到救援队找到我们的！而另一个人则认为：真是太糟糕了，只有一点食物，还要分给另一个人，我肯定没有办法活下去了！幸运的是最终他们俩都得救了。事实上，在食物耗尽的第一天，那个认为自己无法坚持的人真的决定要放弃自己的生命了，但在另一个人的不断鼓舞和帮助下，他们在食物耗尽的第二天听到了外面传来的脚步声，终于得以幸存。从上述例子可以看出我们对于自身应对压力能力的评价在一定程度上决定自己能否化险为夷。

压力过大或压力持续时间过长都会对我们的身体产生影响。比如当我们面对威胁时很可能会停住不动或拔腿就跑，无论是哪一种都会使我们的肌肉绷紧，当时间过长，肌肉就会产生酸痛感，变僵硬也是常有的事。消化系统在我们压力过大时会罢工，所以在精神高压的状态下进食也许会消化不良甚至产生胃溃疡等胃部损伤。而中枢神经系统也会对高压产生反应，当我们长时间在精神高压环境下，我们会变得敏感，对压力源过度反应，显然过于警觉会让我们变得焦虑，影响睡眠，甚至压力与免疫系统也有很大的关联。压力会对皮质醇产生影响，而皮质醇又与免疫系统紧密联系。生活中有许多这样的例子：在期末考试前更容易患感冒，而在考试结束后又会很快恢复等。

压力引发的症状在各个方面影响着我们，作者将压力症状分为四类：认知症状、情感症状、生理症状、行为症状。作者在书中附上了一张压力症状表，我们可以在自己感受到的症状下做记号，在被标记的症状中再筛选出对自己有较大影响的选项。罗列出一周时间内给自己造成较大困扰的压力症状，再用压力症状评定量表来评定症状的严重程度，得出压力的具体数值，这样可以使我们更直观地认知到自己承受压力的强度。连续记录几周，在这几周时间内执行作者提供的建议，相信坚持几周后，压力数值会越来越小的！

生活中不同的事件都会带来压力，即使是一些很小的麻烦事，累积起来也会让我们倍感压力。例如因忘调闹钟睡过头而导致上课迟到，匆忙到教室后却发现忘记带作业本，被老师提问时又因说不出答案而满脸通红等，这里的每一件小事看起来都不能称为麻烦事，但一连串的发生在同一个人身上，就会让我们心情陷入谷底。除了麻烦事外还有高兴事，高兴事令人振奋，让人感觉良好。作者认为，我们可以把一周内发生的"麻烦事"和"高兴事"都记录下来，提醒我们有许多值得我们高兴的事情，唤醒我们的美好记忆，可以很大程度上减轻我们的压力。书中也有一份量化表来帮助我们认清在一年中哪些生活事件对我们造成了影响，比如：为"与朋友关系失和"事件评定等级，等级为0至10，0表示毫无压力，10表示我们已经承受了我们无法负荷的重压。这份表格除了认识压力源造成的影响外，还可以告诉我们哪些事情对我们更重要，那些事件分值越高就说明它在我们生命中占的地位就越重要。

改变压力思维是有效缓解压力和减轻困难的办法。我们感受到的压力大小取决于我们的思维方式，有些人更偏向于看到事情积极的一面，而有些人更容易关注到那些灰暗、令人惊恐的一面。有时候人们会过于在意大脑中的压力思维，例如那些令人恐惧的一面，但他们只是忘了，这些思维并不能帮助我们解决实际问题，只会让我们压力更大。这时，我们便需要做压力思维日记，包括时间、地点、事件和我们的思维以及心情，再反思这种思维是否对解决问题有帮助，如果答案是否定的话，就及时调整我们的思维方式。比如大一的同学小温就做了这样一篇日记：

时间：周五晚上七点。情景（地点与事件）：在宿舍看书，知识晦涩难懂。又联想到两周前的期中考试，没有拿到好名次，便更加无法集中精力。心情：焦虑、压力大。自发性压力思维：在中学时我曾是一名佼佼者，现在却怎么努力也无法拿到很好的名次，专业知识又如此晦涩，我是不是选错了专业？上回舍友们问起我的分数，是什么意思呢？他们都知道我考砸了吗？

在通过调整后，小温写下了看待问题的另一种方式：

我知道我是有能力把专业知识学好的，毕竟我曾经也是万众瞩目的对象，如果没有能力也无法被录取到这个专业。舍友们只是在查分数的时候顺便问了我一下，或许我可以请教成绩好的同学，学习一下他们的学习方法。

通过另一种角度的思考，压力就能在很大程度上得到减轻，从而对自己更加自信。

提高克服障碍和解决问题的能力，让生活更加轻松。有很多让处理压力变得更难的思维方式，例如拖延症、完美主义和无止境的忧虑等。我们同样可以用认知疗法来克服这些障碍，比如理解动机和行动的关系，权衡我们要做的事情的利弊；控制完美主义，降低我们的严苛标准，减轻压力并提高效率……

安排和利用好自己的时间，高效完成任务。我们的时间是有限的，在一天数小时内完成重要的工作对我们来说非常重要。我们可以用时间管理矩阵将我们的任务分类，用这种方式来确定事情的轻重缓急。将事情按重要和紧急分成四类，能更好地帮助我们理清我们应该先做什么。同时，我们也要学会将工作分配给他人，通过寻求帮助来减轻压力。

如果我们把自己照顾得很好，我们的感受也会有很大不同，可以更加积极地应对压力。书中在饮食、睡眠、运动和放松等方面都给出了具体建议来帮助我们提高生活质量。其中，作者认为酒在帮助我们处理压力方面是极其有效果的，但若我们饮酒过量反而会增大我们的压力，因此对酒量进行监控是很有必要的。而吸烟与饮酒就有很大的不同，吸烟或许能让我们冷静，但长期吸烟是对我们身体健康有害的，我们可以通过嚼口香糖等方式来戒烟。

克服压力是一件很有意义的事情，不仅可以让我们过得更加轻松，也会让我们身边的人更加快乐。上文中所提到的各项量表在书中相应的章节都能找到，书中还有更多详细的策略、更具体的方法和例子等着大家去发现。从小事做起，坚持改变，一点点减轻压力，在高压时代更轻松地引吭高歌吧！

推荐文章作者及音频录制：张国欣

第二十五本 《走出抑郁症：一个抑郁症患者的成功自救》

本文分享给大家一本书《走出抑郁症：一个抑郁症患者的成功自救》，希望能给因为抑郁而处于绝望中的你一点希望，给面对抑郁而无助的你一点力量。本文将解释抑郁的核心症状、产生抑郁的原因、情绪的ABC理论等，旨在帮助有抑郁倾向或者正在抑郁症痛苦里的大家慢慢走出痛苦感，不再被恐惧所困，敢于追求自己所向往的生活。

腹有诗书气自华。大家好,我是靖云,这一次我要为大家带来的好书是《走出抑郁症:一个抑郁症患者的成功自救》,作者是王宇。作者从患者和心理咨询师这两个角度来写这本书,希望能给大家带来一点点希望和力量。全书分为六大篇章:抑郁人生、抑郁的初步治疗、抑郁的深入分析、抑郁与人际关系、抑郁与工作以及与抑郁有关的具体问题。在这里我选取了一部分的精华内容进行分享。

首先,每个陷入抑郁症的人都会有自己的独特经历以及对抑郁症的理解,并伴有不一样的症状。抑郁的核心症状是很难变得快乐或者无法感受快乐。我们过去可能有绝对能让我们感到开心的事情,但现如今却完全无法让我们提起兴趣,一旦我们意识到这个问题,越想摆脱却只会越陷越深,难以自拔。当一次次地抗争换来的是不断的失败与绝望,我们想要改变的动力就会逐渐被削弱,我们也会感到生活变得艰难。我们很可能在一开始会选择不去面对,因为这会误让我们感觉还好,但在最后,逃避也渐渐地成了问题的一部分。越逃避,就越恐惧,越容易被失落的感觉打倒。在此之前,我们还未患有抑郁症,我们可能有很多希望,会有梦想的生活和光明的未来,但当我们陷入抑郁症的阴霾中,一切都变得不那么重要。虽然身边人也尽力地去理解和关心我们,但他人却不能真正理解到底发生了什么,毕竟抑郁症是一种无形的伤害,也不可能做到感同身受。

而导致抑郁症的原因也很复杂,可以是遗传因素、成长经历、生活信念、内在动力、刺激事件、社会文化等。虽然遗传让我们更易患上抑郁症,但一个人的成长经历,尤其是在他童年时所经历的事物的影响,会让抑郁症更显著。如果小时候就在没有爱的家庭环境中成长,或者父母习惯于用责骂的方式对待孩子,那么,在这样的家庭中成长的孩子往往是偏向自卑的,很难拥有自信。父母经常吵架等类似的行为,容易让孩子体验到不安全感,会间接地造成孩子的焦虑。为了克服焦虑,他就会试图把所有事情尽力做到完美以减轻心中的不安感。一旦形成这种扭曲的心理防御机制，它就会影响一个人的生活和内部驱动信念。这样往往会让人忽视一些证据，因为这其实算是一种"过滤效应"，让人更加肯定自己决策的"正确性"，而忽视了事情背后的真相。有些时候，这种效应对成长的过程是有很大阻挠的。比如，就算一个人有成功的时候，他也不会因此肯定自己，反而会认为这种成功仅仅出于一种偶然或者是任何人都能达成的事情。书中指出，内在驱力会影响一个人对事物的追求。在生活中，我们明明知道不应该因为某件事或某个人变得抑郁，但我们的理性往往处在下风，因为在这个时候，内在的驱动力正控制着我们。而当我们的理智无法占有支配权的时候，我们就需要发现并了解自我，只有了解并摒弃这股内心深处的驱动力，才能真正地解决这个问题。

大多数人觉得很小的事情也可能让人倾向抑郁，比如成绩不理想，被上级责骂，被周围的人嘲笑等。作者认为，如果一个人患有抑郁症，从本质上说，他其实不是被生活中的刺激事件打倒，而是被这些事情对他而言的意义所打倒。我们需要思考的是为什么"这块石头"绊倒了我们？我们要对自己承担什么责任？我们自己有什么问题仍未解决？虽然在一开始，我们无法立即查明变得抑郁的真正原因，但我们可以通过改变行为，以影响人的大脑，然后通过改变思维，以改善情绪。我们的脑海中一直回响着"放弃吧，放弃吧"，倘若我们听从它的命令，我们只会越来越深陷抑郁的深渊，使这种"我不能"的思想根深蒂固。所以，我们必须勇敢地做我们想要做的事情，这样我们就可以慢慢地发现这种思想的错误，然后再改变这种扭曲的思维方式。比如，当我们失败的时候，就很容易做出"我是一个没有潜力、无法成功的人"的错误判断。这时，我们的思维实际上犯了"泛化"的错误，而如果我们的情绪可以因行为及思维的改变而处于更加积极的状态时，我们就会有动力进一步分析陷入抑郁的深层原因，从而更好地了解与改善自我，最后预防抑郁的复发。如果不能坚持下去，无论我们选择的方法有多好，都不会达到预期的效果。比如，今天的你可能会因为自己的缺点而对自己产生怀疑，明天的你可能会因为过于在意他人的看法而紧张不安，后天的你可能会因为一件小事情的失败而耿耿于怀……因为抑郁的典型症状就是绝望感，而这种感觉会让我们哪怕看到了希望，也很难有毅力去坚持。因此，在接受适当的专业治疗时，我们必须扪心自问，我们是否有决心和毅力，是否能够对自己保持负责任的态度。

抑郁告诉你不行、劝你放弃时，我们反而要逆流而上。我们要鼓起勇气去面对那些我们所恐惧和逃避的人、事、物。当然，这并不意味着幸福马上会发生，但这是治疗抑郁症的第一步。当我们开始有意识地丰富自己的生活，很多问题就会渐渐暴露，而这才是解决的最佳时机。敢于尝试就是成功的开始，前进了一小步就算是一个巨大的进步。所以，我们要把对自我的评价暂时搁置一边，不要在意。即使你认为自己很失败，也不重要，重要的是你持之以恒的行动，你为其付出的努力。在很多时候，你因为负面的自我评估已经失去了让自己前进的勇气，所以，你需要渐渐说服自己，让自己相信：我可以一步一步地做好每一件事情。

本书中还提到了一个情绪的 ABC 理论。情绪取决于我们如何看待事物，看待事物的角度不同，就会产生相应的情绪。比如，同样是失恋，有人会意识到这只代表我们俩并不适合在一起，可能是性格不合也可能是家庭不和，但是，哪怕自己再为此痛苦，这都不意味着世界崩塌。所以，在这种角度下的行为和情绪虽然也受到了失恋的影响，但并不会因此而消沉或抑郁。而另一种人却会认为：失恋让我觉得自己不够成功，我很失败，我不可能找到自己爱的人，我没有资格拥有一份属于我的亲密关系。如果失恋对他们的意义是这样的，那么失恋将是一场灾难。从这个例子中我们发现，很多时候，我们不是因为"物"的本质而困扰，而是因为对"物"的态度而困扰，如果可以改变影响情绪与行为的态度及观念，就能在一定程度上改善我们的情绪。

而 ABC 理论的创始者认为，信念上的错误会影响我们的情绪，让我们产生困扰。随着时间的推移，这些不合理的信念也会导致情绪的紊乱。在情绪 ABC 理论中，A 代表诱导事件，B 代表个体对诱导事件的信念，即对事物的观点和解释，C 代表对结果事件的情感和行为。通常人们认为，A 会直接导致 C，认为发生的事情会直接引发对应的情绪反馈。可是如果我们细心一点就会发现：哪怕是相同的事情，也会产生不同的情绪反应。比如，同样是和朋友有了小矛盾，一个人会感到"小伤心"，而另一个人却可能会因此变得紧张不安，害怕自己和对方的关系由此变得越来越糟糕。这个例子告诉我们，引发不同反应的关键就在 B：思维与信念。我们往往容易忽略的就是思考问题的方式和角度。就好像一些事情发生了，我们自然而然就能产生某种情绪及行为反应，可我们往往没有试图去发现自己是如何"想"的。因此，我们要经常问自己三个问题：发生了什么？是什么让我的情绪如此低落？这件事对我的意义是什么？

走出抑郁也是一个学会同自己相处，学会爱自己的过程。当我们感觉自己被全世界抛弃时，我们自己就必须成为那个最后还爱着自己的人，给自己足够的时间去尝试，给自己试错的勇气去前进，解开束缚去表达自己。我们需要行动和实践来验证，而不是沉溺于自我杜撰的虚拟世界中，不是生活在一个以自我为中心的世界。正如毕淑敏所言："伤口会自然生长良好，但心灵的创伤如果只是被轻轻掩埋，表面上看不到了，但在深处却能剧烈地发作，敲骨吸髓地痛苦起来。"当我们鼓起勇气去面对自己恐惧的现实时，我们会发现，恐惧并非来自外界，它一直待在我们的内心。只有敢于直面痛苦，我们的心才有机会变得更清晰、强壮和真实。当我们不再害怕，也许就能发现一切并没有自己想象的那么可怕。

吉尔伯特说过一句话："抑郁的目的是强迫你停下来，弄清楚你是谁，你要去哪里。它要求你定位你自己，这是痛苦的同时，也是转向的动力。"

作者说，当他陷入抑郁症时，就不能很好地理解这句话，当他从抑郁中走出来时，他发现如果没有抑郁贯穿一生，他永远不会知道自己是谁，也不会知道自己会去哪里。

我们可以认为患上抑郁症是个不幸的事情，但是，这就像其他我们也要在生命中经历的苦难一样，虽然可能给我们带来折磨和痛苦，但也正因为它的存在，我们才被教育着，有时间停下来思考自己和认真审视生活。进一步理解自我，才有可能放弃幻想，回归现实。毕竟尼采也说："任何不曾杀死我的东西，都让我更强大。"本期的好书推荐就到这里啦，我们下期再见。

推荐文章作者及音频录制：修靖云

> **第二十六本**
> **《活下去的理由》**

你是否常常看到有关抑郁症患者的报道，你是否曾听说抑郁症患者的人数正在逐年增多，你可曾想过若某一天"抑郁症"从电视、手机上的一个个冷冰冰的词变成了你身边真实发生的故事该如何应对？本文要介绍的这本书——《活下去的理由》，是一个抑郁症患者对自己身患抑郁经历的陈述。本文总结了这本书讲述的几个主要观点，希望能帮助你了解抑郁症患者最真实的体验，掌握对抗抑郁症的方法。

读万卷书，行万里路。又到了我们分享好书的时间。今天要向大家推荐的好书是《活下去的理由》。

在开始介绍这本书之前，我想先跟大家谈谈抑郁情绪。抑郁像是情绪感冒，当人们遭遇压力过大、事业受挫、生离死别、重大变故等情况时，很容易产生抑郁情绪。尤其在当今社会竞争日益激烈的情况下，越来越多的人因为承受不住巨大的生活压力而产生了抑郁情绪，甚至患上抑郁症。世界卫生组织曾经有一个公开的预测，他们认为，预计到 2020 年，抑郁症将成为世界第二大疾病。这意味着，每十个人中可能就有一个人深受抑郁症的折磨。所以抑郁并不是一个离我们很遥远的词，它是无数鲜活生命的苦苦挣扎，这些挣扎的人里可能就包括你的朋友、亲人。

当然，我们都希望自己永远不会遇见抑郁症，我们身边的人也不会，但是万一遇见了，我们也要有足够的知识和力量去应对它。所以我们有必要去了解抑郁症，了解抑郁症患者正在遭受着什么，了解他们真正需要的是什么。今天要向大家推荐的这本《活下去的理由》就可以帮助我们近距离地接触抑郁症，了解抑郁症患者最真实的情况。

本书的作者马特·海格曾经是一名抑郁症患者。在本书中，已经走出阴霾的马特回望生命中狂风肆虐的那段时光，用举重若轻的笔调向读者分享了一场绝望与希望并存、黑暗和温暖交织的生命之旅。相信这本书会带给你温暖与震撼，让你对抑郁症有一个全新的认识和深入的理解。

下面我将从大众对抑郁症普遍存在的误解、如何陪伴抑郁症患者及抑郁症患者的自救三个方面入手，挑选书中的精华，与大家分享。

大众对抑郁症普遍存在的误解

近年来，有关抑郁症患者自残的报道已经屡见不鲜，但每每我们在遗憾之余，很少主动花时间专门去了解关于抑郁症的知识。单凭平时接收到的星星点点的信息，有时候不仅不能很好地了解抑郁症，还可能带来许多误解。

比如，我们很容易以为抑郁就是不高兴，抑郁就是缺乏快乐。其实不是的，抑郁症患者们根本不关心快乐，他们只想变成一个正常人，甚至可以不是一个人。作者讲述他曾经看着脚边的一只蜥蜴，突然就很想成为一只蜥蜴，一只即使断了尾巴，也能自己再长出一条，然后继续进行正常生活的蜥蜴。抑郁症患者很多时候并没有特别的悲伤或者不开心，但是他们没有精神，没有精力，对一切事物失去了兴趣，我们把这种现象叫作没有生命力。这会严重影响到生活和工作，令人无法专注，难以冷静思考。

我们对抑郁症的另一大误解是，认为患者是因为遭受了某一事件的重大打击之后才抑郁的，其实不然。大多数心理疾病都不是突然发生的，而是各种负面情绪逐渐累积的结果，并且大多数人在早些时候就已经有了种种迹象，预示了心理疾病的发生。根据世界卫生组织的研究，人类50%的心理障碍在14岁之前就有端倪。作者马特在10岁的时候就察觉到了自己的异样，他在等待爸爸妈妈下班回家时总是反复想象着他们会在路上发生车祸，或者在特伦特河畔被狗吃掉。他一遍遍地询问保姆爸爸妈妈会很快到家吗？会安全到家吗？整个童年，马特经历了一次又一次那样的担忧和恐惧。马特不是个很合群的人，他经常感到一阵孤独爬上心头，他也总是忧虑着一些事情，核战争、车祸、坐渡船，似乎每时每刻都在忧虑。24岁之前，马特不知道什么叫作抑郁症，但是他常常会陷入不正常的情绪之中。后来他抑郁症发作的时候，其实并没有发生什么特别的事情，只是积攒了太多太久的情绪都在那一刻突然爆发了，有如大坝决堤。就像作者所说，"如果你太难释放自我，那么自我会破壳而出，淹没你的意识，试图淹死你所有失败的，半真半假的自己。"

我们对抑郁症的误解还在于，我们常常认为抑郁症患者遭受的就只是抑郁症的折磨。其实不是，抑郁症还带有很多并发症状，有心理上的，也有生理上的。生理上最常见的就是四肢疼痛，全身疲乏等。心理上的可能是臆想症、惊恐症、焦虑症等。伴随作者马特抑郁症的是强烈的焦虑和恐惧，在他最黑暗的那段时间里，他每一刻都处在崩溃边缘，他总是在担心着一些事情，一直处在焦虑的状态下无法冷静，一直被恐惧紧紧包围，就像陷入沼泽一样，无力，绝望，无法逃离。

通过以上列举的几个常见的大众对抑郁症的误解，相信大家都对抑郁症有了一个新的认识。其中我认为非常重要的是，我们一定要认识到，大多数心理疾病在还未爆发之前就已经有了迹象。我们当然都不希望自己和自己身边的人遭受抑郁症的折磨，所以还是要多多关注自己和家人、朋友的情绪变化，把抑郁症的火苗早早掐灭。如果真的非常不幸，你的朋友或者亲人患上了抑郁症，你该怎么办呢？如何陪伴抑郁症患者也是书中提到的一个非常重要的问题。

如何陪伴抑郁症患者

首先，你要了解，对普通人来说很容易的事，比如去超市买些生活用品，到附近的公园散散步，对抑郁症患者来说都可能是无法完成的任务。任何对于正常人来说再正常不过的活动，都有可能引发抑郁症患者的强烈不适。

其次，不要对抑郁症患者"另眼相看"。他可能会做出很多你认为不正常的事，比如说躺在地板上三天不起，把自己关在卫生间里不愿出来，或者是大热天把自己裹在被窝里不动。尽可能别对他的这些举动大惊小怪，否则更让他觉得自己是个怪人。陪伴抑郁症患者，就把他当作一个正常人来对待，不要有多余的善意，更不要存有恶意。抑郁症患者最敏感的就是自己被当作一个不正常的人，所以像对待任何一个正常人那样对待他，是最能让他感到舒适的方法了。

陪伴抑郁症患者的过程绝对不会轻松，有时候你甚至觉得自己也要患上抑郁了，但还是要耐心点。抑郁症的状态有涨落、起伏，不会一直保持一个，不要把某一个糟糕的时刻放大，那样会让你趋于崩溃，也不要把某一个愉快的时刻当作恢复的征兆。与抑郁症抗争是一个漫长的过程，你需要极大的耐心。

如果有可能的话，最好解除病人的一切工作和生活压力。抑郁症很有可能就是这些工作和生活的压力聚合在一起的结果。

永远不要对病人说"振作起来"或"高兴起来吧"，你无法想象这对他们来说有多么难。除非你能提供一个切实可行的振作起来或者高兴起来的方法，否则不要说这句话。你能做的或许就是静静的陪伴。你可以尝试问他你可以为他做什么，但是他多半答不上来，他需要的就是陪伴，安静地陪着他就好了。

抑郁症患者有时候可能会对你倾诉，告诉你他太累了，他很迷茫，这时候千万不要质疑他。"你天天都在休息有什么好累的？""谁都一样，都会迷茫。"这样的话语会伤害到他，这种时候你可以做的是鼓励他倾诉。你可以问他"今天经历了什么，为什么很累？"，你可以告诉他"我也会觉得很迷茫，我们一起来想想办法。"让患者尽可能多地跟你说一些，这对他的症状缓解非常有帮助。

最后，如果身边有患抑郁症的朋友，最好还是及时去寻求专业医生的帮助。我们很难想象任何一件普通的事都有可能让抑郁症患者痛苦不堪，所以寻求专业医生的帮助，才能真正达到帮助抑郁症患者的目的。

作者的痊愈，是爱的结果，是温暖陪伴的结果，是他的父母、妻子日日夜夜守候他的结果，更是他自己斗争的结果。下面让我们一起来看看作者的探索历程，看看他在身患抑郁时所发现的对抗抑郁症的有力武器有哪些。如果某天你真的觉得自己有些抑郁了，作者的康复经历或许可以帮助你攻克难关。

抑郁症患者的自救

身陷抑郁的人往往会产生自卑情绪，认为自己是一个怪人，是一个疯子，是不正常的。别这样认为，你并不是一个与这世界格格不入的怪人，如果你患有抑郁症，那么你属于一个非常庞大且在不断扩张的群体。从古至今，许多伟大、坚强的人都深受过抑郁症的折磨。比如林肯，我们都知道林肯是美国非常伟大的一任总统，但你可能不知道林肯一生都饱受抑郁症折磨。可是没人觉得他是一个疯子，他依旧可以诠释自己的生命价值，做他想做的事。所以抑郁症不是某个让你自惭形秽的污点，它是所有普通人都可能有的一种体验，某个恰巧发生在你身上的东西，某个可以被缓解甚至治愈的症状。所以，如果你患上了抑郁症，你能为自己做的第一件事就是大方地接受它，让大家知道你的情况，让大家同你一起抗争，一切都会好的。

接着你要做的是，做好与抑郁症长久斗争的心理准备。与抑郁症的斗争是一场持久战，就像很多人得了糖尿病、高血压、冠心病一样，这些都是长期的病。所以我们要学会与抑郁症一起生存，不要因为一段时间的治疗没有丝毫起色而灰心丧气。生活总是会有不如意的事情，大家都是一样的。事实上没有一个人是完全健康的，只是大家的问题各不相同，有生理上的有心理上的，我们要学会接受生活中的这些不完美。

当我们学会接受抑郁症，并且能与它共存之后，我们就可以着手寻找对自身来说缓解抑郁症最有效的方法了。在书中，作者列举了许多对抑郁症的痊愈可能起到重要帮助的方法，对于作者来说，最有效的方法是做令自己恐惧的事，这是一个很有意思的方法。我们前面提到过，对普通人来说很容易的事，比如去超市买些生活用品，到附近的公园散散步，对抑郁症患者来说都可能是无法完成的任务。而这个方法就相当于如果你害怕封闭的空间，那就让自己在电梯里待着；如果你害怕人群，那就强迫自己往最繁华的商城去。作者马特在几次挑战自己的恐惧去完成事情之后，都会有好起来了的奇妙感觉。有一次是自己一个人去商店买牛奶，在他患病之前他曾经去过那个商店无数次，但是患病之后的他只要没有妻子或者父母的陪伴，就会很焦虑，无法适应，所以完成这件事对他无疑是一个巨大的挑战。在去商店的路上，他脑中数次萌生了狂跑回家的念头，但他还是强迫自己继续走下去，最后，他成功了。这样的经历一次次多起来，让他觉得自己好像越来越"正常"了，他可以像正常人一样做很多事情。抑郁症患者是非常渴望自己变得正常的，所以这样的心理体验无疑对抑郁症的康复起到很积极的作用。事实上，并不是因为他恢复了所以能做到这些事，而是因为他做到了这些事促进了他的恢复。

促进作者康复的第二大因素是阅读。他把每一次的阅读过程都当作在看一张藏宝图，而那个宝藏就是他自己。找到最好自我的过程是一场无尽的远征，每一次长时间的阅读都让他觉得自己正在无限地接近目的地。我想阅读可以奏效的原因之一就是阅读可以促使人思考，在抑郁的时候，人们通常只想两个问题："人为什么活着？我为什么活着？"而通过阅读，我们对自身提出更多更有意义的疑问时，我们不再纠结于活着的问题，抑郁也就缓解了许多。

除此之外，交谈、旅行、瑜伽、冥想、跑步等都是公认的对缓解抑郁有帮助的方法，都有可能成为对抗抑郁的有力武器，但如作者所说，一千个抑郁症患者心里有一千种抑郁症。有些方法对某个人有效，对另一个人可能就没有任何作用了，对抗抑郁症的道路更像是一条探索之路，在这条路上你就是自己最好的指路人。你可以做很多尝试，最终找到最能让自己感到好转的那个方法，并坚持使用这个方法。如果吃药有效就按时吃药，如果跑步能让你舒服点就坚持跑步。在探索的这条路上如果有时候实在觉得太痛苦了，不妨看看同样患有抑郁症的名人的积极经历，比如哈莉·贝瑞、马克·吐温、斯蒂芬·弗雷等，给自己积极的心理暗示，给自己坚持下去的动力。

最后，祝愿大家往后的每一个日子都温暖而美好，即使偶尔遇见了心理方面的困扰，也有足够的知识和力量调整好自我。

推荐文章作者及音频录制：陈玉婷

> 第二十七本
> 《4点起床》

良好的生活习惯和高效率的工作需要掌握方法，本书除了介绍了书名所说的"4点起床"以外，还回答了生活中常常出现的早晚效率高低问题、熬夜问题、睡眠不足问题、时间利用和任务安排问题，并给出了相关建议。笔者认为，该书所讲述的小妙招要比"4点起床"的理念实用得多，本文做着重介绍。

○ 白天晚上哪个效率高？

你有没有这种经历？

明天上课就要小测试了，但是你还没复习完，你去洗了个澡，出来后感觉神清气爽，正好晚上还很安静，于是你就准备挑灯夜战，想在今晚就复习好，这样明天就不用手忙脚乱了。学了10分钟，眼皮开始变重，头开始昏昏沉沉、控制不住地往下坠。突然你清醒了一下，告诉自己说"我要学习"，然后晃晃头，开始逼自己专注精神努力学习。结果没多久，你又开始眼冒金星了。

其实大家可以好好想想，你的大脑已经因为白天的大小琐事辛苦了一整天，到了大半夜你还要让它继续工作，它能吃得消吗？

因此本书告诉我们，其实根据大脑的工作效率和灵活程度，早晨要好过晚上。

从生理角度讲，这与我们体内的荷尔蒙相关。肾上腺会分泌"肾上腺素"和"肾上腺皮质类固醇"两种让人充满精力的荷尔蒙，而这两种荷尔蒙在黎明时开始被肾上腺分泌，分泌高峰期大约是在早上7点。而深夜时和分泌高峰期比起来，大约只有高峰期的三分之一。这就是为什么早上效率更高。夜晚是身心休息的时候，此时身体抑制了荷尔蒙的分泌。

因此，挑灯夜战这种做法实际上是企图用意志力去挑战生理，这样的结果就是不仅效率提不高，还有可能会影响明天的正常生活规律，事倍功半，损伤了身体，还惹了一身麻烦。所以，根据上述原理来看，最好的办法是早晨7点左右起来工作学习，这样效果最好。

○ 我非得熬夜怎么办？

有的人就会问了，万一我必须得熬夜，就比方说我明天就必须把作业交上去了，那该怎么办？

不用担心，本书也对此问题做了解答。

首先我们可以把工作简单分为两种类型，分别是"质"型工作和"量"

型工作。所谓量型工作的特点是比较简单、重复,而质型工作的特点则是比较创新、灵活。熬夜时我们的精力比较差,相比精力充沛的白天,效率也会差一些,而量型工作,简单、重复、机械,对专注力、思维敏捷度要求会相对低一些,会比较适合熬夜时效率低的我们。所以,如果非要熬夜,可以尽量选择量型工作,效果会好一些。

除此之外,该书还介绍了一个很好的方法,在这里我称它为"三小时充电法"

什么是"三小时充电法"?

在了解这个之前,我们先了解一下其他几个概念。首先是"快速眼动睡眠"和"非快速眼动睡眠"。熟睡中的人外表看起来一动不动,其实在紧闭的眼皮底下,眼球在来回运动,在这个阶段常常会做梦,这就是"快速眼动睡眠"。而"非快速眼动睡眠"给予大脑休息,同时也为"睡醒"做准备,健康的成年人大多是在1.5小时快速眼动睡眠和1.5小时非快速眼动睡眠间来回切换。深度非快速眼动睡眠是熟睡的时机,睡着后3小时中有高质量的睡眠,之后则是浅层非快速眼动睡眠和快速眼动睡眠的结合。

按照上述理论,我们可以得出一些熟睡后的时间节点:它们分别是3小时、4.5小时、6小时和7.5小时。所以重点来了!如果你想要睡醒后感觉神清气爽,那么你可以选择在这些节点起床。相反,如果不在这些节点起床就会觉得浑身不舒服、疲惫烦躁。

因此,在知道了这个模式之后,当你需要熬夜或者不得不熬夜的时候,你可以利用这个规律给自己的大脑充充电。电从哪儿来?就从这三个小时短短的睡眠中来。下次熬夜,可以给自己的手机定个闹钟,调好铃声,躺上床,好好睡它三个小时,等闹钟把你叫醒后,这时再起来工作。别小瞧这三个小时,这仨小时虽然短,但是它顺应了睡眠节律,相比一味地"干熬",效果肯定要好得多。这三个小时的睡眠,就像是一记预防针,为避免身体和头脑疲惫做好准备工作。

值得一提的是，以上建议是统计出的平均时间，每个人的体质、习惯有所差异，也许会有例外。不过一般不会与3小时差别太大，建议根据自身情况做出调整。

○ 我没睡饱怎么办？

如果问你，多长时间的睡眠才是合适的或者说是足够的，那你很可能就会说"八小时睡眠"。这是很正常的，因为很多人都认为一个正常人睡到八个小时才会比较合理，才能更好地保证一个人处于较佳状态而不至于出现过于疲惫的情况。不过有意思的是，本书提出，这是一种错觉和误会。

本书指出，并不是每个人都一定硬要睡满八小时。书中举了个例子：曾经有团队进行过调查，发现关于睡眠时间，需要睡6小时到7小时的人占大多数，有25%；5小时到6小时的相对少一些，为13%；10小时的最少，为2%；8小时的有4%；只睡4小时就够的人也有4%。所以，每个人需要的睡眠时间和睡眠效果存在着差异。"八小时睡眠绝对论"可以说是一种思维定式。

你有没有过这种经历？前一天晚上睡得不好，白天起来昏昏沉沉，舍不得离开床的怀抱，此时你心想："平均睡眠时间是八小时，但我看表，我只睡了五个小时，完了，我是不是没睡够？难怪我感觉累得半死，头脑也晕晕乎乎的。要是昨天晚上多睡点就好了，都怪我昨天玩太高兴了睡不着，还喝了那杯该死的咖啡。"

于是，你在起床之后一看表，估计一下睡眠时间，发现自己离理想的八小时睡眠还有一定距离，你就开始怀疑人生，心想："睡眠很重要，但我没睡够，今天肯定要出问题，如果出了问题，肯定是睡眠的原因。"接着就把"锅"扔给了睡眠不足。不过，很遗憾地告诉你，你出错肯定还有其他方面的原因，如果硬要完全归咎于睡眠时间短，就有些太过牵强了。值得注意的是，睡眠不足确实会有影响，但要分情况，倘若你今天睡得比平时少，但是你可爱的生物钟觉得你醒来的时机是合适的，实际上你并不会有多累。换句话说，睡眠的质量应该根据"熟睡了多长时间，醒来的时候是否精神"来判断，而不是简单粗暴地用"时间"标准去衡量。所以利用体内生物钟很重要，首先要克服自己"没睡饱"的负能量暗示，反复在心里告诉自己"我睡得很好"；另外，你还可以在睡醒还躺在床上时大吼一声，虽然这个行为有点蠢，在宿舍时还要注意舍友的感受，不过真心很管用。除此之外，你还可以把窗帘拉开，让白天的阳光直接把你照醒，唤醒你体内的生物钟。

〇 如何利用自己最好的时间段做最好的事？

你有没有这样的经历？

平时学习，学了几分钟，就有点累，于是跟自己说，"要不我休息一下"，然后拿起手机就玩得不亦乐乎，回头一看，时间过去了快一个小时。或者是，兴致勃勃地拿起书就开始学，学得不亦乐乎，抬起手一看表，时间过了一个多小时，于是你笑了笑，点点头，心里很满意，但是转头一看作业还有一堆，有些作业甚至明天就要交，然而却还没完成。

有这些问题？没关系！本书对这些问题做了一些解答。

首先，为什么我很想工作却总干不下去？实际上是我们选择的时间点出了些小问题。实际上，工作的效率与时间之间是存在关联的。上文提到了两种荷尔蒙，它们的分泌峰值一般在上午7点前后和下午的2点到4点。也就是说，如果我们想要有高效率的工作，那么我们可以选择在早晨7点前后和下午2点到4点这个时间段进行，因为这个时候荷尔蒙分泌量较高，大脑里的葡萄糖供应较为充足，有助于提升效率。这里建议把最难的工作安排在这两段时间，尤其是对大脑灵活度要求高的工作。

另外，葡萄糖是大脑的主要营养源，它有助于提升记忆力、理解力，而葡萄糖输送量最大的时间段，早起的人为四个小时，而熬夜的人只有三个小时。

因此，我们就不得不提到一个大学生常常要面对的热点——吃早饭的问题。吃不吃早饭，直接影响着工作效率的高低。大脑最灵活的时间在饭后一小时，三到四个小时后状态就会回落，不到峰值的千分之一。要是不吃早饭，大脑的状态可想而知，肯定比吃了早饭更差。

如果我们老老实实地把早、午、晚饭吃好，那么这样一来，大脑的峰值状态就会在早、午、晚各出现一次。倘若不吃早饭，营养的补充就只能依靠午餐，也就是说大脑只有在午餐的时候才会得到营养的补充，那么只有下午脑子才能转起来、好好工作。

另外，本书还提出决定工作优先顺序的一种方法，它包含 3 个内容，在使用前要先将自己的工作进行归类。要点如下：

① "重要的工作"有哪些？
② "紧急的工作"有哪些？
③ "能拖的工作"有哪些？

在分类后我们应该怎么安排呢？重要的工作是最需要、最应该着手去处理的工作。平日里要优先去完成紧急工作，将所有紧急工作依据重要程度按次排序，再一个个着手解决。而紧急的工作常常是"临门一脚"，经常突然降临，所以对付紧急工作最好的处理办法是来一个解决一个，紧急即危机，一旦出现，就要用临战态势去应对，尽可能地迅速处理。至于能拖的工作，顾名思义，就是可以往后延期去做的事，对付这类工作，尽量不要去占用其他重要的时间，定好日子，到点去做，这样就可以了。

总的来看，我们如果想要高效率的工作，就要尽可能保证大脑的营养充足，尽可能选好合理的时间点，尽可能合理分配好工作任务。合理利用时间很重要，掌握时间的规律可以帮助我们更好地提升效率，在一分一秒中超越别人。

推荐文章作者及音频录制：吴琛

第二十八本
《简单冥想术》

　　冥想，相信大家对这个词都不陌生，但是你们真的了解冥想吗？关于冥想能够带给人的益处，有各种各样的说法，最普遍的便是冥想练习能够帮助我们缓解焦虑感，促进良好的睡眠，获得内心的平静。在某些书里你还会看到冥想的作用还有让你变得更聪明，让你反应力提高。冥想真的有这么神奇吗？冥想练习究竟是怎样的？今天就让我们一探究竟，翻开《简单冥想术》这本书，探究冥想真实的模样，学习怎样进行冥想练习。

读万卷书，行万里路。又到了我们分享好书的时间啦。本期要向大家推荐一本实用性很强的心理学书籍——《简单冥想术》。

我阅读的心理学书籍不算多，但几乎每一本书都提及了"冥想"一词。在这些书籍里，冥想扮演的角色或是获得平和心态的诀窍，或是抚平焦虑心绪的良方，或是建立良好自尊的秘法，或是赢得优质睡眠的关键……似乎冥想对所有心理问题都能起些作用，那么冥想到底是什么，竟具有如此神奇的力量？你了解冥想多少？你知道怎样进行冥想训练吗？今天推荐的这本书将给你答案。通过阅读这本书你可以了解到冥想对我们有何帮助，可以学习到冥想的实践技巧。每天留十分钟给自己吧，享受冥想带来的平静，长久坚持下去，相信你会受益无穷。

冥想所带来的好处如今已得到医学界的证实，那么它具体能为我们带来什么呢，让我们看看作者怎么说。

书中列举了许多冥想能带给我们的好处，比如：

1.冥想使头脑中与快乐相关的部分变得活跃

研究发现，如果你是积极乐观的人，那么很有可能你大脑的左前方部分十分活跃；如果你是消极悲观的人，那么可能你的大脑中比较活跃的部分是右前方。威斯康星大学的神经学家做过一个实验，他寻找了一些被测试者，让他们坚持八周的冥想练习，结果表明这些被测试者的大脑都经历了显著的从右到左的活动变化。由此可见，冥想能够使大脑中与快乐相关的部分变得活跃，有助于人们变得更加积极乐观。

2.冥想与自我控制有关

坚持冥想能够让我们大脑中控制行为和情感部分的血流量增加。初步研究表明，冥想对于烟瘾、毒瘾、暴饮暴食等方面问题的治疗颇有效果。

3.冥想能将入睡时间减半

压力大、睡眠不足、失眠已经成为当代人普遍都面临的问题。我们每天能留给自己睡眠的时间本来就不多，可夜晚躺在床上却辗转反侧怎样也无法入睡，等到了第二天又因没睡好而工作效率低下，繁重的工作和疲惫的状态让你心理压力越来越大，压力一大晚上失眠的情况又变得更加严重……这一系列令人苦恼的问题形成了一个恶性循环，让你觉得生活简直一团糟。斯坦福一项与冥想有关的研究发现，坚持六周冥想练习后，参与研究者的入睡时间出现了显著的变化，大约比平时缩短了一半。冥想对缓解压力也具有一定作用，如果觉得自己状态不好，不如坚持做一段时间的冥想练习试试吧。

4.冥想让你聪明机灵

美国埃默里大学的研究者比较了冥想者与非冥想者之间的头脑和认知技能，发现在非冥想者中，年纪较大的人反应能力等都低于年轻人，但这种现象在冥想者中几乎不存在。利用复杂的脑电图技术，他们发现，随着年龄的增长，通常会发生的灰白质减少的问题，可以通过进行冥想训练得到弥补。

5. 冥想能帮助清理皮肤

压力太大会给我们带来一系列问题，比如脱发、皮肤变差。冥想对缓解压力十分有帮助，因此对于压力问题引发的那些皮肤问题，都能通过坚持冥想训练得到显著改善。研究发现，冥想者的皮肤清理速度是非冥想者的四倍。

冥想是很好的技能，有可能改变你的人生，上述几点仅仅是冥想能带给你的众多益处中的一小部分。冥想比你想象的要宽广许多，由此产生的品质可能影响到你生活的任何一个方面。很多人都急于给冥想究竟具有怎样的作用下一个定论，但事实是，你定义的用途是由你选择如何运用它而决定的。你可能正在利用冥想让自己向更平和的心态发展，你可能正在通过冥想改善与家人、恋人、朋友的关系，你可能正在尝试借助冥想来治疗自己焦虑、抑郁、失眠的问题。你以为冥想能带给我们的就是获得内心的平静，或者缓解生活的压力，冥想确实具有这些作用，但并不仅限于此。

说了这么多，赶紧进入大家最关心的话题吧，怎样进行冥想训练呢？

在下文，我会向大家介绍这本书中提到的10分钟冥想练习，建议大家先阅读完以下内容，或者直接翻阅《简单冥想术》找到这部分内容，学习并熟悉了这个10分钟练习的整个流程之后再开始进行训练。只有实践了，冥想才会有效，只有当你坐下来，有规律地操练起来，你才会发现收获。尽管冥想练习可以运用在任何地点、任何零碎时间，但每天规律性的练习还是无可替代的。现在，就跟我一起学习这个10分钟练习的步骤和要点吧。

10分钟冥想练习分为四个部分：准备、停顿、关注呼吸、完成。下面是对这四个部分的详解。

一、准备

冥想前的准备工作同冥想过程中的任何一个步骤一样重要。试想一下，你前一秒还在东奔西跑，争分夺秒地赶文件、搜文献，下一秒你就迅速闭上眼睛告诉自己要开始冥想了，你的思绪还没放松下来，这样的冥想怎么可能会有用呢？建议你在开始冥想练习之前先花上五到十分钟来放缓自己的情绪，让自己平静下来，这样才能顺利开始练习。此外，你要做的准备还有：选择一个合适的地点，最好有一张椅子，直坐在椅子上更有助于你顺利完成训练；定一个十分钟后的闹钟；确保自己在接下来的十分钟内不会被打扰。

二、停顿

这第二个步骤的目的是让你把自己的身体和内心带到一起。我们的身体和内心常常不在一个频道，比如身体正在教室里上课，心里却在想着午饭吃什么；比如身体正在走着路，内心却已经先一步回到了家中。这样的情况很常见，因此，现在试着让自己的内心和身体都在一处，按下面的方法做会对你完成这个步骤有帮助。

首先，睁着眼，但不要盯着某物，只是用柔软的眼神向前看，同时也要用余光注意周围的情况。然后，进行五次深呼吸，吸气时用鼻子，呼气时用嘴巴，进行深呼吸的同时注意感受自己的肺部和胸腔的变化。第五次呼气后就慢慢闭上眼睛。然后让呼吸回到自然的节奏，并且只用鼻子进行呼吸。

闭上眼后有意识地去感受自己的肢体，你的背部还是挺直的吗？你的肩膀是否是倾斜的？你的双手此刻有什么感觉，是紧张还是放松地放在腿上？这个时刻是让你可以调整好自己肢体的好机会。

接下来，将你的注意力放在你与椅子接触的那一部分肢体的感觉上，注意感受你的身体重量是刚好落在身体中间，还是倾向了哪一侧。然后，把注意力转移到脚部，注意与地面接触的那部分的感觉，注意感受你的脚后跟、脚趾、脚的外侧还是脚的内侧哪个部位的感觉最明显。对手和手臂也重复上述过程，在这个过程中你不需要去调整什么，只要专心观察和感受就可以了。

接下来，花点时间来注意一下周围的声音，不管是远的还是近的，是汽车的喇叭声还是外面人的谈话声都可以，甚至自己呼吸的声音也可以。你可能会不自觉地陷入某一种声音中去，但是不要紧，这很正常，不要与这些声音反抗，只关注它们就好了。

下一步，是要建立起你身体感觉的画面。先从感到紧绷或是放松的部位的整体感觉入手，在这一阶段，我们并非要去改变什么感觉，只是要在脑海中建立起一个画面，花上十秒钟完成这一次的身体扫描，接下来花三十秒来扫描全身，注意身体每个部分的感觉。在这个过程中你可能会分心，这时只要将自己的注意力慢慢拉回身体扫描上就可以了。

最后，你可以简要地回想一下自己当前生活中遇到的问题，可以是你对即将到来的考试感到焦虑，可以是你对刚结交的朋友感到满意，或者是为最近得到了表扬感到兴奋。不管是什么，要意识到最近这件事可能在你心中占了很大分量，它可能会难以避免地在你练习的某个阶段又冒出来。在一开始就对此了解清晰，那么你就建立了一个机制，让这些想法能够出现又再消失，而不用一直反复想着它们。

三、关注呼吸

开始时，先花上大约三十秒的时间观察呼吸，特别是呼气、吸气时身体的起伏变化。然后，注意身体呼吸感觉最强烈的地方，可能是胸部也可能是腹部，有时这种感觉可能还会从一个部位转去另一个部位，总之不管是哪个部位的感觉最强烈，你的唯一任务就是观察了解，对身体发生的事情有所意识，不要刻意去改变呼吸的强度，位置等。在观察呼吸的时候你会注意到呼吸的节奏，是快还是慢？是深还是浅？

对呼吸的感觉有了了解后，现在开始关注每一次的呼吸。最简单的方式就是在心里为每一次的呼吸默数，起的时候数1，落的时候数2，直到数到10再从1开始数起。这个练习听起来很容易，但在实际的练习中你会发现并没有想象得那么简单，你很可能会数着数着思绪就飘到了别处，或者数到10时忘了回到1再开始。每一次当你发现自己分心时只要把思绪慢慢拉回来就好。

重复从1数到10的过程，直到你最开始设定的那个十分钟的闹钟响起，不要立马从椅子上跳起来，十分钟的时间虽然到了，但冥想练习还没有结束，还有一件很重要的事情要做。

四、完成

当闹钟响起，就让内心完全放松下来，不要再关注呼吸，也不要再数数。你的内心想要忙碌起来就让它忙碌，如果想要安静就让它安静，不要试图控制。总之给它完全的自由，让它这样放松10到20秒，然后结束冥想。此时，慢慢将注意力再次集中到身体的感觉上，像开始时那样再次注意身体和椅子之间，脚底与地面之间的接触；再花点时间注意周围的声音。最后慢慢让思绪回到你当下所处的环境中，慢慢从椅子上起身，想清楚你接下来要做的事情，可能是去吃饭，也可能是去看书。不管是什么都不重要，重要的是内心足够清晰，足够明确自己接下来要做的事是什么。

以上就是有关10分钟冥想练习的全部内容啦。还是那个建议，把整个步骤阅读下来并且弄懂之后再开始尝试着正式开始练习。本期的好书推荐到这里就结束啦，希望本期内容能够让你有所收获。

推荐文章作者及音频录制：陈玉婷

第二十九本
《认知与改变》

本文所分享的好书《认知与改变》将教会我们通过改变自己的思维和行为，使生活少一点烦恼，变得更美好。本文将分享如何使用认知行为疗法上的"ABC法"分析问题，进一步解释认知行为疗法的核心思想，教会大家了解属于自己的认知行为疗法模式，以及用斯波克式的方法解决问题。这次的好书就好比一个认知行为疗法的工具箱，希望无论我们遇到什么困难，这里面的工具能让我们再一次充满活力。

腹有诗书气自华。我是靖云，欢迎大家收听本期的《我把好书说给你听》。这次所推荐好书是《认知与改变》，它的作者是来自英国的柯瑞妮·斯威特。首先我想问大家的是，你是否曾经有过这样的经历：因为外界施加的压力而感到不安甚至恐惧；截止日期快到了却还是做事拖延；在大众场合自己突出时容易害羞；遇到不愉快的事情或与朋友闹了矛盾后老是沮丧、情绪低落；哪怕他人夸赞自己却总是缺乏自信，缺少独自面对困难的勇气，曾在心里这样评价自己——"没人喜欢我""这都是我的错"……我们经常调侃，"道理我都懂，但我就是不想做"。对于很多事情，我们其实知道应该进行改变，但大多数人却待在原地，不愿迈出第一步。其实，问题的根源就在于我们的思维，正所谓事情本无好坏，关键在于我们的看法和角度。我们可以通过学习如何改变自己的思维，进而指导我们的行为，使我们的日常生活更愉悦，这是本书要说的道理。

本书有6个核心观念：1.正所谓"一千个读者有一千个哈姆雷特"，每个人理解的万事万物都是各异的。2.思维和情绪可以指导和影响行为，同样，行为也能影响我们的思维和情绪。3.人无完人。每个人都不是完美的，大家都会在某些方面有一定问题，只是问题的严重程度不同。4.我们要关注自身所处的情况，这样便于解决问题。5.认知、行为、情绪、生理之间存在"互动系统"。6.学会科学地正确权衡结果。本书在第6章到第9章，就如何应对焦虑、抑郁、恐惧、愤怒等不良情绪提出了解决的建议，这对于改善我们的情绪大有裨益。本书第10章将教会我们如何变得更加自尊自信，你可以根据自己的需要去进行选择性阅读。接下来我将分享一些书中干脆而直接的处理方法，希望对你有所帮助。

第一，认知行为疗法认为可以用"ABC法"来分析问题。A=诱发事件，也被称为"导火索"。它可以是外来事件，比如生病或者突然的任务，也可以是某些自我行为，比如做梦、无征兆地突然预感某事将要发生。B=你的信念，即个体遇到诱发事件 A 后所反馈的信念，这个信念包括个人的观点、原则和思想。也就是把自己和外部的条件联系在一起。C=结果，即在特定情形下，个体产生的情绪及发生行为的结果，包括带有情绪的想法、感觉、行为和自身经历。认知行为疗法教会我们辨别想法、感觉和行为之间的差异。例如，当你参加演讲时，焦虑如何产生？我们试着用"ABC 法"来分析一下。A：正在想象自己走进演讲现场的情景或正在回忆过去参加演讲时的感受。B：由 A 而产生的信念也许是"我必须顺利地完成演讲，如果我这点能力都没有，那我真的很失败"。C：想象当你走上演讲台时，全场所有的人都注视着你，你突然觉得双腿开始无力打战、嘴唇也在发抖（无论是心理还是生理上都感到了恐惧），你发现必须进行好几个深呼吸来缓解紧张或者恨不得挖个地缝钻进去（行为）。

认知行为疗法的关键是要求我们拥有足够的安全感，这常是减轻急躁的法则之一。所以在刚刚的例子中，我们也许在一开始就会拒绝上台演讲，通过避免上台的方式来直接消除我们感到的害怕和恐惧。而认知行为疗法告诉我们，当我们学习了那些简单的方法后，其实已经能够做一些曾经感到恐慌、不敢面对的事情。因为在更多的情况下，我们其实是被自己所惧怕的事物给吓退缩了，所以才不能勇敢地面对那些事情。我们可利用不同的思维模式和行为方式来扭转个人的感触及行为反馈。

认知行为疗法的关键要领就是要做到以下 4 点：1.发现自己的问题。2.判断问题的严重程度和改变难度。3.分析问题可造成的影响。4.制定有效的目标。比如，上述例子中的害怕演讲。利用认知行为疗法可以这么处理：1.发现对演讲过程的恐惧其实是因为害怕在与台下观众对视时忘词。2.忘词会影响演讲安排好的进程，但是演讲也可以即兴发挥，与观众对视也是个更能促进交流的方式，而且演讲台那么大，可以避免一直和观众对视。所以，这个问题还比较容易解决。3.如果没能解决这个问题，那么演讲的气氛可能会变得尴尬甚至演讲中断,而演讲要传达的内容不能有效而完整地传递给观众,这个影响很严重,要进行一定的改变。4.在演讲前背牢演讲稿,多模拟几次演讲过程,或者写一个大纲以及牢牢记住一些关键词,哪怕是忘记了,也可以由关键词进行不离主题的临场发挥。然后在上台演讲时,避开观众的视线,可以选择注视他们身边的椅子把手或者靠背,然后时不时换一个方向,避免演讲时肢体上的死板。最后,多经历一些演讲,在习惯以后慢慢把这些问题一个个地从根本上解决。

第二,我们要学会了解属于自己的认知行为疗法模式。我们需要做的就是做一个全面的计划大纲,从想法开始思考,然后根据执行的步骤顺序,将大纲再分解成小的部分。这可能不是很好理解,让我举个例子。假设你曾经目睹过一次高空事故,这件事情给你留下了很恐怖的印象,所以你会变得害怕坐飞机。如果,有人在选交通方式的时候问到你,要不要选择搭乘飞机去,这就变成了你的诱因。为了分解反应,认知行为疗法教我们需要从四个不同的角度来看待那些事情。这四个角度分别是认知、情感、行为和生理反应。

1. 认知(我们内心是怎么想的)。当你想象自己已经坐在飞机座位上后,在脑海里的可能会是"我这次为什么要选择坐飞机,下一次我绝对不选了",或者是"我每次一闭眼,眼前就会不停地呈现那一次事故的场景……"

2. 情感(我们的感受是什么样的)。每一次想到这里,我都会有什么感受?是害怕、焦躁不安、胆怯到想溜吗?要知道,人们经常喜欢总结自己的情感。如果你的总结是"我觉得我是因为害怕",其实,你这是在描述自己的想法,而不是一种真实感受。

3. 行为(我们正在做什么)。你曾经有过拒绝乘飞机,选择开车或者坐高铁去各地的行为吗?当同行的小伙伴让你乘坐飞机时,你找理由拒绝过吗?注意,这里的行为包含了肉眼可见的、展示在表面的任何事,包括你做的事情以及不做的事情。

4. 生理反应（我们的身体会有什么反应）。如果你感到害怕，每次一想到坐飞机或者一到机场候机时，心跳就会加快、身体开始冒汗、轻微发抖、感到头晕恶心，这是人在害怕时都可能会出现的反应。

第三，用斯波克式的方法解决你的问题。虽然学习了如何了解属于自己的认知行为疗法模式，但要想其发挥效果就需要采用斯波克式的视角看待以下几个方面：用自身的言语去形容所面临的困难，尤其要表达清楚负面情绪以及心中的想法和行为是如何影响生活的，以记录其有效性。发掘我们的想法、感觉和行为是以什么途径使面临的困难持续发酵的，定期回顾并适时做出调整。通过进行真实情景模拟测试，去发现真实和虚假。我们的消极想法有难受、失望、沮丧等，如果用实验法对它们进行测试，会发现我们通常信以为真的东西其实并不尽然。这里有一个"白纸疗法"分享给大家：你可以在沮丧、愤怒、无助等时候拿出一张白纸，把让你觉得导致你现在状态的原因写下来，注意周围的环境要安静并且这个过程是由你独自一个人完成的。请把你能想到的所有有关联的原因都写出来，等到完全写不出时，我们就摆正那张纸，开始做具体的分析。我们要分三类：1.不可以改变的。比如，亲人逝去，疾病缠身。2.已经改变的。比如，痛苦于一段恋情，但是已经分手的情况。3.可以改变的。比如，学习成绩不理想，但可以重新梳理一遍方法论，认真再来一次，端正态度等。分类结束以后，我们要为自己写下一句话或一段话，可以是加油的话语以鼓励自己，也可以是激励自己的骂声。每个人都可以不一样，比如"振作起来！"或者更有意思和个性的"啊，我呸！"这就好比进行一个仪式感的操作，与以前那些不好的情绪告别，开始全新的一天。

最后我想说的是，作者编写本书的目的之一就是让我们拥有一个认知行为疗法的工具箱，当我们有所需要时，就能够选择并使用其中的工具来解决问题。书中的每一个章节都会为我们提供一系列特殊的见解或者提示信息，所以，无论我们遇到什么困难，不管我们的感觉如何，这里面的工具或多或少都能让我们再一次充满活力。感谢大家的收听，我们下期再会。

推荐文章作者及音频录制：修靖云

第三十本
《和抑郁的自己聊聊吧》

　　如今，抑郁这个词在我们生活中并不陌生。经济社会的发展同时也伴随着人们工作生活压力的增大，抑郁情绪在压力中萌生，当抑郁情绪越积越多时，爆发的那一刻，就会滋生祸端。对此，该书提出了有关抑郁症的治疗方法，这种治疗方法归根结底就是跟自己说话，给自己心理暗示，除此之外，也给出了一些建议。

○ 抑郁症有多可怕？

在抑郁症患病初期，患者对于自身抑郁情况和症状大多没有明确意识，他们难以判断自己是否真的抑郁，他们会觉得可能是自己昨天没睡好或者是工作太累而导致的，当然也不知道疾病在何时会爆发。不过，当真正患上抑郁症的那一刻，问题就严重了。

是的，不管你是考试成绩得了第一，还是邂逅了让你一见钟情的异性，或是入选了学生会主席，你都很难去摆脱它。

很多人会这么想：你不是处于抑郁情绪中吗，或者换句话说你正情绪低落，那你不会自我调整嘛，想办法让自己开心点、积极点，不就好了？这个应该不难吧！然而，抑郁症患者的问题在于，他们无论如何都难以从抑郁情绪中摆脱，转移到一个相对积极的方向上。即便你尽力去跟他们讲述世界多么美好，人生多么有趣，他们也很难去理解和接受，他们甚至还会反问你：真的像你说的这样？然后把他们看到的世界的阴暗面一股脑地抛给你，让你开始怀疑人生。

换句话说，正常情况下，当你碰巧遇到了一件很开心的事，你的情绪会高涨、多巴胺会分泌，这时你会喜悦兴奋，心情变得愉快，假设你此时还有一些负面情绪，那么这种快乐的事情带来的生理、心理变化也会让负面情绪的影响削弱，让自己处于一个相对良好的状态。不过这是正常情况下，一旦罹患了抑郁症，就没想象中的那么简单了。因为抑郁症患者想要像正常情况下那样复原，是很困难的，少说也要2到3个月，较长的则需要花3到5年时间。如此看来，罹患抑郁症自然也会给患者的工作和生活带来障碍。

比如，工作热情不足，行动能力低下，没什么干劲，想取得成果又难以做到，结果不得不暂停工作接受治疗。

谈到治疗，也别认为抑郁症的治疗其实没什么。抑郁症的治疗主要有心理咨询和药物干预两种方式。

药物疗法正在逐年进步，近年来主要使用的是抗抑郁药，但想在治疗开始后一个月内康复是很难的，这类的病例极为罕见，大多数人都要长期对抗抑郁症。而药物的副作用也很可怕，因为它会让患者感到痛苦不堪。

常见的副作用有嗜睡、发呆、恶心、易出汗、易口渴等。

在这些副作用的影响下，人的反应力会减退，注意力不集中，思维反应慢，脑子不灵光，对工作、生活造成严重的负面影响。除此之外，患者还需要接受治疗，这意味着患者还要损失时间与金钱。

因此，防患于未然是应对抑郁症的上上策。因此该书讲述了一些防范抑郁的方法，通过这些方法，做到减轻压力和改善性格，从而预防抑郁症。

○ 如何自查？

一、注意自己的性格是怎样的

你是不是常常一开始着手某件事就坚持要把它做到底？如果还没完成，就感觉自己是不是能力不行或者其他方面有欠缺？你是不是对自己的要求很高？认为自己什么事都必须要做得比别人好，如果没做到，就感到一阵失落和沮丧？你是不是把别人对自己的评价看得很重？别人随口一说的话就能让你纠结好久？

该书提出，如果你出现以上这些情况，那么你比较容易得抑郁症。因为这类性格的人更容易得到别人的认可，不过，硬币的另一面就是，这类人有较大的精神压力。如果你出现这类情况，本书建议要多留意自己的心理状况。

二、注意自己的变化

罹患抑郁症的人常常会有情绪上、思维上和身体上的变化。如：情绪萎靡不振，时常惶恐不安，失去对原本感兴趣的事物的兴趣，想到自杀或者尝试自杀，感到现实的无意义，容易感伤等。又或是胃口低下、暴瘦，变得像根竹竿。或者是胃口很好，暴饮暴食，变胖变重。

如果出现了这些变化，那你需要多留心了。另外，除了上述方法，最好的办法就是进行量表测试。

○ 如何防范？

防范的核心很简单，总结起来就两点：减轻压力和改善性格。本书告诉我们，预防抑郁症可以通过一件事来做到，那便是"和抑郁的自己聊聊吧"。通过语言，对自己进行积极暗示，从而减轻压力，改善性格。以下是我从中筛选的几个较为有效的话语。

1."我有时候挺马虎的。"

很多人会觉得处在抑郁情绪中的人要尽量避免说一些自责的话，因为这样可能会加重抑郁情绪。其实不然，如何正确认识自己很重要，当我们真正了解了自己，接受自己的优点和缺点，往往有更好的效果，害怕它、逃避它，倒不如去面对它，只有在真正接受自己后才能更好地往前走，否则就像是肉体躯壳在前进而灵魂在原地徘徊。抑郁就像弹簧，你强它便弱。

2."量力而行""差不多得了。"

有时候平平淡淡才是真，何必让自己那么累，做人呢，最重要的就是开心，不是吗？适当地安慰一下自己，别把自己压得太紧了，要知道，这个世界还有人在乎你的疲惫。

3."睡了个好觉。""我睡得很好。"

自我暗示也是很重要的，即便你并不困，但是因为这种自我暗示，你也会更容易入睡。

4."算了，这也是难免的。"

抑郁症患者或消极悲观的人经常遇到不如意的事就自怜自艾，说着"老是""总是"这类词。

但是，真的是"总是"吗？ 如果你背完了整本书的重点，结果考的时候一题都没考到，这还差不多可以说是"总是"，但事实上并没有这么残忍。

这种不尽如人意的情况并不是总爱刁难你，总爱时不时地出现的。仅仅一两次做不好，就开始怀疑人生，感觉自己啥都做不好，就认为自己常常会失败，我们把这种情绪叫作"过度一般化"。如果总是这样想问题，就把事情绝对化了，这样不仅不利于解决当前问题，还会影响未来相同问题的解决，这样下来，情绪只会越来越失落。

当你对自己说完这句话后，你可以试着冷静冷静，理智地思考一下，我是不是真的每次做这类事都会失败？不要反复对自己说这句话，被失望和挫败感压倒。

5."反正又不会死！"

跟这些与小命有关的问题比起来，迟到被老师骂，去食堂打饭发现饭菜卖完了，根本算不上什么。就像有人说的，你死都不怕你还怕什么呢？跟死亡比起来，眼前的困难都不算什么，照照镜子，你会发现自己如此绝望不值得。而且，有些事你觉得很严重、很难以招架，但是在别人眼里反而不是什么大事。即便你是被老师责骂了，冷静想想，她也是为了你好为了激励你才这样做，如果不重视你，老师可能连说都不想说，只要我们改正了就没事了。所以当我们在大学生活中遇到了麻烦时，不要胡思乱想、想太多，理智一些，冷静地思考解决办法。

6."谢谢你。"

"大家都这么支持我，寄予我厚望，可是我却半途而废，让他们的期待落空。""明明我可以做到的，我却失败了，白白浪费了朋友对我倾尽全力的帮助。"过分自责甚至厌恶自己的人常常会说出"抱歉""我对不起你们"这类的话。一旦自责，自责所带来的负担就会让自己压力增大，抑制自己更好的发挥，只专注于"失败""能力不行"这些片面的事情上。如此，又会陷入一种恶性循环，越失败，越自责，越自责，越担心失败，越难以更好发挥……所以，与其这样，倒不如直接说出"谢谢你"，先感谢对方给予的帮助，自己表现得好不好是一回事，关键是在这个过程中，你得到的难能可贵的帮助，这份温暖才是最重要的。也许在你表达了感谢之后，对方不仅不会责怪你，还会安慰你，继续与你一起面对困难。

7."你很重要，你的价值无可替代。"

或许这句话在某些人眼里很幼稚，但我们不得不承认，每个人至少在某些方面看来都是有价值的。每个人都有优点和缺点，都有自己做不好的地方，但也有自己出众的方面，你的价值就在于你出众的、优于常人的地方，这是别人很难替代的。想让别人看得起我们，首先我们要自己看得起自己，存在即合理，既然活在这个世上，就有存在的道理，发现自身的价值，努力去认识自己的重要性。如果连你自己都看不起自己，那又有谁能看得起你呢？

最后，不管你是不是抑郁症患者，不管你是否正在面临抑郁症的威胁，都一定要记住，你是你自己最好的财富，不管生活如何虐我们千百遍，我们都不能轻易放弃自己。实在难受的话，可以通过自己暗示，用上面所讲的话语引导自己，要懂得宣泄，懂得把不良情绪宣泄出去。要知道，这个世界还有人在乎你，还有人关心你，在他们心中，生活再差，也还有你。

推荐文章作者及音频录制：吴琛

> **第三十一本**
> **《自卑与超越》**

生活中不如意事常八九,你可曾因为这样或那样的缺憾而深感自卑。自卑过后你迎来的是更长久的低迷还是更完美的自己?本文将结合著名心理学家阿德勒的著作《自卑与超越》,带领大家探究如何化自卑为动力,如何完善自我、超越自卑。《自卑与超越》不仅具有相当的权威性,并且语言平实,便于理解,涵盖了丰富的人生哲理,是不容错过的好书。

读万卷书，行万里路。又到了我们分享好书的时间，今天要向大家推荐的好书是人类心理学先驱阿尔弗雷德·阿德勒的巅峰著作《自卑与超越》。

阿德勒是个体心理学的创始人，被誉为现代自我心理学之父，是与荣格、弗洛伊德齐名的心理学家。在我开始阅读这本书之前心情是十分忐忑的，我学习过弗洛伊德性心理发展理论的相关知识，知道弗洛伊德是二十世纪非常伟大的心理学家，与他并驾齐驱的心理学家的著作会不会很难理解呢？事实证明我的忧虑是正确的，这本书从个体心理学的观点出发，配以大量实例，从成长环境、家庭教育、婚姻问题等多个方面展开了对人生意义和人生道路的论述，涵盖的内容十分丰富，所以在阅读完第一遍的时候我是很迷茫的，一下子接收到了太多信息，竟找不出头绪。所以强烈建议大家多读几遍，好书要反复阅读，方解其味，相信你一定不会失望的！

下面我就以自卑情结为线索，跟大家分享一下我的部分读书收获。

什么是自卑情结呢？

关于自卑情结，书中是这样描述的："当一个人遇到他无法解决的问题却深信自己能够解决时，就会表现出自卑情结。"我们的生活不可能处处如意，我们总会受到这样那样的制约而导致有些事情成为我们永久的遗憾。书中提到，我们所有人在生活中都要面临三大制约：第一种制约，我们必须都生活在资源有限的地球上，地球的环境被破坏或是资源被滥用都会使我们陷入生存的窘境。第二种制约，我们每个人都不可能独立存在于这个世界上。每个人都必须与其他人相互合作，这样才能维持自己的正常生活和社会的正常秩序。一个人如果背离人群，远离社会，自己独自生活，那么最终将迎来灭亡。第三种制约，人类有性别之分，人的一生都无法绕开爱情与婚姻这个问题。我们每个人都受这三大问题的制约，我们不能随心所欲，所以总有缺憾，由此萌生出不同程度的自卑感。

这时候你可能会有疑问，有些人看起来自信满满，怎么可能会有自卑情结呢？其实每个人自卑情结的表现都是不一样的，书中举了一个非常典型的例子：一位母亲带着她的三个孩子去动物园，三个孩子都是第一次到动物园来看狮子，当他们真的见到了张牙舞爪的大狮子时，第一个孩子吓得立马躲到了妈妈的身后；第二个孩子吓得呆立在原地，面色惨白，直打哆嗦；第三个孩子则试图用眼神吓住狮子，并且问妈妈能不能向狮子吐口水。其实三个孩子都是害怕的，面对长得十分生猛的狮子，他们都感知到了自身力量的薄弱，都产生了自卑感，可是他们在自卑情结的促使下产生的行为截然不同。所以并不是说一个人不动声色，或是一个人看起来自高自大，他就一点儿也不自卑，自卑的表现形式是因人而异的，也是因情况而异的。我们每个人都会有自卑情结，有时候一个人越是自负，恰恰说明他越自卑。

　　自卑情结会让我们的内心倍觉煎熬，那么是否意味着自卑情结的存在就是不好的？其实不然，自卑情结并非只有害处，它亦可以成为人们不断进步的动力。比如，人类正因为意识到了自身的无知和微小，在大自然面前产生了自卑情结，才致力于探索发明，一再超越自我，不断前行。可见，自卑感本来并没有什么好坏，它反而可能成为人类文明进步的动力之源。如果我们能够通过追溯自卑感的源头，认识到自己的短板，并努力改之、补之，那么自卑感将成为协助我们完善自身的好伙伴。可是很多人往往不能处理好自己的自卑情结，导致自己误入歧途，这才是自卑感成为我们人生道路上障碍的原因。在自卑感的驱使下很多人往往会盲目追求优越感，比如，当一个人被强者欺凌后不思进取，不想着通过强化自身来战胜自卑，而是选择反过头去欺凌比自己更弱小的人来获得短暂的满足感和站不住脚的优越感。这样的方法终究只是自欺欺人，无法真正消除自卑感，甚至会加重自卑感。那么，我们到底应该怎样处理自己的自卑情结，才能化自卑为动力呢？

　　首先，我们一定要把让自己自卑的那个最根本的因素找出来。自卑是每个人都会有的一种情绪，这是很正常的，但它不应该成为一直压在我们心头的乌云,这样会让我们难以承受,我们必须得找到适当的办法解决它才行,绝不能逃避。我们应该透过自卑去探查让自己自卑的本源是什么,把克服那个本源作为目标,而不是把消除自卑感作为目标。把消除自卑感作为目标很容易让人选择逃避,比如当一个人感到自己在当下的环境中显得很弱小无能时,他就会拼命逃离这个环境而去到一个能让自己看起来很强大的环境中。也许通过这种方法他获得了短暂的优越感,但随之而来的会是更强烈的自卑感,因为让他自卑的那个因素并没有消失,一切都只是自欺欺人而已。

  这时候你可能会发出质疑,并不是所有让我们感到自卑的因素都是可以通过努力改变的,有些先天因素,比如残疾,就是无法改变的客观事实。很多有生理缺陷的人确实会为自己的缺陷感到自卑,但是仔细想一想,让他们自卑的根源其实不是这些生理缺陷,而是一种坚信自己会因为身体的缺陷而不如人的自我认知。所以他们要克服的本源是自我认知。生理缺陷并不影响我们的成功,并不意味着我们在每个方面都会不如他人。贝多芬失去了听力,但是丝毫不影响他成为伟大的音乐家。所以,不要老觉得自己一定会不如他人,你老是给自己心理暗示,告诉自己一定做不好的,那怎么会获得成功呢?所以,放下这种错误的自我认知,放下对自己的偏见,努力去做自己想做的事情,自卑感自然就会减少了。

  其次,要想克服自卑情结,我们可以通过正确地追求优越感来实现。这里的优越感和前面所提到的不同。前面所提到的优越感是基于逃避和欺骗自己获得的,而正确追求优越感的方式是正视现实,努力前进。比如,我们在提到马云的时候可能会觉得自己比他差很多,从而产生了自卑情结,这时候有的人会用十分不屑的语气说道:"拥有那么多财富有什么用,长得那么丑陋。"这就是一种十分错误的追求优越感的方式,通过贬低他人,麻痹自己来获得优越感。优越感的来源不是超越了别人,而是超越了自己。如果你觉得你一定要超越某个人然后才会获得优越感,那你在那个人面前其实还是自卑的，如果不是自卑情结作祟，你根本不会去在意自己在某个方面是不是超过了那个人。真正的优越感，是通过不断地超越自我获得的。通过努力我们提高了自己的学习成绩，坚持一个月早睡早起，或是完成了自己的阶段性目标，比如通过英语四六级等级考试……生活中的这一件件小事塑造了更好的我们，超越了过去的自己，让我们积攒了成就感。成就感有助于我们获得优越感，我们可以尝试去做一个成就清单，比如考过了英语四级，在一个活动中获得了一等奖，坚持跑步一个星期……把自己的成就都罗列出来，你会发现自己不是一无是处的，自己一直在进步，一直在超越自己。在这样一个过程中我们获得了真正的优越感，自卑感也就不那么强烈了。

最后，我想说说如何超越自卑：超越自卑的秘诀在于合作。还记得前面提到的三大制约吗？第二大制约是我们每个人都不可能独立存在于这个世界上。每个人都必须与其他人相互合作，这样才能维持自己的正常生活和社会的正常秩序。这个说法你们可能会觉得太过绝对，但是仔细想一想，从整个社会来看，因为有医生、教师、政治家、生产商等，这么多角色的共同存在，我们才得以维持自己的正常生活。人类个体的能力是局限的，社会需要各方面的人才，所以人类需要合作。正因为人类的各司其职，而又相互合作，才有今天的繁荣。通过这一点，我们不难明白，人无完人，个体总是会存在这样那样的缺陷，每个人都有他的优势所在，也有他的缺点不足，但是不要紧，只要在社会中找到自己正确的定位，与他人合作，充分利用自己的优势，就能让自己的价值最大化。所以，生活本身不足以使我们自卑，令我们低着头无法前行的是自己的故步自封，在这个世界上，其实还有许多比自卑更重要的事情可以去做。最后，祝愿大家都能在自卑中看见自己可以弥补的缺陷，战胜它，成为越来越好的自己。

推荐文章作者及音频录制：陈玉婷

第三十二本
《抗压力:逆境重生法则》

我们都知道遇到压力时的反应因人而异,有的人觉得自己能渡过难关,眼前的一切都没什么大不了的,而有的人觉得眼前的一切会压垮自己,无法去承受。《抗压力:逆境重生法则》这本书则帮助我们提高心理承受能力,让我们能更轻松地生活。有没有什么方法可以防止陷入消极情绪的漩涡?如何才能培养自信,相信自己能完成那些看起来很重的任务?在本书中都能找到你想要的答案。

立身以立学为先，立学以读书为本。又到了分享好书的时间。本期想给大家推荐的好书叫作《抗压力：逆境重生法则》，本书由日本作家久世浩司所著。久世浩司曾在一家繁忙的消费品公司担任部门负责人，在和一群精英共事中，浩司产生了这样一个问题：为什么同是才华横溢的精英，有的人可以攀上事业的高峰，有的人却只能折戟而归？通过一段时间的共事，作者总结出精英分为两种类型，一种在压力环境下越挫越勇，而另一种无法承受太大压力，最终铩羽而归。由此引发了作者对压力的思考，通过学习研究，作者设立了积极心理学学校，将积极心理学应用到商务领域，用"抗压力"训练法对商业精英们进行培训。而在本书中，作者就介绍了他的七个抗压技能，来帮助我们处理压力。

　　在介绍抗压力技能之前，我们先来看一个小故事。故事的主人公叫小叶，她是一名大一新生。第一次离开家，她带着兴奋与恐惧来到大学校园。很快，她发现大学生活中有许多她没想到的地方。在大学里没有人督促她写作业、复习，也没有人帮她清洗换下来的衣服，除了学习之外，她还要参加她不擅长的社交活动，这一切都令她焦头烂额。临近期末，考试压力袭来，她更是不知所措，静不下心来学习，甚至连睡觉都无法安稳。高中时代她还是让人羡慕的学霸，传说中别人家的孩子，现在出现这样的落差，着实令她难以接受。

　　故事的主人公遇到了困境，困境会使我们产生消极情绪，甚至摧毁我们的自信，而走出困境需要我们主动做出努力。第一步就是及时止损，停止我们下跌的精神状态。第二步就是"利用逆境，完成飞跃"，重整旗鼓，向更高处攀爬。

　　及时止损的第一个技能是摆脱消极情绪的恶性循环。在遇到失败和困难后会出现一系列的消极情绪，比如悲伤、愤怒、恐惧等。在抗压过程中，出现这些情绪时，应该接受这些情绪，而不是忽略或压抑它们。我们把接受情绪叫作"情感认知"，在接受了之后就要采取解决办法来及时排解情绪，其中，作者给出了四个有实证研究基础、操作起来简单便捷且有效的好方法：第一个方法是运动。慢节奏的有氧运动可以减轻我们的压力，帮助我们放松。而像网球类的运动可以宣泄我们愤怒、焦躁的情绪，帮助我们平静下来。太极就是个不错的选择，打太极的时候什么都不用想，只要专注眼前的动作即可，可以帮助我们集中注意力。第二个方法是音乐。研究表明，音乐会给我们的大脑带来惊人的积极影响。音乐可以激活大脑中对愉快情绪起反应的领域，在聆听音乐时，感情会变得高亢，身体会分泌出"快感荷尔蒙"多巴胺，可以将消极情绪转换成积极情绪。在排解消极情绪上这也是个值得一试的办法。第三个办法是呼吸。当受到高压带来的重大冲击时，我们会连呼吸都停止了，情绪糟糕时，呼吸也会紊乱。因此，舒畅的情绪和呼吸有着密切的关系。当我们处在消极情绪时，可以尝试用深呼吸来缓解不良情绪。当我们呼吸舒缓时，大脑会分泌血清素，有助于我们建立幸福感。第四个方法是写作。运动、呼吸、音乐和写作都是缓解郁闷很有效的办法，当我们产生郁闷情绪时，不妨选取其中一两个办法来缓解我们的消极情绪，及时摆脱恶性循环的怪圈。这是抗压法最基本的一个技能。

及时止损的第二个技能是驯服无用的"思维定式犬"。思维定式是过去的体验所烙印的信念、价值观。以高压或者困难体验中产生的刺激为契机，思维定式能引发一系列的感受和行为反应。当很多困难或意外事件发生时，我们的大脑来不及做出反应，身体就已经先开始行动了。身体根据我们以往的经验来做出反应，其中许多是正确的，比如遇到危险及时躲避，但也有许多不好的反应，比如遇到困难就逃避。书中列举了盘踞在内心的"七只思维定式犬"。

"批评犬"的内心认为"都怪他们"，会表达出愤怒和不满；"正义犬"认为"这不公平"，表达出愤怒、嫉妒；"投降犬"的心声是"我没用……"，常为自己感到悲哀；"放弃犬"认为自己什么都做不好，终日惶惶不安，郁闷又无奈；"忧虑犬"则觉得"我不会……"，一样是不安和恐惧；"内疚犬"认为都是自己的错，对失败充满了负罪感和内疚感；"冷漠犬"则表示无所谓，但会有很强烈的疲倦感。

以上的"思维定式犬"在某些情况下会给我们带来不好的影响，但这些通过体验得来的思维定式是可以有意识抛弃掉的。书中给出了三个降服无用的"思维定式犬"的方法：

1.驱逐。当思维定式的意见极其错误、非常不现实或者无法信任时，我们要对这种意见进行驱逐，用理智来对事件进行重新评估，做出最正确的反应。

2.接纳。当思维定式的意见正确，贴近实际时，我们可以接受这种思维定式。

3.训练。当思维定式的意见值得信任，但无法辨清好坏时，我们要训练它。比如，当"投降犬"的声音太大时，我们不用强行地鞭策它，只需要采取体谅的态度来对待它。当"批评犬"止不住地狂吠时，我们需要静下来分析一下它狂吠的内容，再来做决定。

能够注意到自己的"思维定式犬"就已经是很大的进步了，注意后再从三大对策中选取合适的处理方式，最重要的是避免自己陷入消极情绪的漩涡。

如何重整旗鼓，逆境飞跃？作者也给出了几个技能。第一项技能是科学培养"我能行"的自我效能感。拥有充分的自信是抗压法中重要的一环，也是我们必不可少的素质之一。我们可以通过很多种方法来增强我们的自信心。比如通过对成功的实际体验来增强自信，当我们成功地完成一项任务时，我们会获得巨大的喜悦，并因此提高自信心。我们可以多给自己一些成功的机会，比如给自己指派一些简单的小任务。多体验几次成功，树立起自己的自信。通过观察身边优秀的榜样也可以增强自信。我们通过观察这些优秀"范本"，仔细观察他人的行为，产生"代理体验"的心理效果。这种心理可以消除对失败的恐惧和进展不顺时的不安。接受别人的鼓励或肯定也有助于树立自信。当有人对我们说"你一定能行"的时候，我们就知道有人在支持我们，就能鼓起干劲继续努力。得到肯定就表明有人肯定我们的价值，我们会更有动力。

有了自信之后就要发挥自我优势。优势可以帮助我们在工作中获得极大的充实感，如果我们能常发挥自我优势，也有助于增强自信。我们都有自己的优势，只是没被我们发现或是没在学习和工作中加以运用。我们可以用各种诊断工具（VIA-IS、盖洛普优势识别器、Realise 2 等）进行优势识别。找出我们与众不同的天赋，充分发挥它。而对于弱势，我们有两种对待方法。第一种弱势，我们不得不去克服，这个弱点会在学习和工作中对我们产生很大的影响，那我们就要用最少的时间去消除弱点。值得注意的是，我们不应该把更多的时间放在消除弱点上，因为发挥优势给我们带来的好处更多。第二种弱势，我们即使花很长时间也无法消除，那我们不妨把它"外包"给别人。比如找一个搭档来弥补自己的短板，团队合作完成目标。

如果我们拥有强大的心灵后盾，也可以帮助我们快速通过逆境。家是我们最温暖的港湾，如果我们有什么困难，都可以和家人沟通，家人的支持可以给我们很大的力量，帮助我们走出困境。在日本有一个长寿村，村里有很多长寿老人，研究者发现这些长寿老人都有一个温暖的家庭。如果有什么困难，就和家人聊聊吧！

书中详细地介绍了更多的抗压技能，旨在帮助我们走出低谷，高歌向前。在本书的最后一个部分介绍的是第七个技能——从痛苦中汲取智慧。没有谁的一生都是顺境，但有些人度过逆境后获得了惊人的成长。那些获得惊人成长的人对周围的一切怀有更多的感恩之心，建立了新的人际关系，也会更加了解自己，对自己的弱点和优势都看得更清晰，这样内心才会涌现出更大的自信。

作者使用抗压法对商业精英们进行锻炼，取得了很好的效果。而抗压法也同样适用于我们,我们可以使用书中介绍的技能来进行减压训练,这对我们的学习和今后的工作都是有极大帮助的。书中对抗压技能做出了更具体的介绍,让我们来一起阅读好书,更轻松地引吭高歌吧!

推荐文章作者及音频录制:张国欣

第三十三本
《共情力》

本文首先指出在《共情力》这本好书里关于共情的概念以及共情和同情心的区别，分析压力的产生原因，提出增强共情力需学会在交流中尊重对方、接纳彼此的做事观念和决定并且不去做价值判断，并分享共情CBT疗法以帮助大家缓解压力所带来的困扰，引出书中用"成为自己"的方法来纠正扭曲的"假我"的观点，希望大家愿意真诚地表达自己，重获允许自己脆弱的勇气。

腹有诗书气自华，我是靖云，欢迎大家收听本期的《我把好书说给你听》。本期所推荐的好书名为《共情力》，其作者亚瑟·乔拉米卡利在书里用各种角度分析人们面对的压力并给出相应的解决办法。如果你正因压力而困扰，想找到一个对自己而言有效且不偏激的方式，那么共情CBT疗法也许能帮到你。

　　说第一个要点之前，首先，我们要知道什么是共情。书中指出共情的概念为：一个人能够理解另一个人独有的特殊经历，并且能对此做出反应的能力，即能因对方的经历而产生同情心理，并做出利他主义的行为，不单单是对别人做出言语上的回应，比如"没错，我懂你的感受。"等。这里要注意的是，我们经常会将共情和同情心混淆，但这两者是不同的，需要学会区别。同情心是我们在下意识中就已经将对方的经历自动转换成自己所能理解的某种经历，也许是自己曾经经历或者见到过的，也就是说，那是我们在加以自己的修饰后产生的同情，但实际上，我们并不清楚和对方的经历是否真的一样。而如果要做到共情，也就是能够做到与对方感同身受的程度，我们还需要清楚压力的来源。人们如今的生活方式多数是节奏快的一类，因为大家都疯狂地想拥有一定的成就。如果一个人对自己有高要求和高期望，再加上现在网络媒体总会有很多文章在人为地针对这类人描绘一个理想中的完美生活，在阅读之后，这类人便也会有过上那种完美生活的想法。再者，与过去的人不同，虽然现在科技进步，交通便利，我们认识的人也变得更多了，但是真正的挚友却更少了，这个现象其实会影响到自我认知，我们会在潜移默化中觉得生活的压力愈渐加大。这时我们就需要了解压力是如何影响人类的大脑和躯体的，以帮助我们理解怎样才能减少压力带来的不良影响。压力产生于我们大脑中的杏仁核，而杏仁核是人脑中的情感中枢。举个例子，当你在公开场合受到批评，无论这些批评的言语是否正确，你大脑中的杏仁核都会立刻接收到它们传递的信号，并将其归属为威胁信号，杏仁核便会发送一个信号到大脑中的下丘脑，随后肾上腺会释放出皮质醇和肾上腺素。因此，哪怕我们并没有真的面临威胁，那些压力的激素都会毫无保留地释放。在了解完这些以后，我们可以有意识地去训练自己区分真实和想象中威胁的能力。

作者在本书中所说的共情认知行为疗法，即共情CBT疗法，它吸收了共情和行为认知疗法的精华，将教会我们如何减少因各种关系、各种问题而产生的压力。这个疗法的原理是产生共情时，人的大脑会变得平静，渐渐地能真正做到感同身受时，就有能力用认知行为疗法来纠正之前的一些扭曲想法。这既减轻了我们的压力，又能让我们更清晰地认识到自己所拥有的潜力。

在作者看来，增强共情力需要我们学会在交流中尊重对方，包容彼此的个性，接纳彼此的做事观念和决定，而不是进行简单评论甚至代替其做决定，也就是说，我们要在沟通中尊重对方表现出的不同观念和选择，并且不做价值判断。我们所经历的学生工作中，对同一问题存在分歧是常有的事情，但更重要的是你能不能正确对待并在交流的过程中不以个人为主，而是认真倾听对方，清晰表达自我，最后仍然回归到差异的本质，便能顺利解决问题。举个例子：一个部门或者社团，内部会分工为不同小部门和不同级别的人，思考的立场、关心的重点各有不同。部长、副部长，更关心全局性、大方向的问题，而干事、会员更倾向于关心切身利益、日常工作和具体事项。如果缺乏共情力，部门与部门之间仅从维护自身利益出发做事，那么整个团体就会呈现散乱的状态，不够团结，严重时就会损害整体利益。

在本书的诸多共情技巧中，我首先选择分享共情倾听这一技巧。共情倾听能构建人与人之间信任的桥梁，可以减少不必要的恐惧、对他人的偏见等，增强自身的安全感并减少压力到恰当的程度。问个问题，当你正在听他人叙述一件事时，你是不是没办法专注于一整件事，而且会选择性听取自己觉得关键的部分并忽略其他？倾听，并不仅仅只是停止自己的表达然后听对方说话就行了，这个过程其实比其他的共情技巧更强调注意力的集中。在倾听的过程中，外界可能会带来很多分散注意力的因素。许多人虽然表面上看起来是在认真地听，但心里却在想着其他的事情，根本没有专注地倾听。要知道，我们本身就容易自动带着自己的"偏见"去听，也就是说，可能在对方还未完全表达意思之前，就已经先入为主地在脑中自动进行了联想，并且会以自己过去的某段经历进行补充。我们也常常说一些安慰性的话语，比如"我完全理解你现在的感受""我知道你正在经历什么"等。可是这并没有真正切中对方的需求点，最终，我们因为注意力分散，只能凭自己的感觉做出反馈。本书由此提出：共情倾听的要求之一就是不应该总以自身为中心，而应该要全心全意地聆听并投入于对方的经历中。作者提到，在倾听时，我们除了集中注意力，还需要关注对方话语里可能隐藏的情绪波动，对方叙述时的躯体姿势或者面部表情。在共情倾听时，你必须将自己的偏见暂时放置在一边，不因为无关紧要的事情让思绪走远，要学会慢慢地与对方在情感上进行连接，并按照对方表达的信息来决定何时我们进一步或者选择再退一步，给彼此留下恰到好处的空间。

  第二个要点，我们应该学会用认知行为疗法来发现事情背后的真相。书中提道：过高的期望或者过大的压力都会使我们的内心产生愿望和抱有希望，然而如果一个人想通过积极的成就来掩盖他所存在的缺陷，就只能让自己陷入失望的状态和长期的压力中。期望的产生是因为一种自然的冲动，即想挖掘并激发自己潜力的渴求。如果期望不是建立在激发潜力的基础上，而是建立在痊愈伤痛的基础上，这会触发神经释放抑制的化学物质。成功的确会带来喜悦，但这往往来得快去得也快。而令人失望的结果还会放大失败带来的挫败感，进一步诱发压力激素的释放。比如，有些拼命努力的人并没有意识到他们追求的真正本质不是名利财富，而是那种内心感觉自己收获了名利财富的愿望。当一个目标被达成，我们便逐渐对它不再重视，因为其意义随着时间在淡化，特别是当我们目标的设定只是因为在潜意识中想治愈过去的事情所导致的伤痛时。对于那些在高强度的压力下取得成就的人而言，他们刚开始可能会感到十分激动，而其所得的成就能够抚慰并增强自我认同感，但是，一旦达到特定长度的时间期限，他们之前的伤痛情绪又会再次回归。心理学家称这种现象为"享乐型适应"，即人们通常会为自己的幸福设定一条高线，当生活因经历某些事情而改变时，人们的幸福程度会因此上升或下降，但是最终都会在不断变化的环境中重新回到自己典型的幸福水平上。所以，我们要改变认知扭曲这件事情是有一定难度的，更何况是由自己创造并长期坚信的认知。不过，我们通过相互共情可以帮助自己真实地感知他人和自身，因为共情会让我们变得更加开放和真诚待人，敢于检视自己核心的信念和扭曲的认知。

　　第三个要点，无论谁都会有以下的情况：为了保护自己而下意识地遮掩实际感受，不愿意过多地表露自己。我们需要为自己留出一定时间去梳理正在面对或者即将面对的人、事、物。当这种反应方式固定下来后，很可能会造成一种问题，一旦这种社交方式形成了一层自我保护，我们随之会丢失自己的真实。只有当我们主动地开始展现自我时，通过别人的共情力和自我的意识，我们才能拓展自我认识。这个转变的确存在困难，因为长期处在"假我"状态的人很难看到自己的潜能，这需要他人的帮助才能分辨出那些被埋没的能力。如果最后能察觉到那些能力，渐渐地就能探索并揭露出正被隐藏的自我。一旦我们开始用"找出真我"的方法来纠正扭曲的"假我"，渐渐地，我们将体会到更多的自由，感觉到整个人在各方面的状态都变得更好，变得不再一味地藏匿真实，愿意坦诚地展现自己。最终，我们也将重获那种允许脆弱的勇气。

　　最后，希望大家能把本书中适合自己的方法融入生活里，学会温和待人，尽可能地去释放、远离压力，学会关心他人，发现并接纳最真实的自己。我想以作者的一句话结尾——"我们的健康和幸福程度取决于我们是否愿意来接纳、实践这种共情，建立人与人之间的真诚关系，为这个世界变得更美好而出一份力。"感谢大家的收听，我们下次再会。

推荐文章作者及音频录制：修靖云

第三十四本
《我的情绪为何总被他人左右》

我们在生活中经常会遇到那种遇事不卑不亢、落落大方的人，他们处事镇定，理性主导着他们的心。你是不是也会好奇他们是怎么做到的？如果你想了解，就一定要看看本书的内容。本书为我们解答了在平常生活中我们出现情绪失控的原因、ABC理论和调节这些失控情绪的方法，告诉我们，那些淡定之人，是如何做到如此淡定的。

○ 我们为何被一些人一些事带着跑？

提到人在做的事，如果把它简单归类，可以分为三种，而且这三种事你几乎整天都在做。首先，你正在思考，不管是思考试卷上的题目还是考虑今晚要吃些什么，你都在思考。其次，你有感觉，而且这种感觉更侧重于情感，你会因为电影的某个片段而感动落泪，你会因为别人冒犯你而感到愤怒和不舒服。最后，你在行动着，不管是睡觉还是出去欣赏风景等，都是行动。

如果说情绪是一种感觉，一种内心的活动，那么书中归类了四种感觉，这四种感觉一旦出现，就会让你感到无力，让你觉得难以掌控局面，甚至让你错误地应对它，造成不必要的麻烦。这些心理活动包括过分烦躁、愤怒、抑郁、警戒。关键词是"过分"两个字，但什么是"过分"？"过分"指的是过激反应。而重点是如何去应对——如何尽量避免过多的过激反应，如何克制自己的一时冲动，让自己心平气和、理性地去应对问题。

○ 诱因 ABC

如果你不想因为一些事或者一些人使你一反常态，那么清楚导致你过激反应的原因就显得很有必要。作者在书中向我们推荐了他在 1955 年研究出来的现代认知行为治疗法中的第一个模式，被称为 ABC 治疗法。

A 代表诱发性事件。何为诱发性事件，它指的是我们日常遇见的具体的人或事。

B 是我们的思考方式。

C 代表在 A 处这种情形里你的行为和你的感觉。

这类模式的重点是感受对你的行为产生有很大的影响。也就是说，A（诱发性事件）并不直接导致 C（感受和行为），在大多数情况下，是 B（思考方式）导致了 C（感受和行为）的发生。B（思考方式）跟 A（诱发性事件）相互作用，成了 C（感受和行为）的主要导火线。假设今天你外出去餐厅用餐，服务员上菜时不小心把饭菜里的汤汁溅到了你的身上，此时，你会觉得服务员是故意的，或者说是笨手笨脚的，于是你会惊讶，然后是愤怒，你有可能就会斥责服务员，或者想要见一见餐厅经理。从这里来看，"服务员把汤汁溅到你身上"这就是诱发性事件A，而"你认为服务员是故意的"这种你对这件事的看法，便是思考方式B，你的惊讶、愤怒的情绪以及斥责服务员和找负责人理论的行为便是感受和行为C。

我们应对人或事的思维方式决定了我们在C处所采取的情感和行为反应，同时，也会决定我们是否会被诱发性事件带着跑。这时我们可以思考一下，如果诱发性事件直接导致感受和行为的产生，我们应该怎么办？从上述例子来说就是，服务员把汤汁溅在你身上这件事直接引起了我们的愤怒和斥责，这时的后果就是我们的反应会完全失控。

○ 如何调解自己的非理性思考方式

该方法分为四个步骤。

步骤一，在C处自问："我在这种情景中是否有不合适的反应？"注意过度烦躁、愤怒、抑郁等情绪。

步骤二，在B处自问："我在这种情景中对同样处于该环境下的人和事的判断是否有失偏颇？从而导致自己在C处不快？"把原因找出来，注意恐怖化、应该化和合理化倾向。具体思考的方向可以是（a）关于自己（b）关于其他人（c）关于该情形。

步骤三，自问："我如何质问和反抗在步骤一中我出现的不合适的反应？"试着问："我非要这样吗？"这类自问可让自己反思。

还有另一种办法是老老实实地面对实情，不去否认、不去回避、不去夸大。你是如何夸大的，你就如何去对抗它。"我的舍友确实跟我吵架了，这让我感觉很恶心，让我心烦，我难以忍受。"但你真的忍受不了吗？你非得和他吵架不可吗？你真的没有其他处理的办法吗？

步骤四，自问："我有没有更好、更合适的思考方式？"尝试用"我想要……""我更愿意……"句型造句。当然了,你也可以用感性词,如"我后悔……"侧重于喜好的倾向,注意防止糟糕化、可怕化、合理化倾向。

这几个步骤可能一开始会让你感觉有些烦琐,不过别怕,我们可以按部就班地去练,把这些步骤都走一遍。现在,我们整理一下:

步骤一:在这种情形中,我的感觉和行为是怎样的不够适度?

步骤二:我想了什么致使自己如此不开心或者产生负面情绪?

步骤三:我如何挑战和对抗自己的非理性思考方式?

步骤四:我除了非理性思考方式之外还有没有更好的思考方式?

为了改变你错误的想法以及避免失常行为的发生,上述方法需要你多加训练,在多次训练并达成熟练后,你就能比较好地避免遇事恐怖化、应该化和合理化倾向,以最佳的方式去应对。

我们未听说过从不反应过激的人,但你可以努力改善自己的过激反应。不过,想要只做一次就马上能让心情变好是不太可能的。每当你遇到突发状况难以应对时,或者是心情极度差的时候,都可以按照上面所说的步骤理清思路,选择更好的应对方法。

我们举个具体的例子。

诱发事件A:某在校大学生X,相信近日来他的舍友开始排斥他。

步骤一,在C处,问自己:在这样的情形中,我的感觉和行动到底有何不妥?X说最近几个月,他自己的情绪很糟,看啥啥不顺眼,也不想跟人接触。

步骤二,在B处,问自己:我自己在想什么,以致让自己这么不开心?X说了自己的想法:"他们太过分了,根本不把我放眼里。万一舍友和我相处很无趣怎么办?是不是因为我做了让他们不舒服的事?他们真的要气死我,我都对他们那么热情了!我该咋办?行吧!他们以为他们很了不起?他们不理我,那我也不理他们!"X意识到了舍友不想理他,害怕被孤立,怨天尤人的性格构成了他过激反应的基础。

后面的事大体可以猜到了,当 X 回到宿舍后,他还是一样烦躁、愤怒和沮丧。他的思想虽然花了几天时间形成,但当他把自己、舍友和情形恐怖化、应该化和合理化后,他已做好了和舍友撕破脸皮的准备。所以,既然 X 已经搞懂了自己不开心的原因,那他可以问问自己以下几个问题。

步骤三,我如何挑战和对抗自己的非理性思考方式?X 有了一些思路:"我觉得舍友确实开始排斥我了,不把我放在眼里了,但这真的有我想得那么可怕吗?不,除非我是这样想的。他们也许热情不似以往,但这也是不可避免的,因为相处久了自身的缺点就会暴露出来,可能是他们发现了我的缺点,这让他们感到不舒服。我没有证据去证明,也无法排除他们排斥我的可能。对这种可能表示不满能让他们放弃对我的排斥吗?当然不能!假如他们真的还是那样,其实我还可以找他们谈谈,有话好好说,好好交流沟通,这还是有效果的,至少比纯粹找他们吵架要好。"

步骤四,我能用什么更好的应对方法来替代我的恐怖化、应该化和合理化倾向?X 想到:"我想要舍友尊重我、对我热情。如果真能这样,那倒也挺好,但如果不是这样,其实说实话,也没啥,除非我自己认为这事很严重。我在意我们之间的关系,我可以尽量心平气和地找他们聊聊。如果我想要的他们办不到,那我就努力从宿舍关系里找出我想要的,将我想要他们做到的和他们想要我做到的进行权衡,以此跟他们谈心,想办法把这个问题解决。我想要的,不是胜似亲人的关系,我只是想要一个舒服的舍友关系而已。如果问题还是解决不了,那我就考虑换宿舍,不过这是在其他方法都试了并且无效的前提下。"

通过这个思维过程,X 的想法就完全不同了。他将恐怖化、应该化、合理化的倾向消除了,避免了过激反应。他弄清楚了在这种情形中什么是正确的,然后对抗自己的过激反应。最重要的是,他没有用想象来麻痹自己,或否认客观问题的存在,或说服自己不去理会正当的感觉和担心。最重要的区别在于他能够跟他们心平气和地讨论此事。而他以前的做法，不是封闭自己生闷气就是和舍友吵架。他能够把原来的想法化为更佳之选，情况就变得大不相同。

实际上，在生活中不是人和事带着我们跑，真不是这样。反而是当我们对自己、对他人恐怖化、应该化及合理化地找借口时，我们自己就把自己带跑了。每个人处理同一件事有不同的风格和方式，其中也包括过激的处理方式。并不是说去批判过激的处理方式，而是希望用更为理性的、合适的方式去处理，这样可以避免不必要的麻烦，同时也能更好地去解决问题。反复尝试，我想，未来那个落落大方的人也许就是你噢！

推荐文章作者及音频录制：吴琛

第三十五本
《精进：如何成为一个很厉害的人》

大家都想提升自我，成为一个很厉害的人，但是却缺少系统规律地学习，以及尚未掌握行之有效的方法。于是本文将围绕这次推荐的好书《精进：如何成为一个很厉害的人》的作者所写的顺序，按照时间、选择、行动、学习、思维、才能、成功这几大方面进行分享，从五种时间视角的划分以及在"近期未来"和"远期未来"的概念解释上进行展开，引出"五年设想"并阐述对"心流"的理解等，希望能给大家带来关于自我成长的思考。

腹有诗书气自华，大家好，我是靖云，今天给大家带来的一本好书是《精进：如何成为一个很厉害的人》。这本书归属于自我提升类，为许多人回答并解决了在成长中遇到的各种困惑和问题。我们总爱在一个既定圈子中生存，跟在资历深、经验丰富的前辈们后面学习，在默认的规则制度内限制性地思考，在旁人的劝说和意见中做选择，并总在难受却无法改变的结果中一味自责。其实，我们需要拥有一种能力，足以让我们意识到要去自省生活中被束缚的一切，去体察并尝试更多使自己成长的方法。很可惜的是，在多数情况下，由于我们早已对自身所处的环境习以为常，这导致我们甚至都无法意识到自身的这种需要。于是，作者采铜（崔翔宇）决定写这本书，他选取了影响人生的七个关键面——时间、选择、行动、学习、思维、才能、成功，从中帮助人们找到解决问题的支点。在这里，我选取了很精华很实用的部分，分享给大家，一起学习提升。

斯坦福大学的心理学家菲利普·津巴多提出用"时间视角"的概念，借以表示人们对过去、现在和未来的不同态度。由时间视角能够分出五类人：第一种是积极过去的视角，这种视角的人对于过去所拥有的东西怀有感恩，对过去的友情和亲情都格外珍惜，喜欢用积极的心态去看以前所有的人、事、物，但是，他们会忘记享受现在可以拥有的快乐。第二种是消极过去的视角，这种视角的人容易出现心理问题，因为他们很容易就回忆起曾经的各种负面经历，而且一直沉浸于其中并难以自拔。第三种是享乐主义的视角，此种视角的人总是及时地享受生活的乐趣，在他们的心里"活在当下，及时行乐"比纠结于过去或者迷茫于未来更有意义。第四种是以宿命论来对待现实的人，他们对已经发生和将要发生的事情感到无能为力，认为一切都是天意决定的，自己除了顺从地隐忍、接受以外什么也做不了，哪怕是做了，最后也很可能于事无补。第五种是把未来计划了然于心的人，比起其他四种，他们喜欢往前看，也更注重潜在的任务以及想要实现的目标。为了实现自己的目标，他们不介意先吃苦，而不先去享受，且设定做事要高效率的要求，这一种人获得的成就往往比其他人大。

津巴多在书中建议：我们不要只选取一种时间视角，而是要学会变通。由于这五种时间视角各有所长，也各有所短，并不适用于任何时候，所以并非完美。我们最好选择综合模式：我们需要多让自己站在积极过去的视角、享乐主义的视角和未来的视角，并且学会平衡三者，尽量去减少另外两种视角。我们所采纳的视角都不是固定的，要根据不同现实场景按照需要来选择最有利于自己的那一个视角。

具体而言，由于大多数的学习或工作都要求我们能制订完备的计划，拥有高效的执行力，如若采取的是未来视角，最起码我们的学习工作将更加有条不紊，我们的行为能更大效率地触及目标，而单位时间的利用度也可以大幅度地提升。所以当我们在自习教室或图书馆里学习时，采用未来视角是合适的。但是反过来，当我们辛苦地学习工作了一天，最后疲惫地回到宿舍，是不是还得为第二天可能进行的随堂小测、做PPT汇报而心烦，甚至睡不好觉呢？这其实是可以避免的。在我们不需要学习工作的时候，我们就可以放下它，专心地享受这之外的悠闲惬意。如若还在考虑着以后的种种未知，不仅是多此一举而且还带来了负面影响，因为这会使我们心里一直想着自己还有未完成的任务以及有压力的未来，影响到我们百分百地把自己投入到放松的状态，所以，我们这时候以享乐为视角则更为合适。

我想，应该有很多同学和我有着一样的困惑，那就是如何解决近期目标和远期目标的冲突。在本书里我找到了答案。有心理学家将未来分为"近期未来"和"远期未来"。远和近本就是相对的概念，以后的十二个小时、三天、两个星期、一个月内等，都可以说是近期的未来，而将来的几年则可以算作远期的未来。心理学家还发现：人们对近期和远期的事情，会形成各异的心理表征，并会选取不同的方式去解决，不同的态度去面对。

举个例子，一位读中医学专业的大一新生，他也许会立下"成为国医大师"这样一个长远的理想，但这个目标对他来说肯定是抽象的，他甚至不知道该怎么定义，也不知道到底需要通过多少努力才能成为"国医大师"。他之所以设立这个目标，可能只是因为这个目标看起来足够有分量，能实现他"完成人生意义"的需求。所以，在更长远的未来视角下，我们的想法常忽略具体的实现细节，更多考虑的是这件事所蕴涵的价值。而在近期视角下，人们更容易到实际的情况中去分析，想得更多的并非"是否要做"，而是"如何去做"。同样是这位大一的同学，当他在学习《中医基础理论》这门基础专业课的时候，就应该要提醒自己做好课前预习、课堂紧跟老师节奏、课后进行及时的练习以查缺补漏这些环节，同时还要主动和老师说出自己的专业困惑。而这些努力最终的指向可能就是得到一个好看的绩点，但是从长期视角来审视的话，刷平均学分绩点（GPA）对他而言，恐怕并不是最关键的。做长期的生涯规划时，我们通常会考虑更多的是其所具有的价值和其内在的意义。不过，哪怕这些远期目标的设定很好，但总是缺乏可行性。而对于截止日期近的任务，人们则更会考虑事情操作的可行性和具体的实施步骤。所以，作者在此提出了一个"五年设想"。也就是对五年后的自己进行提问——我们要怎样解决远期与近期未来的矛盾？试想五年后我们会成为什么样的人，会过上何种生活？

要知道，五年的时间还算长的，可以让我们的人生从一个阶段到达下一个阶段，可能会经历小阶段之间的过渡。毕竟大学本科刚好就四五年，如果把五年制定为完成自己大学本科内目标的时间限度，那么你得知道，很可能在一开始你就将面临各方面带来的挫败感、无穷无尽的煎熬、难以忍受的孤独感和好似看不到头的未来，以及在这些过程中他人对自己的不理解，甚至是嘲笑、讽刺。这个世界，肯定有只要我们付出了，就迅速有回报反馈的事情，但也有的是需要我们长时间投入，靠坚持才能有所成的事。对于前者，趋之若鹜的人往往特别多，因为太容易接收到反馈，吸引人的程度足够大；而大家往往却害怕遇上后者的情况，因为它难以坚持，需要忍受，要让自己相信会有回报，这条等待成果的路太漫长、太艰难，但正因如此，我们才更有必要让自己多去做后者那样的事情。

五年也还可以是一个宝贵的机会，我们在这段时间，有足够的可能去掌握一项技术甚至精通它，或者说完成在一个领域上的系统知识储备。这意味着我们很可能拥有把一个专业领域中的一项做到极致的能力。相反，倘若我们选择随波逐流、随遇而安，打算平平淡淡地按照普通大众的标准去经历一生，那好吧，我们根本就没有必要做这样的提前思考。如果我们想拥有的人生是闪闪发光的，是充满意义的，想要不那么平淡、普通的人生，想要达成一些不寻常、难获得的成果，那么，我们就可以以四五年为期限，制定一个符合自己实际情况的长期目标，并下定决心要付出持久而坚实的努力。

时间的"快"和"慢"也常常对应着时间的"深"和"浅"。你是否有过这种体会，就算实际上拥有的时间变多了，可在主观上总是觉得自己的可供支配时间还是在不断地减少，享受的闲暇时光也在不断地缩短。就比如说，我们现在作为大学生，按道理会比高中阶段的时候，所拥有的自我时间来得宽裕以及选择支配上更加自由，却仍会有自己时间不够用的感觉。

上面的现象其实可以用我们对时间使用的深度来解释。同样是休息娱乐的时间，"被动式休闲"所给的满足感就远不如从事一项自己的兴趣爱好所带来的满足感。在看电视剧时，我们可以一边吃着零食，一边刷着手机里的消息，我们并没有完全投入于看剧这件事上；而当我们在进行写作、绘画等需要创造力的行为时，却能够全身心投入，甚至进入一种叫"心流"的状态。（"心流"指全心全意地投入于一件事中的状态。）由此可知，我们从闲暇的休息时间中获得的满足感并不绝对根据娱乐时间的长度，关键在于其中的利用质量。在心流状态下，我们很容易就全神贯注于做的事情，有些时候还会忘记了时间的流逝,就像有时候发出"时间过得这么快!"的感慨一样,这个过程之后,我们将收获很大的充实感。当然,没有谁可以一直处于这种高效的状态,谁都需要进行适当的休息和放松,正所谓"劳逸结合"嘛,只不过,我们得在时间的深与浅之间做出平衡。作者告诉我们,如果想要获得有效的满足感,我们就得发掘自己的兴趣,并且保持长时间的热爱。如若我们还能让它在时间的长度和深度中慢慢生长,还可能会得到意料之外的回馈。

这本好书有满满的干货,而且里面的方法实用、高效,如果我们能按照书中教授的方法反复训练自己,所谓的"日精一尺,月进一丈"最终也能得以实现。如果大家想要提升自己的核心竞争力,就去看这本书吧。感谢大家的收听与阅读,我们下次再会。

推荐文章作者及音频录制:修靖云

> 第三十六本
> 《斯坦福高效睡眠法》

夜幕降临，第二天的脚步已逐渐逼近，许多人却还守着一盏亮的晃眼的灯，为工作和学习发狂。或许生活的压力实在不容许我们多睡哪怕一分钟，那我们只能尽力争取把能睡的每一分钟都睡好。本文推荐的这本《斯坦福高效睡眠法》收集了相当多的研究成果，力求帮助大众在有限的睡眠时间里得到最好的睡眠质量。本文将把书中所阐述的有关睡眠的基本知识以及提高睡眠质量的小技巧与大家分享。

读万卷书，行万里路。又到了我们分享好书的时间，今天要向大家推荐的好书是《斯坦福高效睡眠法》

英国哲学家洛克曾经说过"自然给予人们的甘露是睡眠"，西班牙小说家塞万提斯认为"睡眠是对醒着时的苦恼的最佳治疗"，我们的伟大领袖毛泽东主席说"睡眠和休息丧失了时间，却取得了明天工作的精力。"可见睡眠是必须必要必不可少的，那么如此重要的睡眠，你把握住了多少呢？

人的一生大约有三分之一的时间都是在黑夜中度过的，且这三分之一的时间决定着我们在剩下的三分之二时间里的状态。把握好这三分之一的时间，让自己有一个良好的睡眠，有助于我们保持精力充沛，提高工作和学习的效率。若没有好好利用这段时间让我们的大脑和身体获得充分的休息，而是肆意地加班、熬夜，我们可能就会迎来记忆力衰退、免疫力下降、激素紊乱、压力增大、精神涣散、情绪低迷等一系列的问题。所以为了我们的健康，也为了我们能更好地完成自己的学习、工作任务，过好人生余下的三分之二时间，我们务必要利用好这三分之一的时间，保证自己拥有一个良好的睡眠。可是在学习、生活和工作压力都如此巨大的今天，你可能会说你也很想每天都能好好睡觉，但是你不得不牺牲睡眠时间去换取更多的学习、工作时间，还何谈好的睡眠质量呢？今天，我要与大家分享的这本好书——《斯坦福高效睡眠法》或许能帮助你。这本书不会要求你安排出更多的时间来睡觉，只是力求帮助你在有限的睡眠时间里取得最好的睡眠质量，得到最好的睡眠效果，每天都能元气满满地迎接早晨的太阳！

《斯坦福高效睡眠法》是斯坦福大学睡眠研究所的所长西野先生的第一部著作。斯坦福大学睡眠研究所是世界上第一所睡眠研究机构，一直以来都在睡眠研究领域发挥着领军作用。西野先生的这本书结合了斯坦福大学将近三十年的睡眠研究成果，介绍了实现最佳睡眠的方法。用书中的一句话来说"Better than nothing"，做些什么总比什么都不做好，从今天开始改变一些小习惯，让自己每天都能睡个更舒服的觉吧！

书中提到影响睡眠质量的两大关键因素是睡眠最初的 90 分钟和清醒时的状态。现在就让我们从这两个方面入手，来探寻能够帮助我们获得更好睡眠的切实可行的办法吧！

一、睡眠最初的 90 分钟

在整个睡眠过程中，我们并非一直保持着同一种状态。睡眠实际上包括 REM 睡眠和非 REM 睡眠两种类型。REM 睡眠状态是指身体处于熟睡中，但大脑却还清醒着的一种睡眠状态。而在非 REM 睡眠状态下，我们的大脑和身体都处于熟睡中。从入睡到醒来，REM 睡眠和非 REM 睡眠会交替出现。我们入睡后不久出现的就是会持续 90 分钟左右的非 REM 睡眠。这 90 分钟的非 REM 睡眠是我们整个睡眠过程中最深的。随着黎明的到来，后面出现的非 REM 睡眠会越来越浅。如果最开始的非 REM 睡眠能得到保障，之后的睡眠也会变得更有质量且更规律，实现最佳睡眠的秘诀就在这里。

因个人体质差异，有的人最初的非 REM 睡眠持续时间不是 90 分钟，但大体上都在 70 至 90 分钟之间，保险起见，想要好的睡眠质量，就争取把睡眠最初的 90 分钟都睡好吧！

那么怎样才能睡好这 90 分钟呢？钱钟书先生在《围城》一书中写道："睡眠这东西脾气很怪，不要它，它偏会来；请它，哄它，千方百计地勾引它，它便躲得连影子也不见。"要睡好，就要洞悉睡眠这东西的脾气，让它不该来的时候不出现，该来的时候立马就来。因此，睡好最初的九十分钟，我们要做的第一步就是尽快入睡。

书中提到了两大睡眠"开关"——体温和大脑。懂得了如何控制这两大开关，就懂得了如何让自己尽可能快地进入睡眠状态。

1.体温：

人在清醒状态下体内温度会高于体表温度 2℃，进入睡眠后，体内温度与体表温度的差值会逐渐缩小，一般缩小至1.7℃左右。想要尽快进入睡眠的诀窍之一就是在睡前将体内温度与体表温度的差值尽量缩小，使其接近睡眠状态时的差值，这样就能实现尽快进入睡眠状态。缩小它们之间的差值的方法有以下几种：

方法一：睡前沐浴

在40℃的水中泡十五分钟后体内温度会升高0.5℃左右。体内温度具有上升多少就会下降多少，甚至降到比之前更低的特性。体内温度在短时间内升高0.5℃后，需要九十分钟才能下降到原来的温度，随后会继续下降，也就是说如果在洗澡之前你的体内温度为37℃，那么洗完澡之后你的体内温度大概为37.5℃，洗完澡90分钟后你的体内温度会降至37℃以下，这样就缩小了体内温度与体表温度的差值。因此，如果你洗了十五分钟的澡，那么在洗完澡九十分钟之后再去睡觉将会顺利入睡。

在我们的实际生活中不用严格按照40℃，十五分钟等这些数据来做，这可以作为一个参考，如果你洗澡的时间多于十五分钟，那就多等一会儿再上床睡觉。如果你必须在一小时之后就睡觉，那就用稍微没那么热的水少泡一会儿澡，一切都要根据你的实际情况来调节。

方法二：足浴

如果觉得沐浴麻烦并且浪费时间的话，可以用泡脚来代替。手脚的毛细血管发达，是人体主导热量释放的部位，泡脚能够促进我们的脚部血液循环，加速体内热量释放，从而降低体内温度，达到缩小我们体表温度与体内温度差值的效果。所以，没有时间洗澡的你不如在睡前泡个脚吧，也能够达到很好的效果。

方法三：用荞麦壳枕头镇静安神

脑部的温度和体内温度的变化很相似，入睡后会逐渐变低。如果脑部温度下降受到阻碍，将使我们无法顺利入睡，因此用透气性良好的枕头如荞麦壳枕头也能起到促进睡眠的作用。

2. 大脑：

控制好大脑开关的方法只有一种，那就是在睡前不要做会刺激大脑的事。比如喝咖啡，看自己非常感兴趣的电视剧、文章，看复杂的研究报告等都会刺激大脑。所以在安排一天的工作时就要有意识地把单调简单的工作移到晚上来做，并且在睡前忍住自己刷剧、看小说的欲望。

另外，大脑有恋旧的特性，最好保持睡眠环境和平时一样，睡眠环境过于陌生也会刺激大脑。因此如果要去外地，不如带上自己平时睡觉用的枕头、眼罩等，来营造一个较为熟悉的睡眠环境。

如果实在睡不着，这里有一个小诀窍：数自己的呼吸。因为数自己的呼吸是一项单调的任务，数着数着你就很容易进入睡眠状态。不过要注意数的时候专心一些，不要去想别的事情。

现在你已经把握了睡好最初的 90 分钟的第一步方法，接下来，你要做的第二步就是在这 90 分钟里不被打扰。光照、音响等因素都会打扰到我们的睡眠，所以大家要与家人、室友协商好作息时间，保证自己拥有一个安静良好的睡眠环境。

睡好最初的 90 分钟最重要的一步是每天在同一个时间段入睡。听起来是不是很难做到？就拿我们大学生来说，不仅要完成学习任务，还有部门、班级的任务等着我们去做，平时可能还好说，都能在夜里十二点之前爬上床。如果碰上部门办大型活动，需要连夜做 PPT、文件等或者遇上医学生的考试月，一晚上要背一本书，熬到两三点都不算什么。熬到两三点，那时候的你已经筋疲力尽、意识困顿，完成任务的效率很低，即使完成了任务，第二天的你，不管是考试还是部门活动现场，都没有好的状态。所以我们不如换个熬夜方式：先睡个九十分钟，完成一个非 REM 睡眠，再起来学习和工作。这样能最大限度地让你保持好状态，并且不打乱自己的作息节律。

二、清醒状态

关于如何睡好最初的 90 分钟我们就说到这里,接下来就来看看如何保持一个良好的清醒状态。白天清醒,夜晚才能安然入睡。

1.在 REM 睡眠状态下起床

如果我们在非 REM 状态下被叫醒,大脑会一片糨糊,因此我们最好在 REM 睡眠状态下起床。在早晨,REM 睡眠状态持续的时间会变长,非 REM 睡眠状态持续的时间会变短,从非 REM 睡眠状态转变为 REM 睡眠的时间约只需二十分钟。知道了这个规律后我们怎样才能保证我们在 REM 状态下醒来呢?方法很简单,我们定两个相隔二十分钟的闹铃。第一个闹铃要设置响铃时间短并且音量小的铃声,且不要反复响。在 REM 状态下大脑是清醒的,因此很容易就能醒过来,如果音量小并且响铃时间短的闹铃把你叫醒了,就意味着是在 REM 状态下醒来的。如果这时处于非 REM 状态下,没有被这个闹钟叫醒,那么二十分钟后也已经进入 REM 睡眠了,这时的闹钟可以设置音量稍大一些的铃声,确保自己能听到并且醒来。

2.光线

光线有助于我们清醒。电视剧《了不起的麦瑟尔夫人》中极其自律的麦瑟尔夫人每天早上让自己醒来的方式就是在睡前拉窗帘时留一个缝,当第二天早上阳光透过这个缝隙照到脸上时,麦瑟尔夫人就醒了。可见阳光可以刺激我们,使我们变得清醒。所以早上起来不妨先打开门窗让光照进来吧。

3.温度

用冷水洗洗手或用冷水刷牙也可以刺激我们变得清醒。

4.吃早点

吃早饭能让体内温度上升,由此增大体内温度与体表温度的差值,并且细嚼慢咽有助于让我们一天的状态变得张弛有度。

5.在早晨避免汗流浃背

早晨进行剧烈运动会使体内温度过度上升之后出现过度下降的现象。体表温度与体内温度的差值缩小，使人昏昏欲睡。

6. 适当的午睡

中午小睡 20 分钟左右，有助于我们恢复精力，更好地完成下午的工作。不要睡得过久，白天超过三十分钟以上的熟睡状态有可能会导致非正常老化和疾病的发生，并且白天过多的睡眠容易导致夜晚入睡困难。

7. 晚饭

晚饭一定要吃，且最迟要在睡前一小时内吃完。为了促进晚上顺利入睡，晚饭时不妨食用一些能降低体内温度的食物，比如冰镇西红柿、黄瓜汁等。

优秀的人都很忙，可能你每天只有不到六小时的睡眠时间，但是"Better than nothing"，希望今天的好书推荐能让你有所收获，帮助你最大限度地提高自己的睡眠质量。祝愿大家今后都能睡个好觉，拥有更饱满的精神状态，做出更好的成绩，变成更优秀的人！

推荐文章作者及音频录制：陈玉婷

> 第三十七本
> 《睡眠革命》

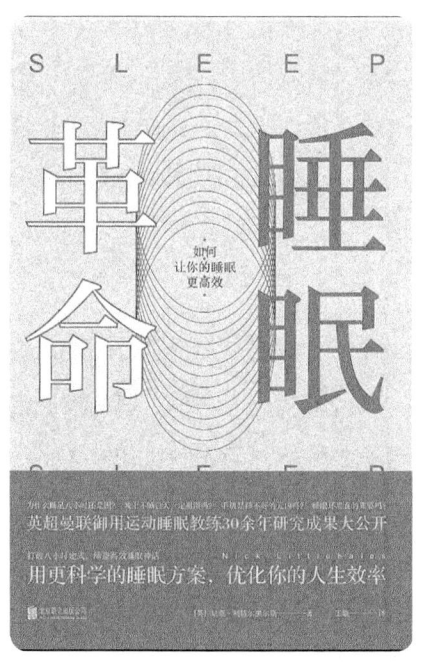

　　说到大学中的问题，睡眠问题是当代大学生常常要面临的困扰，每次考试前常常都有一堆人失眠，所以如果解决了睡眠的问题，那么也就解决了大学生活中很大一部分问题。试想一下，如果你连精力都没有了，你还能做什么事呢？所以今天推荐的这本书就是针对睡眠问题写的，让我们来好好学习一下，希望有所帮助。

○ 昼夜节律

你知道昼夜节律吗？昼夜节律是生命的 24 小时内循环，受我们的内置生物钟管理。它每天 24 小时不间断地调节我们的许多内部系统，包括睡眠模式、饮食习惯、荷尔蒙分泌、情感和消化，以使它们与地球的自转保持一致。

在一天中的不同时间段，人体的活动规律是不一样的。我们一般在清晨 2 点的时候睡眠最深，10 点灵敏度最高，14 点 30 分协调性最佳，15 点 30 分反应速度最快，17 点心肺功能最强、肌肉力量最大。在了解这些昼夜节律后我们就可以有针对性地在某个节点做合适的工作，顺着生物钟走。比如，睡眠质量最高的时机大约出现在凌晨 2 至 3 点，那么我们就尽量保证在这个时间段里有较为充足的睡眠。如果你打算去健身房做剧烈运动，选的时机要避免在傍晚，因为此时的血压是一天中最高的，这样的高负荷运动很容易导致血压飙升，倘若你有心脑血管类的疾病，那么危险性就很高了。可以的话，这里推荐你使用一些可佩戴的检测设备，如一些手环或智能手表，用这些智能设备监控自己的身体情况，效果会更好。

睡眠存在类型的不同，大致可以分为三种，一种是早起型，另一种是晚睡型，还有一种是介于两者之间的中间型。顾名思义，第一种类型的人经常早起，就好像非得看到清晨的霞光一样，而第二种类型的人则比较晚入睡，这并不是他们故意的，非得到三更半夜才想在梦中和周公下棋，而是因为他们的生物钟就是这样的，他们只有在比较晚的时候才会有浓浓的睡意。不管是早起还是晚睡，都是紧密联系着生物钟的，习惯早起的人生物钟相对较快，喜欢晚睡的人生物钟则相对慢一些。除了这两种类型外，第三种睡眠类型叫作中间型。虽然睡眠类型有三种，但在现实生活中，很大一部分人都是中间型，或者说是被迫处于中间型。原因在于很大一部分人白天早早就要起来学习、工作，而晚上又要面对着一大堆的作业和事务，过着这样的生活，失眠问题也可想而知。

○ 睡前准备

为了解决失眠问题，睡前的准备很重要。如果你很晚才吃夜宵，这时马上上床睡觉是不明智的。因为根据昼夜节律，肠道的抑制活动开始于晚上 9 点或 10 点，这时大脑发出信号，控制肠胃活动，避免影响睡眠质量。另外，在睡前不要做一些很动脑的工作，因为在你躺床上后很难停止对这些东西的思考，越想越精神，根本停不下来。除此之外，你还可以关闭电子产品，减少夜间蓝光对自己的危害以及不必要的信息干扰；避免剧烈运动，整理好明天要做的事，去洗个热水澡或者泡泡脚，拉上窗帘，隔绝外部干扰，营造出一种安静昏暗的环境，放空自己。

○ 解决办法——R90 法

你有没有这种体验？半夜从黑暗中醒来，打开手机一看，上面赫然显示着数字——2 点整。你心想："没事儿，应该还能睡很久，如果现在继续睡了，应该可以睡大概 8 小时左右。"于是你又闭上眼睛继续睡了，又过了好一会儿，你睁开眼，再一次点亮手机：2 点 53 分。"没事儿，不就不到 1 个小时没怎么睡嘛，这不还有时间呢，继续继续，我就不信睡不着。"然而说是这么说，当你闭上眼睛后你还是很焦虑，你辗转反侧，肩膀紧张僵硬，眼睛闭得紧紧的，大脑里犹如一团糨糊一样杂乱。也不知道这样子过了多久，你又一次睁开眼睛，一看手机：6 点 15 分，离起床时间很近了，你开始惶恐起来。7 点了，闹钟响了，你很不情愿地醒了，口干舌燥，心烦意乱，感觉十分凌乱，不过还是觉得自己应该还能睡，但是又不得不起来。这种情况着实令人感到难受，尤其是考试之前焦虑感爆棚的时候更常见，你的 8 小时睡眠计划就这样被打破了，你睡得一点也不好，甚至可以说基本没睡。

如果问你最想要的睡眠时间是多少，很多人会说，想睡多久睡多久，如果让你说一个你觉得合理的睡眠时间，那么大部分人都会说 8 小时睡眠时间。也许是因为 8 这个数字比较吉利，很多人都向往 8 小时睡眠时间，如果一天内的睡眠时间达到了 8 小时，那么我们常常会觉得自己睡够了，会很满意。然而，不知道什么时候，8 小时睡眠时间成了普遍推荐的睡眠时间。事实上，一味盲目追求 8 小时睡眠这个数值，容易给自己巨大的心理压力。

这样一刀切其实并不适用于生活。根据国家睡眠基金会统计数据，14 到 17 岁的青少年平均需要每夜 8 到 10 个小时的睡眠，而成年人平均需要 7 到 9 个小时的睡眠时间。由此可见不同人群的睡眠时间差异。

如果你不需要每夜 8 个小时的睡眠，强迫自己在不困的时候躺在床上，硬是睡到八个小时，完全是浪费时间。同样的，半夜醒来看手机，焦虑地计算还需多少小时睡眠，在床上滚来滚去，越滚越清醒，越来越担心，也同样是在浪费时间。

你听说过"R90"吗？"R90"指的是 90 分钟的身体修复周期。临床上显示，90 分钟是一个人通过所有阶段的睡眠所需要的时间。这些睡眠阶段形成了一个睡眠周期。

我们的睡眠周期囊括四个（有时是五个）不同的睡眠阶段。

非眼动睡眠第一阶段（打瞌睡）

在我们睡着后的几分钟内处在朦朦胧胧、似睡非睡的感觉之下，在这个阶段，我们的脑海里容易出现诸如从高楼坠落、掉入深坑的情景，这时的我们是容易被叫醒的，可能有人开个门就能惊醒我们。

非眼动睡眠第二阶段（浅睡眠）

在这个阶段下，我们的身体会有一些变化，我们的体温和心率会下降，不过还是如上一个阶段一样会比较快醒来。该阶段的睡眠时间占比是所有阶段中最高的，且有利于整合我们大脑里的信息。

眼动睡眠第三阶段和第四阶段（深睡眠）

到了这个阶段，你就睡得比较死了，别人很难叫醒你。深睡眠的时候大脑会产生一种脑波，这种脑波频率最慢，睡眠的生理修复功效也在这个阶段得以较大程度发挥。如果可以的话，尽量让这个阶段的睡眠时间长一些，最好占20%左右。

快速眼动睡眠

在浅睡眠之后，便是快速眼动睡眠阶段。在这一阶段，身体就像被点了穴一样暂时无法动弹，并进入梦境。并且，在这个阶段结束时，我们一般来说会醒过来，但又不记得醒来了，然后开始下一个睡眠周期。

现在，我们可以开始根据自身起床时间和90分钟时长的睡眠周期，反过来倒推，何时入睡对我们更有益。假设你也想获得八小时的睡眠，相当于5个睡眠周期，换算起来就是7.5个小时。那么，根据上述理论，你可以在午夜时分睡觉，然后在早上7点半起床。并且在睡觉之前要提前15分钟躺在床上，或者是根据自己入睡的准备时间，提前在床上做好准备。值得注意的是，在了解了这个知识后，我们衡量睡眠质量应该用睡眠周期，而不是去想有多少小时的睡眠。入睡时间并没有强制固定，我们可以自己定，但入睡时间要相适于起床时间，即入睡时间要取决于起床时间，从唤醒时间开始，按照90分钟的睡眠周期往后推算。每周有35个睡眠周期对大多数人来说是最理想的。

除了了解R90我们还需要再去做一些其他的事情来跟它配合，这样效果会更好一些。比如：适当补充水分。每个人的身体状况都不一样，每个人不同的运动量也会影响对水的需求，所以不要因为某个知名博主推荐每日饮用水量是两升，那你就一定要去喝到两升。只要你跟着你身体的需求走，口渴时就喝，定时地补水，保证总体饮水量符合需求就可以了。不过要注意啦，在睡前不要喝太多水，不然你可能要半夜痛苦地起来上厕所了。

除了补水，我们还要去做的事情就是补充色氨酸，那么色氨酸是什么呢？色氨酸是一种氨基酸，对人体很重要，可以通过食用富含蛋白质的食物来补充，同时，人体分泌血清素、褪黑激素也必须需要色氨酸，良好的睡眠质量需要充足的色氨酸的辅助。如何补充？你可以在饮食中补充，我们可以多食用鸡肉、鱼、香蕉、牛奶和坚果等食物。

如果你是一个吃货,那你就要注意了,吃可不是随便乱吃的,尤其是当你想有良好的睡眠质量的时候。尽量避免在睡前吃得太饱,相反,试着在目标睡眠时间的两个周期(3小时)前吃最后一顿饭,并将最后一顿零食限制在睡前90分钟。吃得太晚意味着你的用餐时间太接近目标睡眠时间。如果你早上的起床时间为6:30,前一天夜里21:00时还在吃,你就应该减少睡眠周期。还有就是,起床之后一定要吃早餐。

推荐文章作者及音频录制:吴琛

第三十八本
《深度学习：彻底解决你的知识焦虑》

　　每个人的一生都少不了学习，本文从认知科学的角度分析了人的记忆的四种类型和知识的存在方式，根据"走出知识误区"的观点引出"图式"的概念，阐述"图式"对于记忆过程的重要性以及错误"图式"对学习知识的影响，又分享了学习中处于熟练状态的两个阶段，并提出两种方法以减少学习过程中注意力分散的情况。希望大家重新审视学习过程，运用书中的理论针对自己的情况进行调整与改变，逐渐成为一个能深入学习的人。

腹有诗书气自华。大家好，我是靖云。本期给大家分享的好书是《深度学习：彻底解决你的知识焦虑》，作者是日本的今井睦美。每个人都要学习，而作为医学生的我们，学习更是终身都在进行的事情。狭义上的学习指的是学习老师所讲授的知识，而在广义上则指任何领域所有种类的学习。正如书名所说，本书的中心内容是学习，但并不是介绍如何不花费过多努力却能提高分数的学习，也不是教我们如何变得更聪明，让记忆更简易，而是从认知科学的角度来介绍人的记忆思考模式和知识分别在内心、头脑中的存在方式，以达到帮助我们思考如何学习的效果。

首先，作者提醒我们：学习和记忆的关系虽然紧密，但不要将其混为一谈。不过，如果记忆的效果好，则有助于学习的过程。书中将记忆分为四类：瞬间短时记忆、量大的长时记忆、福尔摩斯型记忆和专业棋手型记忆。瞬间短时记忆是指在短时间内能记住要点；量大的长时记忆是指无任何实际意义的信息也能记忆；福尔摩斯型记忆是指一些细节处的记忆，比如推理小说中所写到的某个案发现场角落有鞋印等；专业棋手型记忆则与长时记忆不一样，是能记住有含义的信息，比如一盘棋局之后的棋向等。一个人如果想有好的记性，则需要输入记忆和读取记忆同时符合要求，而这需要我们将原本无含义的信息给予一定的意义，或者将其与已经记忆的信息进行对比记忆的能力。不过无论以上哪一种记忆，都需要长期训练。有一点很明确：如果大脑一直不进行记忆，那么这种记忆的能力是会降低的。

第二个要点，我们需要走出知识误区。心理学上有一个"图式"的概念，即当一个事情发生时，如果我们想要去理解整个过程，我们需要进行相应背景知识的补充，以达到能够理解这些知识的程度。这适用于理解文章、图像或者日常生活中所经历的事件，而学习恰好就需要图式。举个例子，如果一个人从来没有学过也没有接触过医学专业的知识，即缺少该领域的图式，那么他去阅读医学类的非入门书籍就会感到非常困难。我们的学习经历也是一样的，老师所教授的教材上的知识仍然需要我们在课后进行图式补充，若在不理解的基础上选择死记硬背，这就好比记忆一串毫无规律的字母一样，无趣且效果较差。我们常听到学习需要一环扣一环这个说法，就是指旧的知识需要和新习得的知识串在一起，互相补充完善。

书中举了一个实验，拿出一幅模棱两可，像"C"又像月亮的图，给A、B组的人观察，分别告知其为"C"和月亮，然后让其凭借印象重新画一幅尽量一样的图，最后的结果是A组的人画得像"C"而B组的图偏于月亮的形状。在这个实验过程中，"C"和月亮就是一种图式，是对于图画的补充说明，而该实验表明，名称对于图形记忆的影响是显著的，记忆在最开始入库时就容易变化，而在回想的提取过程中，记忆也容易因外界的信息而受到影响。所以，记忆和知识不一样，如果我们能明确地区分两者，我们就能分清楚所记住的内容到底是有效的还是无效的。由于这个问题并没有标准答案，作者也只是抛出了这个观点，需要我们自己再去思考。

我们学习的过程中会遇到障碍，其中就有图式的问题。首先我们要知道的是，图式不一定正确，因为这也有可能是我们凭借过往经验所创造的，如果图式进一步成为我们的错觉，渐渐地根深蒂固则会产生难以克服的臆想。在这之后，哪怕是学习了正确的理论知识，我们也会在潜意识中无视甚至主动对正确的知识进行歪曲，捏造成符合我们过去已经形成的那个错误图式。作者指出，正是这种臆想的错误图式成了阻碍我们学习的桎梏。这种情况其实不容易克服。因为人不擅长记忆没能理解的事物，更倾向于记忆与之有关的图式或简单的、容易理解的信息，反过来，那些与图式有关的信息会被注意到，无关的信息则会被选择性地忽略。所以，当我们的图式错误时，我们就会忽略重要的信息，关注无用的信息变多了，这种为了顺应图式而接收信息的过程，如果一直没有修正，则会进一步地深化错误的认知，不断反复之后，最终将难以改变。有人可能会问，能不能避开错误的图式呢？这是不可能的。

因为有一种情况是,当我们学习全新的知识即相关储备知识为零时,我们的图式很可能一开始就是错误的,但这是为了简易地先记住一部分基础知识,我们自动就会经历这个过程。因为在有些情况下,如果图式本身就是正确的,可能在一开始连图式都理解不了。书中的例子为,在幼儿学习母语时,根据周围听到的话语,会自动地创造出自己的语言图式,但这不一定是完全正确的,可在这个过程中,幼儿便能慢慢地进行母语学习。

我们的学习渐渐深入的过程就是一个从陌生到熟练的过程,熟练到身体已经有了自身意愿去说话、学习、行动等。作者将熟练分为两个阶段,第一个阶段是对所学的知识在理论上可能还有模糊的地方,但是能正确地应用;第二个阶段是指所学的知识在理论以及实践上都达到了一流甚至超一流的水平,即在前人的基础上还有所突破。比如,面对一道物理应用题时,初学者可能要从所学的公式中思考,从数值、问题未知项之间的联系推理解题。而熟练者则清楚地知道所学公式在各种情况下的变式应用,能够根据题目所给的情况快速解决。作者还举了一个高效阅读的例子:我们阅读时,可能是逐字逐句地阅读,也有快速浏览阅读,而在阅读训练后,进行高效阅读的则是后者,即一边进行字句的接收和理解,一边结合自己的知识储备进行内容的理解,取舍后再归入自己的知识体系中。综上所述,熟练者擅长的就是弄清事物的本质以及养成相应的习惯。作者还强调了我们需要实践和应用所学到的知识。观察他人虽然可以学到很多,但如果我们在分析的同时能进行自己的理解并且模仿,不断地尝试,最后结合自己的需要进行掌握并用于实际,会比只是听着或看着别人讲解或实践要高效许多。

在学习的过程中,我们可能会遇到无法集中注意力的情况,难以静下心来专注学习。这是因为,我们已经习惯了短时奖励的状态,而那些低刺激的延时奖励已经不能满足我们的内心需求。短时奖励包括网络上的各种短篇文章、小视频等,手机上刷一刷会冒出一大片,永远也看不完。而延时奖励是指在偏于单调的环境中进行学习，我们所学的东西无法立刻进行反馈，正因为激发的信号变弱，我们就难以在这种情况下保持专注。而对于这个问题的解决办法是，首先不要给自己进行我做不到专心致志的心理暗示，接着采取主动、解疑的方法来集中注意力。主动就是指我们可以默默地重复所学内容的关键部分，或者让自己进行总结式的笔记记录，有所取舍，而不是一味地直接誊写。解疑就是指带着问题去学习，在这个过程中寻求答案，带着问题会促使我们不断地思考和掌握需要重点关注的内容，注意力也更容易集中。

这本书里关于认知科学方面的内容也很丰富，作者给大家带来的是新的知识观，希望能引发我们对于"如何进行好的学习"这个问题的重新思考。如果我们都能有意识地根据书中的内容进行改变，以及在不断的训练中进行深度学习，终有一天将培养出钻研的精神和自己的核心竞争力。希望你能有所收获。

推荐文章作者及音频录制：修靖云

> 第三十九本
> 《不抱怨的世界》

当我们心烦意乱时，当我们遭遇不幸感伤悲痛时，我们常常会抱怨，用语言表达的方式宣泄自己的不快。抱怨时，我们的负面情绪显而易见，我们气得脸红，我们大声吼叫，我们喋喋不休，说个不停。抱怨是一种情绪宣泄，所谓的"抱怨"，就是表达哀伤、痛苦或不满。

本书告诉我们，要学会控制自己的抱怨，甚至做到不抱怨，学会改变自己不健康的态度，这会使我们受益匪浅。

上完一天的课后，刚回到宿舍，一打开门，脚还没迈进去，就听到舍友在喋喋不休，抱怨个不停，不是抱怨今天的课多，就是埋怨食堂好吃的菜没抢到。我们在这人世间，总会遇到一些挫折和困难，总会有一些事让我们耿耿于怀，它就像一粒粒石子，压在我们心头，偶尔几个倒也无妨，一旦石子越积越多，就容易让我们喘不过气来。这时我们会想要发泄，想要奋力把压抑在心头的石子一粒粒击碎，让自己变得轻松一些，变得不再那么难受。于是我们就容易去抱怨，去埋怨这个世界，埋怨某个人，就好像说出来，就能够好受一些，就好像说出来，就有人能为我们分担一些，至少听者能安慰我们或者鼓励我们。

　　我们抱怨的初衷并不是不好的，我们只是想排解心中的不快，希望得到理解。如果这个世界没有那么多苦与酸，我们就没有那么多抱怨了。可是，一旦抱怨多了，我们会慢慢发现，事情反而不是朝着我们所希望的那样发展了，我们慢慢地变得更容易抱怨，更容易怨天尤人，变得更加悲观，就好像这个世界欠了我们什么一样，我们眼中原本五彩斑斓的世界变得更加黯淡无光。同时我们也慢慢意识到，那些平日经常听我们抱怨的人也变得有些不耐烦，似乎开始刻意与我们保持距离，或者用其他言语转移我们抱怨的话题。我们开始苦恼，开始思考什么变了。其实，地球还是那样转，世界还是一样运行，变的是我们自己，我们的抱怨使我们的心开始出现了变化。

　　这个世界有太多的怨言，我们会遇到很多挫折磨难，有太多话是难以倾诉完的。有时候我们会觉得，这个世界并不是像我们想的那样去发展，事与愿违的情况常常会存在。正因为这种想法，我们容易把注意力集中在不对劲的事情上，而不是将视野聚焦于健康、快乐与和谐的世界。很多人都是习惯去注意自己受到的伤害而去喊"痛"，就像第一眼看到恐怖的事物会惊声尖叫一样。如果我们常常大声喊"痛"，伤害往往随之出现；如果我们经常性地抱怨，就常常更容易遇到更多想抱怨的事。书中将它称为"引力法则"。

这样做其实没有什么好处，因为此时的我们就是在注意伤害而喊"痛"。回头想想，我们抱怨的事真有那么严重吗？有时候是没有的。在抱怨的时候我们心里也许也会嘀咕，"好像确实没那么严重"，可是一旦开始不停地抱怨，不停地吐露内心的不快时，我们好像又自己说服了自己，情绪就更糟了。

　　抱怨犹如口臭，我们口臭时往往自己是不知道的，而与我们交谈的人则能够很直接地感受到，并感到不舒服。长年抱怨的人，最后可能被周围的人所排斥，因为你的抱怨就像一个黑洞存在于周围人身旁，他们慢慢发现自己的能量正被你这位抱怨者所创造的黑洞吞噬着。反过来，那些面临严苛困境却始终保持乐观，不怨天尤人，努力避免自己给人带来一种受害者感觉的这种人常常会用自己乐观和开朗的情绪鼓舞到别人，让他人为之触动，从心底佩服他，于是他与其他人的距离也就不知不觉地缩小了。

　　我们在抱怨时，从口中说出的话有两种，一种是抱怨自己，比如指责自己能力不行，埋怨自己运气不好。另一种则是抱怨他人，比方说指出别人的缺点，苛责别人的不是。值得注意的是，当我们指出别人的缺点时，其实就是在暗示我们不存在这样的缺点，因为如果我们存在这样的缺点，我们是不敢去指责别人的，人们往往会不自觉地回避自己的不足。也就是说，我们指责别人就是在告诉别人"我比你优秀"。不过如果我们转念一想，既然我们能注意到我们所指责的人身上的缺点，从某种意义上说，是不是这种缺点我们也有？抱怨在另一个方面上，也相当于是在自夸，没有人会喜欢张口闭口都在吹嘘自己的人。

　　事实上，如果我们不喜欢某件事，我们大可以去改变它，如果努力改变之后发现并没有什么成效，那我们就应该改变自己的态度，而不是去抱怨，去一味指责，自怜自艾。我们能做的，有利于当前事态发展的，就是改变自己，改变自己的言语，改变自己的思维，改变自己的态度。

　　那要怎么改变呢？本书介绍了一个小物件——紫手环。什么是紫手环呢？其实就是一个普普通通的紫颜色的手环而已。不过可别小瞧它，这个手环如果合理使用，是有助于我们克服抱怨的。怎么用呢？有三个步骤。

第一步，刚开始的时候将手环戴在自己的手腕上，没有特定要哪一只手，左右手都可以。

第二步，当你意识到自己正在抱怨，或者是说闲话，甚至是批评时，你就把自己手腕上的手环从一只手移到另一只手上，然后闭上自己的嘴。如果你听到了其他戴紫手环的人的抱怨，你可以告诉他们，指出来，让他们把手环移到另一只手上。不过，如果你要这么做，你就要先自己移动自己手上的手环，因为此时此刻你正在抱怨他们的抱怨。

第三步，坚持下去。要有恒心，花上几个月的时间，这样才能达到连续二十一天不把手环换手、不去抱怨的目标。平均的成功时间大概是四到八个月。

值得注意的是，紫手环针对的是被"说"出来的抱怨、批评和闲话。倘若这个抱怨只是停留在我们的脑海里，是用来想的，那就没有什么关系。

为了验证书中这个方法的可行性，我也亲自进行了尝试。我并没有选择紫手环，而是采用替代品。我选择了一个运动腕带，找一个自己觉得戴起来还不错的款式。通过一段时间的尝试，我发现效果还是有的。一开始我会感到很难适应，因为除了洗澡、睡觉的时间，其他时间我基本都戴着。我会刻意去注意自己是否正在抱怨，一旦开始抱怨，我就马上换手。戴着运动腕带就意味着要控制自己的抱怨想法，要知道，克制自己的这种情绪是很难的，我会忍不住想去抱怨，可是一看到手上的腕带，又想着"不行，我不能抱怨，我要寻找解决办法"。这种情况会持续好长时间。在适应了一段时间后，我的心态开始产生了变化，这个腕带不仅没有给我带来压力，反而让我觉得安心，就像吃了定心丸一样，一旦我想要抱怨，我就把腕带换一只手，然后开始转换思维，寻找解决办法。渐渐地，我开始能够自主控制自己的抱怨想法，逐渐减少对腕带的依赖，到最后，甚至可以摘掉腕带。

所以，如果你想尝试，我可以给你一些我自己的建议。紫手环只是一个形式而已，不用特地要求自己非得戴紫手环不可，可以寻找别的替代品，只要自己戴着舒服就可以。如果你是女生，你可以往自己的手上戴皮筋，选个自己喜欢的款式。如果你是男生，你可以像我一样，给自己的手腕上戴一个运动腕带，选一种阳光、有能量的样式。接着，就可以按照前面所提到的步骤按部就班执行了。一开始可能会弄坏很多皮筋或者腕带，万事开头难，刚开始克服抱怨情绪是很难的，不过别灰心，坚持下去，想想未来那个全新的自己，也许就有动力了。这个方法的最终目的是建立良好的心态，通过一点一滴的积累，潜移默化地改变自己对待事情的态度，逐步构筑坚固的心态塔楼。试着去尝试，逐步摆脱抱怨的想法，不是什么难事。

除了紫手环，你还可以通过改变自己的措辞和思维进一步避免抱怨，增强人际关系，提升自己。

1.试着把"问题"改成"机会"，把制造给别人的问题变成给别人的机会，每个人都需要机遇，都需要一个展现自己的机会，如果你给予的是机会而不是问题，相信他人会感激你的。

2.把自己的敌人当作自己的朋友，不要对待敌人就跟吃了枪药一样非得把对方置于死地不可，要知道，你的敌人从某种意义上来说是你的成就者，你和敌人的另一方面关系就是互相成就。

3.你的眼中钉其实也是你的老师，正因为他比你优秀或者与你势均力敌，所以你才会视其为眼中钉，对自己构不成威胁的东西人们往往不把它当回事儿。

4.把"我要求"替换成"我会感激"，把对对方的要求改成在别人完成你要求后的感激，心存感激的人，运气不会太差。

5.正确认识磨难，不要一味埋怨世界不公，要把磨难当作成长的旅程。

试着回想一下，从小到大，你遭受的磨难是不是在一定程度上帮助了你的成长？人生的旅途风景有好有坏，但都是人生的一部分。

最后，愿你被这个世界温暖以待。

推荐文章作者及音频录制：吴琛

第四十本
《拆除你的情绪地雷》

本期推荐的《拆除你的情绪地雷》是著名心理学家埃利斯的经典著作。在这本书里,埃利斯向我们介绍了何为理性情绪行为疗法,这个疗法能够帮助我们解决哪些问题,你的不理性想法是如何阻碍你的目标实现的等问题,并且还为我们提供了许多减轻各种烦恼的小技巧。本文将从三个方面介绍这本书包含的主要内容,带你走进这部著作。

读万卷书，行万里路，又到了我们分享好书的时间。今天要与大家分享的好书是心理学大师阿尔伯特·埃利斯的经典作品《拆除你的情绪地雷》。

埃利斯是理性情绪行为疗法之父，认知行为疗法的鼻祖，被认为是超越弗洛伊德的心理学家。著名心理咨询师李孟潮曾用这样一段话描述埃利斯在心理学领域的地位："全世界学习心理治疗的人都会在教科书里找到这个名字，都知道他是理性情绪行为疗法的创始人。如果你不知道的话，要担心自己的学业前途了。"

埃利斯多年致力于研究理性情绪行为疗法，并出版过数本相关书籍，今天推荐的这本书就是围绕他所创造的理性情绪行为疗法展开撰写的。相较于他的其他作品，这本书更适合大众阅读，大家可以通过阅读这本书来进行心理自助治疗。下面就让我们一起来了解一下本书的主要内容吧。

本书的主要内容可以概括为以下三个点，我们分点了解。

一、在很大程度上，你的烦恼来自你有意或者无意地以不理性的方式思考，产生了不健康的负面情绪，然后又以消极的方式行事。

作者于1955年创造了理性情绪行为疗法后，很快就在一些客户的身上使用了这种疗法。他很吃惊地发现，如果人们能够诚实地面对自己所感受到的痛苦，就会发现这些痛苦其实都来源于自己的不理性想法。这些非理性的想法大致可以归为三大类：1."我必须得到赞许，否则我就是一个废人！" 2."其他人必须都待我很好或者很公平，否则他们就是烂人！" 3."一切必须跟我想的一样，否则这个世界真是糟透了！"如果你有这三种想法并且深信不疑，就会经常埋怨自己遇到的困难与挫折，让自己陷入抑郁与焦虑。

二、每当你有了消极的想法、感觉和行为的时候，持续使用理性情绪行为疗法能显著地减少你的烦恼。

让我们来了解一下何谓理性情绪行为疗法。理性情绪行为疗法中有ABC三大要素，简单地说，你一开始会设定一些目标(G)，然后你会遇到一些助力或阻力，A就代表你实现目标的助力或者阻力；B代表你的一些想法，尤其是不理性的想法；C代表随困难与不理性的想法而来的结果，比如极度焦虑或者抑郁。下面我们来看一个例子，便于你来理解这三要素。

假设你的目标（G）是寻找一个人相伴生活，但是你现在面临着阻力（A）：你最希望能和你一起生活的那个人拒绝了你的请求，并且表示她一点也不喜欢你甚至有点厌恶你。这时候你对阻力（A）的想法、想象和评估即为B，比如你对被拒绝这件事的想法可能是一种愿望或者倾向："我真希望能被她接纳，但是既然被拒绝了，我还可以考虑有没有其他选择。"这样的想法是健康的，它可以促使你寻找别的方法完成目标，但当你的想法趋向于一种命令式的、必须完成的需求时，就是有害的了。例如："我不能被拒绝！我必须要让她接纳我，如果她真的不接纳我那我干脆放弃好了，再也不想跟别人接触了！"然后我们再来看C，阻力使你的目标无法实现，这显然是令人难过的，于是导致了结果（C）：你感觉很糟糕、很挫败、很失望。

理性情绪行为疗法认为，当你想实现一个目标（G）却受到阻力（A）时，你会觉得失望、失落或者后悔，总之会有一些负面的感觉，但是这些负面的感觉却是健康并且有用的，它们有助于你寻找动力和其他助力完成目标。如果你感觉完全无所谓或者觉得还挺高兴的那反而是不健康的。可是，理性情绪行为疗法中A到C的关系也指出，遇到阻力之后，最好不要产生不健康的或长期困扰你的负面情绪。何为不健康的负面情绪呢？就比如自我厌弃、抑郁、自怨自艾等。这类情绪会影响你完成自己的目标，而且也会给你带来许多不必要的痛苦。所以，利用理性情绪行为疗法，我们可以做到的是，明确自己的目标（G），当前受到的阻力或助力（A），然后分析自己对A的想法（B）和在这个想法的影响下你将得到的结果（C）。作为一个会思考的人，你有能力做到这些，并且经过分析，你可以筛查出哪些想法不利于你实现目标，哪些想法才是健康有用的。如果你当前的想法是健康有用的，那么就按照这个想法去做，如果这个想法是不理性的，那么你要做的就是反驳这个想法，直到你将这些想法转变为健康的理性想法。你可以从三个方面来进行反驳，下面我还是以上述事例来解释这三种辩驳方式。

1.以现实为基础或者实证式的辩驳：

"哪里有证据表明我不能被拒绝？"回答当然是没有，如果有，又怎么会遭到拒绝呢。

2.以逻辑为基础的辩驳：

我想有一段稳定的关系，但是我一定要有这样的关系吗？没能实现这件事怎么就证明了我是一个没用的人？这次的失败什么都证明不了，只能证明你这次失败了，但不能代表你就是一个彻头彻尾无用的人。

3.从实用的角度进行辩驳：

如果我的想法一直是类似"我不能遭到拒绝，遭到拒绝我就是一个没用的人"的不理性的想法，那么这些想法会给我带来什么？什么也带来不了，只会让你陷入痛苦中，并且这种想法一点也不利于目标的实现，甚至只会让你继续失败下去。

当负面情绪袭来，不妨尝试使用理性情绪行为疗法，分析自己的 ABC 三要素，引导自己向理性的想法靠近。

三、如果你的目标是让自己不再轻易自寻烦恼，那么使用了书中提到的一些方法，你就给了自己更大的机会去完成这个目标。

书中有许多应对生活烦恼的"小技巧"，下面我将从中挑选两个向你介绍。

○ 战胜负面想法的七个步骤

如果你也成了"我不行"想法的牺牲品，如何才能摆脱它呢？可以试试按照下面七个步骤调整自己。

（1）让自己明白，你天生就很容易从"这件事很难完成，我尝试过几次都失败了"的想法跳到"我永远也完成不了这件事情"。这便是前面讲到过的你的烦恼来自你的不理性思考,并且因此产生了不健康的情绪,然后又以消极的方式行事。"很难"最多意味着很难完成,你还要加倍努力,并不意味着不可能。

(2)让自己明白,类似"我一定不行!""我永远不可能做到!"的预言通常都会成真,因为它让你还没有开始就放弃了。

(3)让自己意识到,很多事情的成功率确实是很低的,但并不意味着完全没可能。你可能会想,有些事情确实就是没可能,比如成为一个完美的人,是的,这几乎不可能,但是如果你愿意相信自己能够做到,你就能够越来越接近成为一个完美的人。

(4)让自己看到,你也曾经完成过很困难的事情,其他人也是。所有的事情迟早都会发生变化,困难的事迟早都会有人挑战成功,既然这些事有可能被完成,那么完成的人也有可能是你。

(5)改变需要大量的思考和持续的努力。当你积极做出改变时,你就有很大概率会获得成功。

(6)避免开空头支票,改变需要行动起来。有时候我们口头上说会改变,其实是在避免做出艰苦努力,如果你发现自己这么说了就一定要当心,光动动嘴皮子可能仅仅表达了一种愿望,改变还是需要执行力作为支撑。

(7)你很有可能给自己带来许多不必要的烦恼和困扰,如果发现自己正陷入烦恼和困扰中,你最好让自己坚信,你一定能够改变,你有这样的能力。即使不小心又陷入不必要的烦恼之中,你一定要想到,你曾经利用各种各样的方法,比如理性情绪行为疗法轻易减轻了烦恼,现在也可以。

○ 接受挑战

如果你正面临着一个巨大的挑战,你可以采取以下几个步骤来接受逆境给你带来的挑战,并且努力让自己不再那么容易感到烦恼。

(1)接受当前所遇到的挫折是无法改变的事实,并且主动选择不再为此感到烦恼与沮丧。

（2）下定决心努力让自己不再感到烦恼并付诸实践。

（3）寻找相关知识来执行这件事，即让自己不再感到烦恼。你可以采用理性情绪行为疗法，也可以通过阅读相关书籍、参与相关的讲座来获取这方面的知识。

（4）将自己的决心和学习到的方法付诸实践。努力发现、反驳和改变自己那些不理性的想法。

（5）对于以上四个步骤持续不断地努力，让自己实实在在地发生改变。

（6）如果你又陷入了不理性的想法中，请再一次下定决心减轻这些想法，复习曾经学到的知识，再一次实践。

（7）努力实现以下三个目标：①减少自己眼下感到的烦恼；②改变对自己不利的习惯；③坚持不懈、坚定不移地朝这两个目标前进。

以上就是本期推荐的全部内容了，本篇文章简单介绍了《拆除你的情绪地雷》这本书的主要内容，如果你对这些内容感兴趣，想要有更深入的理解，那么不妨翻开这本《拆除你的情绪地雷》，去探索更多的知识吧。

推荐文章作者及音频录制：陈玉婷

> 第四十一本
> 《反焦虑思维》

好不容易忙完了一天的工作，泡了澡躺在床上，仿佛又听到浴室传来的可怕水滴声，搅人好梦。脑子里总有挥之不去的思绪扰人清梦。是不是我们太过焦虑，以至于精神紧张？如何才能用另外一种思维来轻松生活呢？《反焦虑思维》中给出了许多练习方法，来帮助我们放松身心，让我们以更好的状态投入生活和工作。让我们一起转变焦虑思维，自信生活吧！

立身以立学为先，立学以读书为本。又到了我们推荐好书的时间，本期推荐给大家阅读的好书是《反焦虑思维》。

车窗外霓虹微光扑闪，恐怖的狂风一次又一次地想连同雨水一起溜进车里，好在都被车窗拦了下来。虽是小雨，但看这山雨欲来风满楼的架势，似乎很快就会变成倾盆大雨。红灯好像亮起了一个世纪那么久，阿雯上了一天班，此刻正疲惫地靠在座椅上，时不时看向窗外的大雨，时不时用手指敲打着方向盘。就这样，阿雯伴随着雨刷的声音，一路回到了家。终于，在到家之后外面下起了瓢泼大雨。阿雯拍了拍身上的雨水，嘟囔了几声。上初中的孩子还在屋内写作业，打过招呼后阿雯就到厨房忙碌起来。很快，靠着熟练的技术，雷厉风行的阿雯做好一桌丰盛的晚餐。

在微波炉响起的时候，阿雯的丈夫阿志也正好回到家。阿志一回到家连招呼都不打，就瘫在了沙发上。阿雯跑过去问怎么了，看着阿志充满血丝的眼睛，阿雯好像明白了。那个最困扰他们的难题还是发生了——阿志失业了。阿志点点头，点头之间，诉说着属于他们小家的哀愁。生活终于给他们俩得出了这个答案，想到这里，阿雯心里有块石头落地了。原来，阿雯一直担心阿志会因为经济不景气被公司裁员，可能是太过担心的缘故，有时夜里甚至无法入眠。

镜头一转，一阵急促的手机铃声响起，阿志把手机递给在厨房洗碗的阿雯，说有电话。阿雯把湿着的手用围裙一擦，接起了电话。上司在电话的那头破口大骂，原来是因为阿雯做的新方案出现了很大的漏洞，上司说出了那句经典的话：

"你怎么会犯这么低级的错误，你太让我失望了！"

随后就挂了电话。阿雯吓得连忙打开电脑，忙活起了工作。画面一转，在阿雯和阿志伴着忧愁即将入睡的时候，门外传来了沉稳的敲门声。这个时候会是谁呢？他们透过猫眼向外看，是一个女子双手背在身后，目光无神，体形硕大。就在迷惑之际，门却自己开了，女子向夫妻俩露出了令人毛骨悚然的微笑，就在阿雯决定拿手机报警的时候，那女子拿出了藏在身后的斧头。

啊！随着一声尖叫，阿雯惊醒了。此刻她正坐在床上冒着虚汗，看着身边熟睡的丈夫，才明白刚才那些让人后怕的场景都是梦境。梦里丈夫失去工作，她被上司责怪，都是她平常会担心的事情。许是忧虑太重，那些事才会入梦。在几个辗转反侧后，阿雯才渐渐又有了睡意，却又在将睡未睡，蒙胧半醒之际听到浴室有水滴声，身旁熟睡的丈夫也无法给她带来一丝丝安全感。她猜测可能是她太过焦虑了才会有这样的幻听，可是不论怎样她也无法阻止自己不去想那些事情。在一场心理抗争后，天亮了。

在成人的世界里，或多或少都会有些焦虑，在这个大时代，甚至小孩也有自己所忧虑的事情。其实适当的焦虑是很有必要的，焦虑可以帮助我们在紧急情况下快速做出反应，这样可以防止我们陷入更大的危险之中。大多数情况下，我们所忧心的事情都是我们无法控制或是还没有发生的事情，这样就会导致我们过度焦虑，深陷焦虑的恶性循环中无法自拔。更有甚者，精神高度紧张，无法放松、进入深度睡眠，造成睡眠障碍。时间一长，心率加快、身体炎症加重、血压升高，变成了一只惊弓之鸟。

直到有一天我们说出：我不想再焦虑、不自信、紧张，我想像从前那样自信乐观、有感染力。那如何才能不再一遍一遍地在脑海里重复"恐怖电影"呢？抑或说，如何才能在"电影"播放的时候喊"停"呢？

作者根据神经科学的研究得出了一些观点：

一、通过练习，我们可以重新疏通大脑。有许多有意思、操作起来简单方便的小练习可以使我们转移注意力，让我们身心放松。把大脑中那些恐怖电影剔除在外，获得身心愉悦。而我们也知道，当我们身心愉悦的时候，我们会更加专注，更富有创造力。高产大王说的就是我们！

不妨试一试转移我们的注意力，比如通过呼吸这个小练习来减少焦虑。

"吸——呼——吸——呼"，当我们专注于我们的呼吸时，我们就没有办法去想那些令我们焦虑的事情了。呼吸不仅能帮助我们当下放松，还可以使我们的心理状态长期放松。

另一种减轻焦虑的小练习是散步。散步可以帮助我们理清脑海里的负面信息，减轻它们对我们的影响。当我们在散步的时候，我们的注意力会放在周围优美的风景和自己有节奏的步伐上，这样可以刺激我们的大脑产生一种特殊的脑波，这种脑波使有意思的想法跃入大脑中，让我们的大脑处在一种愉快的状态下。这是因为这种脑波可以刺激我们左右半脑的血循环和电活动并来干扰和消除焦虑，可以让我们减轻压力，感觉良好。作者认为，通常情况下，我们在散步10至20分钟后，就会很大程度上减轻压力，进入平静的状态。

二、通过自我调节和对信念、感受和行为的控制，你就可以做出改变，并能长时间内拥有更加快乐的精神状态。有时我们会因为对未来的不确定而产生恐惧，当恐惧占据了我们大部分的情绪，焦虑就伴随生长并盘旋在我们的脑海里。而恐惧和焦虑有时会促使我们增强控制欲，总想着把未来每一件事都规划好，事情的发展一旦脱离了我们预定的轨道，又会增强我们的焦虑，造成恶性循环。大脑永远处于高度紧张的状态，无法放松，感受生活的乐趣。而通过自我调节和疏导，对自己脑海中信念的控制，就可以使我们在很长一段时间内拥有更加快乐的精神状态。

三、我们的身体会反映我们的精神状态。在中医学中，每个脏腑都有相对应的神思，过于忧虑、过于悲伤等都会伤及身体。而在生活上，大家也普遍认为焦虑会导致我们肠胃不适或头疼。因此，我们的精神状态和我们的身体状态是息息相关的。所以，拥有一个良好的精神状态非常有必要。

作者在书中给出了一个如何进行深度放松的练习方法，"亲测有效"哦！

自生训练，即在一个让我们感觉舒适、安全、放松的地方，平静地坐下。

处在半梦半醒的状态,跟着以下指令,缓慢地重复,直到我们感觉到很放松。

1. 我的头和脸开始放松,并感到很温暖。
2. 我的舌头很放松,在嘴巴里很舒适。
3. 我的右臂感觉很重,但很温暖。
4. 我的左臂感觉很重,但很温暖。
5. 当我感觉越来越放松的时候,心跳就会逐渐变缓。
6. 我的腹部很放松,感觉很温暖。
7. 我的背部很放松,感觉很温暖。
8. 我的右腿感觉很重,但很温暖。
9. 我的左腿感觉很重,但很温暖。
10. 我的右小腿感觉很重,但很温暖。
11. 我的左小腿感觉很重,但很温暖。
12. 我的右脚感觉很重,但很温暖。
13. 我的左脚感觉很重,但很温暖。
14. 我现在完全进入深度放松状态。

接下来还有练习,可以看完接下来的所有练习,再给指令录音,这样在每周四天的练习时间内都有音频指导。请注意,在两组新的指令间至少要停顿15至40秒的时间,这个缓冲时间可以让我们更快找到感觉,进入状态。

开始:找到一个地方放松地坐着。记得要专注,将脚平放在地板上,周围没有任何干扰我们的东西,包括朋友、手机、宠物等。

第二步,想象我们的焦虑就像凉爽的早晨湖面上的雾气,它升腾、飘散,然后消失了。当然,有时我也会想象焦虑就是白色沙滩上的那些细沙,轻轻一握,它便一点一点地从指缝中滑落到地上。

第三步,调整我们的身体,直到我们找到最舒适的感觉,然后进行几次深呼吸,让新鲜的空气流经身体的每个角落。

第四步，缓慢地从 10 数到 1。随着数字的下降，我们的压力也在减少，而我们的感觉是越来越放松、自在。

第五步，让自己更放松，方便我们进入更深层的精神状态。

第六步，将注意力转移到呼吸上，想象自己正缓缓地下沉到一个棉花团里，空气里都是清新的味道，周围只有流水的声音，一切都是那么安静。

第七步，再多进行几次深呼吸，让自己继续放松。进入一种将睡未睡，半梦半醒的状态。这个状态是属于我们自己的避难所，我们可以在那里进入深层的精神状态，然后问自己："我的大脑试图告诉我什么？"

第八步，在 10 分钟之后，给自己积极的心理暗示，帮助我们筑建更强大的自信。告诉自己，我一定有能力解决生活中的麻烦事，我对自己很有信心！

第九步，返回。对，就是返回到那个让我们警觉的意识中。从 1 数到 10，我们缓慢睁开眼睛，回到我们所在的空间。在数数的时候努力感受自己身体的各个部位，记住这种轻盈的感觉。

第十步，想象一个你最崇拜的人，或许这个人可以临危不乱地处理各项事务，或许这个人可以温和地对待每个人，只要有你所崇拜的某个特质，你就可以在脑海里想象出他。当突发情况出现，我们不知所措时，可以想象如果是我们崇拜的那个人，他又会怎样应对。

书中有更多练习的方法，帮助我们转变焦虑思维，让我们轻松快乐地生活、工作！快来一起阅读吧！

推荐文章作者及音频录制：张国欣

第四十二本
《恐惧的哲学》

谈到恐惧，相信几乎所有人都有体会，从小到大，让我们感到恐惧的事物不在少数。不过真要说到恐惧，并把恐惧进行深挖，大部分人还是对此云里雾里。你真的了解恐惧吗？你知道恐惧中蕴含着什么有意思的道理吗？如果你对此还不是很了解，那么这本书值得你一读。随着书页的翻动，让我们一起透过恐惧，看到更多世界的真相。

坐过飞机的人都知道，机场的安检是很烦琐的，大到一瓶酒，小到一盒牙膏，都要检查得仔仔细细，确保万无一失。在安检的时候你有没有想过，为什么安检要这么严格？其实早在十几年前，安检并没有这么高标准的要求。你只需要将口袋里的硬币和钥匙掏出来，拿给安检员看一看，就可以通行了。而这些新规定其实起源于一起事件——2006年恐怖分子计划用液体炸药引爆飞机。谈到恐怖分子，我们闻之色变。恐怖分子在我们心中的形象不异于恐怖电影里的丧尸、骷髅，我们宝贵的生命在他们眼里就如沙粒一般，毫无价值，可以随意剥夺。那么比起遭受恐怖袭击而丧生，烦琐的安检显得也就没有那么麻烦，而是变得很有必要了。

由此可知恐惧是如何影响我们生活的。恐惧是无处不在的，也许你晚上起夜上厕所时就被昏暗房间里传出的奇怪声响吓一跳，也许你在浏览网站时突然跳出一张女鬼照片就可以让你吓得差点砸电脑，甚至你半夜做噩梦都可以使你心跳得快炸掉。恐惧也是可以传染的，一个人对某个事物的恐惧会影响到他人，让他人也为之产生恐惧。就好像你说某个房间闹鬼，即便这个房间事实上并没有什么异样，跟你一同进入到这个房间的伙伴也会双腿发抖。即便这个恐惧的来由是很荒唐的，经不起推敲的，但还是会有人相信，并被这种恐惧影响。就好像我们惧怕恐怖分子，但事实上，遭受恐怖袭击并为此丧生的可能性并不大。

我们会感到无聊，同时也会感到恐惧。不过一个深感恐惧的人无论怎样都不会觉得无聊，无聊与恐惧是生活的两个方面。"生活就是先感觉无聊，接着恐惧便会袭来。"恐惧是生活的一部分。那么何为恐惧？我们在恐惧时常常会有一些特定的身体反应，例如：呼吸加快、心跳加速、浑身发抖、表情呆滞。同时，我们的理性也会丧失，这与类扁桃体在受到恐惧刺激产生的信号有关。在恐惧时，我们难以平静地去思考、去分析眼前的事物，就像被洪水猛兽吞噬前，我们会尝试通过各种手段使自己免遭伤害。而恐惧也是很难用意志去消除的，只能依靠药物的化学作用暂时缓解或者有意识地适应它。

恐惧具有两面性。一方面，恐惧使我们产生生理和心理的不适，影响我们的正常生活，给我们的生活带来了困扰，甚至导致死亡。另一方面，恐惧也是有利的，因为有了恐惧，我们可以更好地关注到潜在的威胁。因为惧怕溺水，所以我们会避免到河边、湖边游玩；因为惧怕黑夜，所以我们会尽量避免深夜出门；因为惧怕死亡，所以在感到身体疼痛时我们会寻求医疗救助。恐惧是人类的眼睛，是人类看待世界的一种方式，使我们自身的脆弱性被归于一切考虑内容之上。

回顾我们身边的人，肯定有一两个是喜欢看恐怖电影、玩恐怖游戏的。一谈到恐怖电影和恐怖游戏，我们会想到电影和游戏里一具具骷髅、一个个诡异的鬼魂。明明那么恐怖，刺激性那么强，为何还是有人去尝试？这就是恐惧的魅力。书中对这种现象做了解释。作者认为，我们对恐惧的青睐，有几个原因。一个是因为我们有全面体验每一种情绪的需要，人是有各种情绪的，缺少了其中一个，那么这个人就不完整了。另一个原因是尝试这些刺激性强的恐怖事物可以让我们暂时摆脱无聊乏味的日常生活，给生活带来一点乐趣，就像前面所说的，无聊和恐惧是生活的两个方面，一旦恐惧出现，无聊就不存在了。还有就是，这些使我们产生恐惧的事物实际上是一种"他人代理的恐惧"，即我们在观看或者玩时并不是亲身去体会，而是通过特定的模拟手段，如电影拍摄或者游戏建模编程来感受的，换句话说就是我们是以局外人的身份去体验这种恐惧的。本质上说，我们并没有真正面对危险，我们也不会被鬼魂杀死或者附体，但是我们却可以通过这种方式得到体验，感受这种情绪。我们是可以操控的，我们是控制者，一旦我们受不了，我们完全可以离开影院或者关掉游戏，重新回到现实世界，该干吗干吗，整个事态的发展由我们掌控。

除了认识、了解恐惧之外，我们还需要明白如何去对待恐惧。

恐惧与风险是有很大关联的，恐惧在某一方面上也意味着风险。提到风险，大家想必都是抱着"风险越少越好"的想法，风险在当今的话语系统中不再是我们主动的选择，而是被迫的接受。我选择了购买股票，股票的风险不是我想要的，只是我必须去接受的，如果风险小，那当然最好。然而，"风险"这个词其实是中性的，可以是褒义也可以是贬义，我们常常听到他人评价股票"高风险高收益"，这就是风险的褒义方面，即承担风险是有出现好结局的可能性的。因此我们要客观看待恐惧、看待风险。一对父母害怕孩子受到欺负，害怕孩子受伤，不想让孩子受苦受累，于是什么事都帮着孩子做，吃饭也是父母喂，家务从来不让孩子做。可是他们没想到，这样其实是害了孩子，经过这样教育培养的孩子，长大后往往一事无成，什么都不会。产生这种结果的原因，不是因为孩子无能，而是来自父母对"孩子会有危险"这种恐惧感的错误应对。恐惧，其实是孩子应该去体验、应该去自己尝试克服的一种情绪，而不是借助外力去过分保护。就像破蛹成蝶时，不能人为去剥离蛹，否则这样化成的蝶是没有办法飞行的。人们往往努力去降低风险，但却常常事与愿违。书中给出了原因：这种情况的出现，症结在于，我们在一味降低风险的过程中，只是盲目盯着有害的一面去思考，而没有考虑到它带来的好处。我们被恐惧抓住了眼球，却忘了硬币还有另一面。为此我们需要做的，是合理的风险分析，也就是正确地看待恐惧。既要看到这件事所带来的危害和风险，又要去思考从这些不利因素中能够收获什么，思考这种危害和风险在未来是不是能够转变成有利的一面。

我们会因为恐惧而受到冲击，会对恐惧采取反应措施，但这不意味着我们的反应就是合理的。人们可能为了保护自己、降低自己的风险而采取一些努力，但这种努力有时候与威胁本身并没有多大联系。就好像有人惧怕龙，害怕被龙杀害，于是他就制作各种陷阱进行防范，殊不知，这世上根本就没有龙，这只是人们臆想出来的而已。很多时候，对风险和恐惧一棍子打死的心态常常导致自己被其牵着鼻子走。书中就提到了媒体是可以利用人们的恐惧来制造营销，煽动人心的。这里就不得不提到几年前发生的抢盐风波。几年前日本核泄漏的事件闹得人心惶惶，这时，一些不良媒体就借着这个机会，大肆宣扬"吃盐防辐射"的谣言，人们在恐惧之下，不管对这个消息抱着信或不信的态度，都试着去买盐。这也就导致市场上的盐被抢购一空的现象，而个别不良商家借机提价，据当时所记录的，北京一箱40多元的食盐在当时被炒到了600元，其中的利益可想而知。从文化角度看，人们似乎更倾向于去相信坏的结果，就如俗话所说的"宁可信其有，不可信其无"。这种恐惧的泛滥，容易导致我们的安全感受到威胁。人们习惯恐惧，就会产生惯性思维，看到什么都容易往坏的方面想，这样的生活是不快乐的，而这样的文化氛围也是很难推动社会进步的。

　　这时问题就出现了，我们要如何去应对？书中对此有解答。应对的办法就在我们的思维里，用希望去代替恐惧，但是要注意，这不是摈弃恐惧，没有恐惧的人是不完整的，没有恐惧的社会是乌托邦。在遇到威胁时，不要只看到恐惧，只专注于风险，而是要多方面去看待问题，要看到威胁发生的同时也存在解决它的希望，要对自己抱有信心，相信自己能够去克服它。相比于恐惧的无处不在、随处可见，并摧毁生活中许多有意义的事物，希望则是充满乐观的，它包含着信任，是主动的、自由的。恐惧使我们消沉，而希望让我们得到升华。我们需要的，是对人类自身能力的信任，相信自己的能力，相信自己可以一步步解决眼前的问题，如果失败了，就从中吸取教训，下次避免再出现。我们要让乐观驱逐恐惧的阴霾，创造更美好的世界。

推荐文章作者及音频录制：吴琛

> 第四十三本
> 《生命中的不速之客》

恐惧、焦虑、羞耻感就像我们生命中的不速之客，它们给我们带来心灵上的痛苦，我们不喜欢它们，却难以避开它们。今天推荐的这本《生命中的不速之客》，是一本能够帮助你超越恐惧、焦虑和羞耻感，活出自在人生的好书。本文将会以焦虑这一情绪为中心，分享一部分读书收获，希望能让正在阅读本文的你有所收获，并对这本书产生阅读的兴趣。

读万卷书，行万里路，又到了我们分享好书的时间，今天要与大家分享的好书是《生命中的不速之客》。本书的作者，哈丽特·勒纳博士是美国备受尊敬的心理学家，她以女性心理与家庭关系方面的研究见长，在本书中，她给出了如何面对生活中痛苦情绪的最佳建议。

现代人无论是在工作上、学习上还是生活中都倍感压力，在压力之山的重压下，我们会陷入各种负面情绪，比如愤怒、焦虑、恐惧、紧张等。作者认为，这一系列情绪问题产生的根本原因，以及其他更多心理问题产生的原因都可以归结为焦虑、恐惧和羞耻感作祟。焦虑、恐惧和羞耻感就像我们生命中的不速之客，它们常常不请自来，使我们倍感煎熬。没有人喜欢恐惧、焦虑和羞耻感，但是，也没有人能够将它们拒之门外。

谚语有云："懦夫死千遍，勇士亡一回。"面对死亡，勇者安之泰然，而懦夫却惶惶终日，把死亡这一次性的痛苦硬生生变成了日日夜夜的恐惧折磨。在大多数情况下，我们背负了太多不必要的情绪困扰，将太多莫须有的恐惧和痛苦强加于自己的内心，实际上真正让我们感到困扰的事情并未发生，就如死亡一样，懦夫提前为死亡感到恐惧担忧，平添了数倍烦恼，最终仍然无法逃避死亡，我想世间一切令人畏惧之事都莫不如此，既无法回避，我们也不能任由各种糟糕情绪蔓延肆虐，我们能做的就是与各种情绪共舞，舞出精彩人生，这也是本书的英文名《The Dance of Fear》的含义。在本书中，作者将带领我们探究如何与恐惧、焦虑、羞耻感相处，与它们形成良性互动。篇幅有限，在下文中我将仅围绕焦虑将书中的一些观点分享给大家，教会大家学习如何对待焦虑，如何对待恐惧与羞耻感。如果你想对如何与恐惧、焦虑和羞耻感友好相处有更深入的了解，那么不妨翻开这本书与作者进行一场"面对面"的交谈吧。下面我们就来谈谈有关焦虑的问题。

我们要如何与焦虑建立良性互动呢？首先，你要对它有一个正确的认识。焦虑并非洪水猛兽，不会吞噬我们，如果我们能把握好那一个度，既不退缩回避，亦不暴躁冒进，它也许还能给我们带来些许益处。适度的焦虑可以促使我们做出改变，比如对身体健康状况感到焦虑，能够促使我们调整作息、加强锻炼、注意饮食、常常体检；对工作效率感到焦虑可以促使我们调整计划、合理规划、加强动力；对一个即将到来的公开演讲感到焦虑，可以促使我们提前准备、多番演习，最终做到行云流水。因此，我们没必要为焦虑的状态感到苦恼，也不必唯恐避之不及，它也许让你有点心跳加速，让你觉得有点不舒服，但是不必担心，只要你学会正确地对待焦虑，它就不会对你产生危害，反而能够让你变得上进，让你头脑清醒，意识清晰。从另一个有趣的角度看，焦虑还可以加深你对当下正在做的事情的印象，丰富你的人生体验。

如果你采取了错误的态度，那么焦虑就显得有害无益了。你很容易就被焦虑吞噬，它会打乱你的节奏，打破你清晰的思维意识，使你彻底沦陷其中，无法再去完成其他事情。因此，下一步我们要做的就是正确应对焦虑。

作者在书中总结到，当人们处于焦虑状态时，常常会有以下五种错误的应对方式，从这些错误的应对方式中我们可以总结出五种教训，有助于我们学会正确地应对焦虑。下面就让我们来看看这普遍存在的五种错误的应对方式及它们能带给我们的启示：

错误方式一：弱势应对

弱势表现可以有多种形式。比如对权威者持批判态度，自认为自己可以做得更好，但一旦被推为领导时，却又避之不及，视之为烫手山芋。比如完全能胜任某份工作，却没有尽自己的全力，自我展示欠佳，让他人对你产生工作能力不足、缺乏责任感的印象。比如热衷于向他人倾诉（往往都是诉苦），却没有在这之前判断好被倾诉者是否成熟善良，值得信赖。

教训一：负起责任来

弱势应对中普遍存在的问题是趋于逃避，常常陷于焦虑，没有及时承担起自己的责任。因此我们可以从中得到教训：当我们处于焦虑时，一定要时刻提醒自己努力达到工作要求，按时完成工作任务，即使很多工作让你感到很烦躁，让你觉得十分无聊，但与其拖延着、焦虑着，不如负起责任来，让自己投入工作。我根据生活经验发现，我们常常觉得意志力能够支配我们的行动，只要有足够强的意志，我们就能够让自己坚持完成不情愿做的事情。事实上，完全做到靠意志力支配自己的行动很难，反而先行动起来更有助于坚持。你可以先告诉自己只看五分钟的书，看完就不看了，然后立马打开书阅读，最后你多半都不会真的只看五分钟，许多事情的艰难就在于难以开始投入，让行动先于一切，你往往更容易进入工作状态中。

错误方式二：怪罪他人

处于焦虑时，我们往往会下意识地去指责、怪罪他人，过于计较别人是否干扰了你或者是否都没能帮你做什么，而不去思考自身存在的问题，也没有冷静下来认真思考有效解决当前面临的问题的办法，而是会想也不想就开始大肆指责、抱怨他人。

教训二：从头至尾想明白

作者曾经是一名心理学实习生时，接待过一个"大客户"，名为艾丽斯。她是帕特尔博士的女儿，而帕特尔博士是作者当时的实习导师怀特博士的上司。因为这层关系，怀特博士特别关注作者对艾丽斯开展的工作，甚至可以说是严密监控，这让作者很焦虑，难以正常开展工作。正常情况下我们遇到这类情况时往往会暗暗指责怀特博士，抱怨他的严密监视导致了自己的糟糕表现，甚至将这种情绪表现出来，激化事态。作者当时虽然很焦虑，但是并没有鲁莽行事，而是冷静地思考如何与怀特博士表达自己的焦虑。她先是对怀特博士的亲自指导表示了感谢，然后提出了自己的困扰："您的亲自指导让我有一些紧张，因为我总感觉旁边有人在监视着我，您有没有什么方法能够让我摆脱这种焦虑？"怀特博士当时也处于焦虑状态中，可能并没有想到自己的行为给学生带来了困扰。相对于鲁莽的指责，这样的委婉说法无疑更能让怀特博士接受，也更有利于当前问题的解决。所以当我们遇到很棘手的情况无比焦虑时，不要着急，先花点时间让自己冷静下来，然后想想自己究竟想要达成什么目标，想想如何在清楚表达了自己想法的同时又不让别人感到自己是在发牢骚、发脾气。

错误方式三：躲避

焦虑来袭时，躲避也是我们常常会做出的反应。我们可能会去避免与自己觉得难相处的人交往，我们可能会把很棘手的事情搁在一边不愿去想。逃避确实对缓解焦虑有着显著的作用，但往往都只是暂时性的，没有解决的事情一直都在那里，不想面对的人也一直存在，总有一天要把事情解决。躲避能够带来一时的放松，但可能会造成潜伏于内心深处长期的焦虑。

教训三：要走出去，不要躲起来

多参与团体聚会，多主动与他人交流，学会开开玩笑、讲些幽默的段子，都可以缓解自己面对不好相处的人时的焦虑情绪。并且多与他人打交道，当你遇到问题时，也能够有人向你提出建议，帮助你解决问题。暂时的躲避有时候不失为一个好办法，在你需要冷静思考、仔细规划的时候，暂时的回避十分重要，但是不能期待以躲避的方式解决问题、彻底驱散焦虑，还是应该好好想想解决问题的根本方法。

错误方式四：说闲话

当我们深陷焦虑时，我们很可能会忍不住四处诉苦，如果当前面临的问题与某个人有关，我们还有可能拉着他人说那个人的闲话。作者表示她与怀特博士关系紧张时，她就曾有过这样的行为。她向怀特博士的一个下属诉苦，说怀特博士是如何的不可理喻，如何的难以对付，如何把事情变糟，这个被诉苦的人一开始对作者表示同情，久而久之却渐渐疏远了作者。

教训四：坦率直接，开诚布公

如果你对某个人有意见，或者对他的做法有疑虑，不如直接找那个人好好谈谈。你可以花点时间想想怎样的表达方式更能够让对方接受，而不是花时间去说这个人的闲话，去向他人诉苦博得同情。说闲话在大多数情况下都是不明智的，因为不是所有人都能起到善意劝解的作用，甚至可能将这些闲话传给当事人。这对事情的解决毫无帮助，如果这些闲话被当事人听到，还会引起事态的恶化。

错误方式五：过于强势

强势表现也有多种表现形式，过于强势的人往往认为自己的选择才是永远正确的，而且也常常干扰别人的工作。怀特博士就很明显地表现出了这种强势心理。过于强势可能会让他人感到不快，使自己成为负面舆论的中心，最终给自己带来痛苦。

教训五：懂得适可而止

要戒掉过于强势的心理趋势，高度焦虑时更要让自己冷静下来，保持清晰的头脑，适时地修正在压力之下错误的人际交往方式。

焦虑来袭时，牢记这五个教训，也许不能保证你完美解决问题，但至少能避免事情变得更糟。

这里提到的教训只能在你焦虑时为你提供一个粗略的建议，在家庭、单位等各种场景下我们会遭遇五花八门的问题，产生各种各样的焦虑。我们如何巧妙地应对这些具体场景下的具体问题，如何有效地缓解焦虑，以及更多有关恐惧与羞耻感的内容，书中会有更加详细丰富的内容，等待大家去阅读了解。

今天的好书推荐就到这里啦，希望本期的好书推荐能帮助你对《生命中的不速之客》所包含的内容有一个大致的了解。好书不容错过，期待你有更多的收获。

推荐文章作者及音频录制：陈玉婷

第四十四本
《思维力：高效的系统思维》

本文分享了好书《思维力：高效的系统思维》中部分章节的要点，讲述了思维力对框架需求的重要性，分享框架的三个来源，通过"讲三点"的方法提升表达水平，以及它所体现的 7±2 效应，在此基础上进一步拓展金字塔结构和图表化展示的需要。希望大家掌握部分思维力训练的方法，通过坚持实践练习来培养自己的能力，从根本上改变自己的知识技能，成为一个拥有高效思维的人。

腹有诗书气自华。大家好，我是靖云。本期给大家分享的好书是《思维力：高效的系统思维》。本书共有3个部分，含10个章节，每一章都能解决一个问题，而综合全书又形成一套完整的系统思维。作者的建议是，如果想要全面提升思维的能力，按照顺序依次阅读即可，若急于找到解决问题的技巧，则可以选取相应的章节进行阅读。我将选取其中的几个章节，分享里面的精华要点。

先从原理讲起。不知道你是否有这样的情况，有时候想不明白事情，表达不清自己的观点，学习新事物慢而困难。这三点都能间接地反映出思维力的不足。在现在这个"互联网+""大数据"的时代，优秀的思维力是强有力的竞争要素，是我们必备的能力。而思维力提升所需要的就是养成系统的思维习惯，其中，"框架"是它的简化体现。"框架"体现了整个系统中构成元素之间的连接，能简化我们对事物的认知，而框架所包含的有机联系就是"规律"，通过理解，我们可以全面地认知那些看不到、听不到的东西。比如，爱因斯坦在1915年预言的引力波，其实就体现了在掌握系统规律以后的神奇。因为系统思维和单个要素的系统性是一致的，所以，如果我们选择或构建好合适的"框架"，就可以更高效、更深入地全面思考以及完整地表达自己。就好比我们去一个陌生的地方旅游，如果一开始就通过卫星地图查好了路线，比起不做准备就直接出门，通过问路或自己探索去找目的地方便不少，而框架带来的价值就如同上述例子。

框架的来源有三个。第一，从前人已经构建的框架中选择。比如，制定目标遵循SMART原则，S（Specific）要求我们的计划需要具体的任务内容、时间等，不能太空泛；M（Measurable）指的是可衡量的，要求我们对自己的计划数量要有数；A（Attainable）要求我们量力而行，不要高估自己的能力，因为到时候没完成反而会打击自信心甚至让计划就此废弃；R（Relevant/Realistic）指相关性或现实性，意思是指计划要有联系以及根于现实；T

（Time-Based）指设定最迟的完成时间，以免拖延。而我们可以优先选择大家都认可的高效框架，直接借此思考和表达，有效地提高自己的思维成果。第二，在已有框架上进行修改完善。因为环境的变化以及人类认知水平的不断发展，有一些框架有时效性，所以时间一过就显示出一定的局限，需要我们不断地将其完善再使用。比如，物理上的牛顿经典力学曾被奉为真理，而之后出现的相对论、量子力学等，又发现力学适用于一些有具体前提条件的情况。第三，建立一个新的框架。因为这是个创造的过程，难度比较大，当我们没有想到或者没有合适的框架来思考和解决问题时，我们只能创建一个新的框架。而在创建新框架的过程中，我们的思维力会得到极大的锻炼。

书中提到了一个"讲三点"的方法来提升表达水平。有个已经被大量实验证实的 7 ± 2 效应，比如，让你努力记住一个人读的无规律数字（除了数字不一样，发音、前后间隔时间都是一致的），之后按照顺序写下来，而按照 7 ± 2 效应，常人可以回忆 7 个数字，至少回忆 5 个，最多回忆 9 个。这意味着，人的大脑在记忆的时候，短期记忆数量在 5 到 9 之间进行波动，而如果我们是传递信息的人，若想让信息被准确地接受，书中给的建议便是每一次表达的要点最好保持在三个左右。"讲三点"这样做的好处：一是可以在他人心中形成表达者逻辑性强的假印象，二是能提升表达的条理性。当我们有意识地去"讲三点"时，这逼着我们要在一定时间里快速地组织文字和语言，将脑海中零散的信息块重新整理组合，并提炼出三点来表达，而在这么不断训练的过程中，我们的逻辑能力也会随之提升，从而把假印象转变成真的强逻辑的内在。这里分享几个"讲三点"的可用框架：一、为什么，是什么，怎么做。二、过去，现在，未来。三、儿童少年，中青年，老年。四、个人，家庭，社会。

在日常生活中，我们用"讲三点"就能满足大部分的交流需求，但有些要求更高的场合，还需要我们在这之前进行一句话的总述，即从结论说起，让听众在一开始就知道我们的表达目标。而这需要的是金字塔结构，即从顶层的中心要点开始，自上而下地进行分解，层层延续，似金字塔状。比如，在我们进行自我介绍时，先表明自己的性格特点，再从三个方面（"讲三点"的运用）进行说明解释。这里要注意的是，金字塔结构有三个基本规则：一、每一层的论点都是递进关系。二、同一层的论点特性一致。三、同一层的论点从左到右按一定的逻辑顺序排列。从口头表达上学会从结论说起的方法，需要我们要点先行，从左往右，自上而下进行说明。要点先行指的就是用简明扼要的一句话将要讲的内容在脑海中提炼后再表达，且作为金字塔结构的起点。而接下来要做的是根据想好的第一层论点进行论据的展开，因为是口语上的表达，如果没有及时想到足够全面的内容也没关系，可以按照"第一，……""第二，……"一边讲一边梳理好自己的思绪。而从书面表达上学会从结论说起的方法后，因为我们有足够多的时间来提炼观点，所以这部分的难点不在于瞬时反应，而在于能否更精确、更正式地展现要表达的思想。我们可以去阅读一些相关的书籍，来提升自己这方面的能力。无论是口头还是书面表达，所有的诀窍都只有一个——维持一定量的练习。

  本书作者告诉我们，人类的大脑需要图表化展示。大家常听到的左脑管理语言和逻辑，右脑偏于形象思维，而人的思维分为逻辑思维和形象思维。如果我们接收的信息只是文字，那么会激发我们脑中负责逻辑的部分，但如果再加上图形的展示，那么形象思维也同样参与其中，效果比只用一种思维来得快而强。图表能直观地向我们展示数据上的特点，信息传递准确又迅速且富有整体性。而常见到的图表分为：示意图、统计图、地图、界面图和历法图。示意图能简要概括出事物所包含的逻辑关系，一般由文字和连线构成。比如，我们在玩推理游戏的过程中，我们需要连线人物关系，或者在做工程建设时常要用的流程图，都属于示意图。而统计图则是以表格等形式，可以包含统计数字、文字、图片，横向或纵向对比，便于整理分析数据。地图则分为很多种，但基本上是通过一定的制图原则，按照对应事物的分布、变化等按比例进行绘制的。界面图和历法图则分别是仪表操作等界面和日历、年历等。作者希望我们主要掌握示意图和统计图的结构和使用。系统性思维构建框架的顺序主要有四种——时间顺序、结构顺序、重要性顺序和逻辑顺序。按照顺序来进行图表化结构的建立，就能使事情被形象化地表达。时间顺序不用多说，一种是可以按照时间先后的单向顺序，还有一种便是事情可循环的顺序。而结构顺序包括了树形（展开）、并列、交叉，树形体现层层递进关系，并列则是同级关系，交叉则体现了共同点及个性。重要性的顺序则能帮助我们分清主次，解决问题有先后。恰当地运用这些图表化结构能帮助我们大幅度地提高做事效率。

作者提醒我们，分析和解决问题或者说各种能力的提升都不是一蹴而就的。我们需要大量练习实践来培养自己的能力，养成习惯，从根本上改变自己的知识技能。本书中还有5W2H、5Why、MECE等工具帮助我们提升思维能力，感兴趣的同学可以进行本书的详细阅读，希望大家都能有所收获。

推荐文章作者及音频录制：修靖云

第四十五本
《提问的逻辑》

本文分享了好书《提问的逻辑》中关于提问的一些原则,首先引出提问的三个层次,通过举例来说明"杀死对话欲望"的问题本质,以及指出面对同样的情境时,因为人的不同可能会有不一样的思路和角度,所以要进行针对性的提问,并指出提问的前提和提问过程中需要注意的要点。希望大家注意到关于提问背后的逻辑并学会提问,让沟通和获取信息变得容易、自然。

腹有诗书气自华。大家好，我是靖云。今天要给大家分享的好书是《提问的逻辑》。如今，任何事情都缺少不了沟通，而学会沟通能帮助我们更好地与人交往。沟通需要学会的除了倾听对方，还需要学会提问，通过恰当的问题进行深入的交流和信息的获取，保证对话流畅的同时，还能解决彼此间的问题。而爱因斯坦也说："提出一个问题比解决一个问题更重要。"可见学会提问的重要性。这本书就很好地告诉了我们关于提问背后的逻辑，希望这次的分享可以让大家学会提问，让我们与他人之间的沟通变得容易。

首先，书中指出：提问分为三个层次。第一个层次是自发反应，即根据自己最初的理解或者由自己的原始印象进行感性的自动反应。我们常常进行这个层次的提问。比如，当好友和我们谈起长期出国旅行计划时，我们会问："这会花很多钱吗？"我们下意识地提出这个问题，很明显地反映出我们并未经过深思熟虑就脱口而出，以回应对方的话题。虽然，这个提问甚至不需要答案，因为长期出国旅行肯定是需要一定数量的钱支撑的，但是，正因为有这个提问，对方能接收到一个信息，即我们作为倾听者对他所讲述的事情进行了反馈，这促使谈话继续，但不一定能深入。而第二个层次是聚焦反应，将提问聚焦于自己谈话的需求和应该专注的谈话对象。书中指出，这一层次的核心是"支持"，也就是说我们需要在倾听时，仔细抓住对方话语中想表达的最为重要的点，进行以"更好地为对方服务"为目的的提问。我们不应该以否定或肯定单一两面去回应，也不应像第一层次一样冲动地进行质疑或者压抑，而应该让对方感受到自己对他的认可和关切，传递支持的信息，使对方知道自己被理解并且正被重视。比如"你需要我的帮忙吗？""你可以完成这件事吗？"等都属于这个层次的提问。第三个层次是引导反应，即从对方的话语中找到"证据"并对此进行辩证地思考。并不是说我们一开始就要被对方说服，全盘接受对方传递过来的信息，而是说我们应该通过引导，让对方进行更深入且诚实的表达，特别是对于那些隐藏的点。我们的提问需要留意到能力、要求等细节，并非大而空的提问，这有助于我们抓住事件的症结所在，并且制定出相应的措施。综上所述，我们不应该让自己的预设先入为主，要根据现实证据进行客观提问，以"观察者"的角度而非"质问者"的姿态去提问，弄清楚是什么事情，事件的重要性或者目的、意义，下一步打算怎么做等，以此揭示真实事件，并保证对话信息的有效性。

  提问也需要一环扣一环，但前提是对方愿意和我们聊下去。所以，我们需要提出好问题，才能获得好答案，并且顺利地交谈下去。作者把有些提问定位为"杀死对话欲望"的问题，而本质上都是让人无法具体回答或者根本不能产生回答欲望的问题。比如，学弟学妹问的"我该去哪个社团？"或者应届高考生问的"我该选择哪个专业？"这两个都属于棘手的问题。因为，哪怕我们对于学校的社团以及内部典型活动无所不知，哪怕我们能正确又具体地细说各种专业的内容以及选择优势，我们却不能回答好这两个问题。因为我们不清楚对方的性格、喜好等，也不知道对方内心的真实想法，如果真的要回答，那便会冗长而令人不耐烦。还有一种可无限延伸类的问题也不算是好问题，书中举例为，一个人打算去约20公里远的地方，然后他提问"我应该怎么套马鞍？"可作为我们，心里却很可能想的是乘坐公共交通或者自己开车过去。这个例子是指面对同样的情境，因为人的不同可能会有不一样的思路和角度，哪怕有解决方法，可能对我们而言是可行的，但从对方的角度却又变得不可行起来。

  我们需要进行具体提问并且不让对方感到回答困难或者纠结。比如，假如有个提问是"我和女朋友的关系不好了怎么办？"作为好朋友，我没办法深入回答却也不能不回答，所以我只好选择正确且常见的那些话语，比如"你们互相包容，多沟通和理解对方"，虽然这样说的确无风险，但是也没有带来实质性的帮助。相反，如果我们作为提问者，听到对方有类似于正确但无帮助的话时，首先要做的并不是生气，认为对方在敷衍自己，而应该反思是不是自己的提问方式不够正确。如果方式变化一下，把提问变成"我和女朋友每次有矛盾时，她都会翻旧账，这让我很烦，怎么办？"或者"我们两个经常因为很小的事情而争吵，事后都很后悔，但是都不愿意第一个去道歉，只会冷战，这该怎么办？"相比第一个提问，这两个改变后的提问方式显然更能帮助聊天的深入和问题的解决。所以，我们需要对即将脱口而出的问题进行斟酌后再提出。

书中指出，提问不是威胁，而是为了解决问题，所以提问时需要注意以下几个要点。第一，情感上的理由不能是接受或者拒绝一个观点的基础。第二，不能把批判对方作为维护自己的方法。聊天式的提出问题就更不应该具有批判性，应该就事论事，不要进行人身攻击。第三，不强迫对方听从，强迫听从不但无效而且还深化了可能存在的矛盾。问题没有解决，反而造成新的麻烦。

我们在提问时要注意自己的用词是否恰当，问题的意图是否表述清晰，没有歧义。兜圈子式的提问会让对方感到困惑，他不知道你的需求，也并不能解决问题，而且会耽误时间。语言如果能直切主题，就可以在短时间内收到效果，避免误解的情况发生。书中指出，人的本能是自我表现，所以，在聊天时大家都爱谈论自己，而如果我们在对话中抛出的提问没有给对方留有一定的表达空间，则可能让沟通对话变成一种单方向的输出，你不停地说，而对方无奈且早就不耐烦地听着。可见，让对方愉快地谈论自己也是提问的一种目的。有时候，对方在乎的不是你说了什么，而是你如何让他说，让他进行自我表达。比如营销上的提问，A、B都是员工，顾客来店里购物。A问："您之前了解我们的产品吗？"顾客回答"没有"。A就开始了一系列的产品介绍……也许成功，也许没有成功。另一个场景是，B问："请问您有什么需要，我有什么可以帮到您的吗？"然后顾客说："我经常睡不好，我想要知道怎么样可以缓解。"B就开始针对性地拿起一款产品进行介绍，最后的结果是成交。A、B的态度都是礼貌的，但是区别在于提问的类型不同，B属于倾听式的提问，让对方先表达自己的需求，然后再针对性地进行对话，解决问题。这里要引出的是，当我们打算向一个"对我们有所要求"的人提问时，我们首先要耐心询问对方的要求，获得真实的信息，而不是急于给对方观点下定论。其次，我们的提问如果发生了错误，要勇于承认、道歉并及时改正，以防止对方认为对话已经没必要进行下去了。第三，不轻易承诺。因为和需求有关的提问往往和满足对方要求有关，在有把握的前提下，再许下承诺。

我们进行提问的前提是对方愿意和我们进行对话。而进行对话的关键是将自己的知识、阅历、口才等各种能力都综合表现到提问中，让被提问者能顺着你的思路走，从而顺利获得你需要的信息。第一，问题需要针对性。把自己最想知道的问出来。比如，制度改革需要民意调研。如果问的是"你觉得这个制度改革怎么样？"这样很容易得到敷衍式的回答，如"还行""挺好的"等。如果换成不空泛的具体问题，比如"改制以来你有没有遇到什么困难或阻力？"或者"你觉得相比于以前的制度，现在的制度有没有什么新矛盾，这些问题具体体现在哪里？"等，这些问题刚好能切中要害，而被问者也更乐于与之交流。第二，要问得恰到好处。这个意思是指，我们需要针对对方的专业领域去问能回答上来的问题，并且在恰当的时机提问，可以避免对方的反感。第三，提出的问题要有分量。哈佛大学的心理学教授艾德森认为，一个好问题具备两个要素，一个是强概括力，一个是丰富的内涵。如果一个问题不够精练，这样进行的交谈就没有什么意义，可能说完就忘，什么也谈不出来。所以，我们可以借鉴记者招待会上那些记者的提问，在提问前先做好准备，而不是临场发挥。

本书教会我们提问的方式，引出否定式提问、假设式提问、组合式提问等，附录还总结了30条核心提问原则，感兴趣的话你们可以对此进行深入学习探索，并慢慢把书中的提问技巧用到生活当中。希望大家都能提出好问题，与他人进行顺畅对话。我们下期再会。

推荐文章作者及音频录制：修靖云

> 第四十六本
> 《夜夜好眠》

多少个夜里你辗转反侧，无法入眠？又数尽了多少星夜有限的时间，直到天亮？是时候该做出改变了，那么如何能维持规律与理想的固定睡眠时间？如何才能拥有强烈的睡眠驱动力？又如何让我们睡前可以平静心和身体？这些问题书中都给出了具体的解释和建议，帮助我们夜夜好眠。将失眠的烦恼抛于脑后，看街灯纷纷，听雨露无声，被睡意围困，在夜晚安睡。

立身以立学为先，立学以读书为本。又到了我们推荐好书的时间了。今天要给大家推荐的好书是《夜夜好眠》。

　　在梅雨季节，静卧听风，然后再美美地睡上一觉，醒来时精力满满，高效地完成一天的工作。可现在我们又有多久没有好好睡上一觉了？我们从什么时候开始，晚上打开手机，刷了几个小时后仍没有一丝困意；又从什么时候开始，只有倒上一杯水，吞下一粒药片才能维持一晚的睡眠？在快节奏的时代，白天我们忙得不可开交，是不是只有在晚上睡觉时闭着眼，才能给自己片刻的安宁，思考人生？因为那时，只有我们自己，不会再有上司分配任务，不会再有学习压力。可是闭上眼之后，是不是更容易浮想联翩：今天的小失误会被老板怪罪吗？明天清晨能赶上公交吗？床下有鬼怪吗？这些问题让我们心烦，睡不安宁。又或者你尝试过上床前做运动、在床上阅读等，可结果是这些都可能是造成失眠的又一因素。

　　作者认为，我们的睡眠由生物钟和睡眠驱动系统协调完成。生物钟给我们大脑发出信号，告诉我们何时该清醒，何时该入睡。睡眠驱动系统可以在我们清醒后积累驱动力，到晚上时，我们积累了足够的驱动力，就可以沉稳地睡上一觉。当我们不活动或花大部分时间待在床上时，睡眠驱动力不足，会导致我们难以入睡或频繁醒来，带来许多睡眠问题。平静的心和身体可以让我们更快进入睡眠状态。因此，夜夜好眠的3个关键因素：1.维持规律与理想的固定睡眠时间。2.有强烈的睡眠驱动力。3.平静的心和身体，以及舒适的睡眠环境。

　　如何维持规律又理想的睡眠习惯呢？作者在第三章中教我们如何制定我们的睡眠时间表。睡眠时间因人而异。有一部分人习惯晚睡晚起，他们在晚上精力更加充沛，不喜欢早起吃早餐，因为这样会使他们一天的精力都不足。而另一部分人则完全相反，他们习惯早睡早起，在晚上很难保持清醒。书中举了一个很有意思的例子：对于夜猫子而言，要在早上7点钟起床就等同于大多数人在凌晨 3 点起床一样，我们不愿意在凌晨 3 点起床吃早餐，也就意味着他们不愿意在早上 7 点起床吃早餐。为了让我们高效地完成工作，我们的睡眠时间要符合各自的生物钟类型，并且有规律。首先我们要决定什么时间是我们的最佳起床时间。一般情况下我们什么时候必须起床？我们什么时候会自然醒？起床时间通常受外界因素影响，比如上班族和学生党就会有一个相对固定的时间。当我们必须起床的时间比自然醒的时间早得多时，清晨起床都不可避免的会面临一场痛苦挣扎。如何强迫自己起床呢？可以让自己暴露在强光之下，尽快开始全身活动，尽快清醒，摆脱神志不清的状态。设置一个符合自己的生物钟类型，也符合自己生活、工作的一个起床时间。坚持一段时间后，我们的生物钟就会给我们设定一个就寝的时间。一旦我们确定了自己的睡眠时间，就要每天坚持，至少坚持一个月的时间，并且每天绘制自己的睡眠日记，让我们更好地监控自己的睡眠质量。

那么如何能增强我们的睡眠驱动力呢？一个原则就是白天醒得越久，晚上越容易入眠。作者给出了让我们在晚上更快熟睡的建议：首先是限制卧床时间。早晨不要赖床，赖床对我们来说不仅没有什么好处，反而会削弱我们的睡眠驱动力。晚上也不要提早入睡，这样并没有补觉的效果，还会妨碍我们进入深度睡眠。第二是在白天保持活力。小睡和打瞌睡都会把我们积攒的睡眠驱动力消耗一空，这样一来我们就需要在夜晚来临前重新生成睡眠驱动力。如果积累不够，夜深时脑海里又会不断有想法闪现，难以入眠。因此，白天我们要积攒足够的睡眠驱动力。如果感到困倦，可以尝试用一些刺激来唤醒大脑，例如进行一些全身活动，在明亮的光线下阅读等。切记，咖啡因绝不是最好的刺激因子。作者认为咖啡因会干扰睡眠驱动力的形成，至少在睡前的 6 小时内避免摄入咖啡因。

当我们拥有一个好的睡眠习惯，我们就该关注如何在睡前平静我们的心和身体了。第一个原则是让我们一看到床就联想到睡眠。我们常常会有这样的体验：做了很多工作，已经困得不行，脑子里只有"给我一张床我能睡到天昏地暗"的想法，可是一沾到枕头竟困意全无，立马精神起来。这可不是枕头的错，很可能是床对我们产生了刺激，让我们更加精神。我们常常会在床上阅读、发信息、赖床，这些与睡觉无关的事情会影响我们大脑对床的反应，导致我们看到床时不能联想到"睡觉"。如何才能让我们产生"床——睡觉"的配对效应呢？作者给出了六个建议：不要小睡；不要在床上做令自己清醒的事情；只在想睡觉或快睡着时上床；每天在同一时间起床；如果睡不着就起床；心静不下来就起床。当我们在床上很难入睡时，不妨起床去做一些别的事情。第二个原则是建立睡前缓冲区，并给自己一个睡眠缓冲时间。白天我们扮演着各种角色，可能是一个超级员工、优秀学生，但回到卧室，我们应该及时转变自己的身份，成为一个夜夜好眠的人。我们只需要在每晚抽出一点时间，就可以完成角色转变。比如当我们回到家，就把工作服换成休闲服，给自己心理暗示，现在是放松时间。即使还留有工作，也要处理完工作再上床。让睡前半小时到一小时成为自己的缓冲时间，也可以帮助我们更好安睡。这一段时间内只做有助于自己睡眠的事情，尽量远离电子产品。网络上的纷繁信息会给我们带来刺激，影响优质睡眠。在缓冲时间内和这些电子产品说晚安，只做一些放松的事情。

在本书的第六章，作者给出了几个学会放松的小技巧。比如瑜伽、太极、渐进式肌肉放松法等。除了运动法外，还可以通过想象引导法来放松自己，使自己进入最佳状态。通过引导我们想象一个让人愉快、平静的画面来使我们放松。书中给出的办法是想象我们正在一个柔软的沙滩上，沐浴着阳光，感受全身陷进沙子里带来的美好体验。又或者可以想象在童年时期，三五伙伴一起摇着小船经过河岸上栽种的海棠花，岸上的蛙声不绝如缕，把手放进水里，好像能捞起天上的星星……让我们放松的事情有很多，有些人认为读书、看电视、沐浴可以让我们放下压力，另一些人认为编织、观星、冥想可以让我们全身放松。选择适合自己的方式，让自己在睡前远离焦虑，安心入眠。

有了规律与理想的固定睡眠时间，有强烈的睡眠驱动力和平静的心之后，我们还会失眠吗？答案是不一定。导致失眠的因素有许多，或许一个从来没有失眠困扰的好眠者在经历一些人生变故之后，出现了严重的睡眠问题。作者认为失眠不可怕，害怕失眠才可怕。睡得好的人不需要想太多和睡眠有关的问题，而有睡眠困扰的人常会出现这样的想法：我今天能睡好吗？睡不好会影响我明天的工作吗？假如你真的有睡眠问题，也不要害怕。"睡不好，真的没什么大不了"，以平常心面对失眠，会让我们更容易入睡，也会对白天产生更小的影响。首先要消除我们对失眠的三大误区。误区一：我需要睡8个小时或者更久。拥有6个小时的高质睡眠和拥有8个小时的低质睡眠，哪个更有效？答案显然是前者，睡眠不在时长，而在于质量。而我们对于睡眠时长的需求也是各不相同的，有些人可能只需要6个小时的睡眠时间就可以保证一天都充满精神，而有些人则可能需要10个小时来让自己更清醒。在不同环境下，我们需要的睡眠时长也不尽相同。误区二是我过去没有睡眠问题，现在应该也一样。正如前面所说，睡眠能力随着身体状态、年龄都会有所改变。如果产生睡眠问题，就接受它，并积极进行睡眠练习。误区三：我应该一沾到枕头就睡着，而且要一觉睡到大天亮。作者认为花30分钟睡着或者半夜醒来30分钟都是正常现象，不用太过忧虑。消除这些误区，不再害怕。了解失眠，接受失眠，才能改变失眠。想象着夏夜在星空下纳凉，拿着蒲扇驱赶恼人的蚊子，阵阵凉风送来睡意，迷迷糊糊地在摇椅上做了个好梦……

今天的推荐就到这里了，一起阅读好书，夜夜好眠吧！

推荐文章作者及音频录制：张国欣

第四十七本
《勇气》

"爱真的需要勇气……"爱需要勇气,事实上,许多事情都需要勇气。"谁给你的勇气,梁静茹吗?"这句话常常被网友用来调侃,调侃之余我们确实需要思考我们如何才能获得勇气。书中讲述了我们身边许多英雄的人生故事,给我们最纯净的力量以应对生活的磨难,他们或贫穷或遭受不公正待遇,但却没有因惧怕而阻挡前进的脚步。正如《老人与海》中写道:"一个人可以被毁灭,但不可以被打败。"让我们从身边不平凡的事迹中获得勇气吧!

立身以立学为先，立学以读书为本。又到了我们分享好书的时间，本期节目想分享由美国作家尼娜和玛丽合著的《勇气》。何为勇气？在导言中作者提出这样的疑问。作者认为勇气是敢于面对痛苦失败、生活磨难的能力。生理勇气是我们面对生理疼痛和生命威胁时勇敢的表现。心理勇气是在上台演讲时给自己打气，让自己从容淡定的能力。道德勇气是面对公众阻挠时仍旧勇敢站出来，做正义之举的行为。

　　在众人因畏惧强权背离真相时，我们是否有勇气站出来指明事实？在遭受无妄之灾后，我们是否有勇气重整旗鼓再来一次？在历经千般磨难时，我们是否有勇气挺直脊背不被压倒？

　　答案是肯定的。作者认为我们内心潜藏着巨大的勇气，因此作者在书中举了大量例子来激发我们内心潜在的力量。故事的主人公们面临着各种生活难题，或贫困或遭受不公正的待遇，甚至受到不同程度的侵害，但他们却没有因惧怕停住向前的脚步。就让我们来了解他们真实的故事，从中获得启发，来找寻自己的勇气吧！

　　面对不幸我们可以鼓起多大的勇气？在下面这则故事中，这对遭遇不幸的祖孙俩面对生活磨难时，没有自怨自艾，反而抓住一切机会，顽强地生活。

　　卢西卡和奶奶一起住在帮派林立的街区，每天被帮派斗争、暴力、毒品的阴影笼罩着。每天都需要担心自己的安危，因为下一秒就有可能被卷入帮派之争中，无辜丧命。奶奶希望卢西卡能够上高中，完成学业，而不是被迫加入帮派，最终被送进监狱。仿佛是上天听到奶奶的祷告一般，一位神父找到了奶奶，询问是否有适龄的学生可以到他的学校念书。神父带来的消息解决了祖孙俩的燃眉之急，他们可以不用再为高昂的学费发愁，卢西卡又有一个安全的地方学习。他们抓住了这个机会，卢西卡现在不仅可以念高中，甚至还有机会准备考大学，学习之余他还到医院帮忙抬担架赚钱贴补家用。

　　外表看起来如此开朗的男孩卢西卡，有着众多兴趣爱好，一直在为改变自己的命运做着努力。可谁又能想到，六年前他的母亲因毒品而死，而在他进入高中的那个夏天，叔叔在他面前心脏连中四枪而亡。在面对不幸时，卢西卡鼓起了惊人的勇气。

请相信，无论生活给了你什么磨难，你一定可以渡过难关。"那些无法打败你的，终将令你变得更强大。"那些生活给我们的磨难我们无法掌控，于是磨难会变成我们恐惧之事。在无法处变不惊时，我们可以允许自己有恐惧，但恐惧之余，我们要学会告诉自己：我们足够强大，足够有能力应对眼前的一切麻烦。

花甲将近，却拥有从头再来的勇气是一种什么样的体验？即将60岁的佩格可以告诉我们答案：生活被改写，并为自己感到自豪。

花甲之后要做什么？这是个曾经困扰过佩格的问题，她不愿意如朋友建议的那样，打高尔夫球、环游世界。最终她决定坚持她"最初的梦想"，她一直对烹饪很感兴趣，却没有接受过系统的烹饪课程，她决定在花甲之际学习热爱的东西。

她报名了一所学校的意式烹饪课程，在课程中不仅要学习烹饪，还要学习意大利文化和意大利语。在她这个年纪重新学习一门语言可不是一件易事，她克服了很多障碍才坚持下来。在课程后期，她又赴意大利学习了一段时间，并在那里的一家米其林星级餐厅实习了一段时间。这段时间她需要克服更大的困难。首先是语言障碍，虽然学校的导师会说一口流利的英语，但餐厅的大厨们不会。除此之外，有一次她还不小心在厨房滑倒了，不会说英语的医生给她开了自助注射的止痛针，可她却不知如何使用，只好委托厨房的同事在餐厅的角落给她来一针。还有一次，她把与外界唯一的沟通工具——手提电脑落在了候车区的长凳上，就在她焦急无助之时，一位好心人把手提电脑送还给了她。

六个月的课程很快就结束了，但这六个月带给佩格的不只是烹饪知识，还让佩格更深刻地认识了自己。她的同学都是二十几岁的年轻人，渐渐地，她也开始学习年轻人的精神，对事物永远保持好奇心与热心。她为自己而自豪，她克服了那些生理、心理上的障碍，那些对未知的恐惧，将自己置于一个陌生的环境，接受未知的挑战。因为这本身就是一件需要巨大勇气的事情。在危机来临时，能够想办法度过，这也是一件需要勇气的事情。在磨难过后，佩格留下了更多，她攒下了更多笑对磨难的勇气，积累了更多自信，相信自己有能力处理危机，她还学习了烹饪知识和年轻人的思考与行为方式。这些都是她鼓足了从头再来的勇气后才努力得到的。

一位来自华盛顿的人生导师米歇尔给出了一些建议来帮助我们从头再来。第一：了解自己的意愿，问问自己最想要的是什么。上文中的佩格没有听从朋友们的建议去打高尔夫球，就是因为她知道自己有想追求的东西。第二：相信自己本能的答案。不要忽视自己内心的声音，当你的内心说，我要勇敢地过另一种人生的时候，不要假装听不见。第三：清除一切欲念，只管相信自己，想象自己一定有能力实现目标。第四：合理评估自己的能力。虽然佩格花甲将近，但她认为自己的体力可以跟得上学校的课程，只是需要付出更多的努力而已，于是她勇敢尝试。若是体力不足以支撑行动（比如过于年老时希望能登上珠峰），就不要轻易尝试了。

第五：改变或重新武装自己。有想完成的事情，经过评估之后就尽管去做吧！走出舒适圈，融入一个新环境或许很难，但磨难之后，我们总会涅槃重生。记住要让自己快乐！第六，接受改变带来的恐惧。改变一些固有的生活习惯或者处事方式等，这样的改变带来的结果都是未知的，我们无法得知改变会引发什么样的结局，于是恐惧就会出现。恐惧发生时，我们只要接受自己的恐惧，自我暗示我们有能力处理，只管努力改变就好了。

第七：寻找心灵导师。心灵导师米歇尔曾把一群有焦虑感的女性聚在一起，让她们互为心灵导师，互相鼓励。半年的时间，她们每周见一次，制订计划，让对方变得更好。最终每个人都有不同程度的改变，有些人换了自己喜欢的工作，有些人则把自己目前的工作做得更好。第八：行动起来。"知道却做不到等于不知道。"我们都知道这个道理，那么就行动起来吧！第九：关爱自己。在改变的过程中不要急于求成，应时时刻刻关注自己的感受，也不要过于勉强自己。一旦发现这条道路行不通，我们可以换一条道路走。第十：在任何时候都要和支持自己的人保持联络。在改变之前，支持我们的人可以给出更客观的建议，帮助我们认清自己，做最合适的改变；在改变时，支持我们的人可以给予我们鼓励，让我们坚持得更容易；在改变之后，我们可以一起分享成功的喜悦，分享改变的经验。

除了书中谈到的例子外，我还想起从前让我触动很大的一部电影《三块广告牌》。影片讲述了一位母亲是如何执着地追查害死女儿的真凶。女儿在与母亲吵架之后离家，在路上被罪犯侮辱至死，蒙受巨大的屈辱。母亲得知真相后无法接受这样的事实，决心找出杀害女儿的真凶，但女儿在人迹罕至处遇害，案发时并没有目击者，现场也没有监控设备，因此很难找到罪犯。时间就这样在警察的追查中过去了几个月，案子也只能拖着，毫无进展。行事果断的母亲认为是警察的无能才导致凶手逍遥法外，就在小镇的公路旁竖起三块醒目的广告牌，控诉警察的不作为，之后又与警方产生一系列的矛盾，矛盾甚至升级到女主乘着夜色烧毁了警察局。小镇居民从最初每个人都在道义上同情这位无助的母亲，到后来的不理解、不认同，甚至连神父都想阻止这位母亲，但母亲想找出凶手的迫切愿望并没有被这些阻力阻挡。一瞬间，似乎这位母亲就与全世界为敌。

固然这位母亲的做法有些过激，但不可否认的是她的执着与勇敢。在小镇居民对她施压的时候，她不被舆论所压倒；在那位有暴力倾向的警察的威胁之下，她也没有被恐吓到分毫；在没有钱租广告牌的时候，她也没有因拮据而放弃。一切的一切，大概是心中有爱，爱她的女儿，所以不甘，得以"横眉冷对千夫指"。

上述的例子中,我们可以深刻感受到那种"英雄精神",所谓英雄精神,大概是那句"一个人可以被毁灭,却不可以被打败!"

快来阅读《勇气》,与书中的各个人物一起不惧风雨,充满勇气地前行吧!

推荐文章作者及音频录制:张国欣

第四十八本
《整理情绪的力量》

本文要介绍的好书名为《整理情绪的力量》。这本书将教会我们如何控制好自己的情绪,而作为大学生的我们,在情绪控制以及保持内心张力(即维持个人干劲)上,都需要学会正确的处理方式。本文将从原理入手,在此基础上引出对应的具体方法,再进行举例说明,希望大家都能意识到无论是愤怒也好,抑郁也罢,我们的情绪状态都是随时可能发生的,但我们要学会的是如何正确地面对它们。

腹有诗书气自华，欢迎大家收听本期的《我把好书说给你听》，我是靖云。这一次我要给大家分享的好书是由日本作家有川真由美所写的《整理情绪的力量》。整理情绪对我们每一个人而言都是重要的，因为，就算你是一个有能力的人，如果你无法整理好你的情绪，那么你就不能百分百地发挥真实的实力，面临事情时不尽人意的概率就增大了，最后形成一个恶性循环。关于这本书，我将举很多简单易懂、贴近生活的例子，将围绕整体的情绪控制、愤怒（也就是生气）以及失去内心张力（也就是无力感、失去干劲）进行展开。

第一个要点是关于大方向上的整体情绪控制。要知道，从一个人对自己情绪的控制上可以看出他的思考方式、脾气秉性、行为习惯甚至是价值观。对于情绪，我们不应该置之不理，放任自己，不应该有"这就是我，没办法改变""我就是这种人"等类似的想法，相反，我们应该学会驾驭、平复情绪，然后愉悦地享受自己的人生。

第一点，我们要整理自己的负面情绪，可以从行动、语言、思考方式这三个方面入手。在心理学的观点上，行动、语言、思考方式这三个方面是在情绪之前的，情绪不但不引导上述三者，反而在其之后。那具体怎么入手呢？想必大家都听过半杯水的故事吧？你现在十分口渴，你的水杯里有半杯水，请问你是会想"还剩半杯水呢"还是"只有半杯水了"呢？这就是思考方式不同，所导致的情绪结果的不同。在语言上，就是把"本来很想……""都怪……"改变成类似于"多亏……"的句子。无论面临什么样的事态，都要寻找到对自己正面的影响，总会有"多亏"的逻辑隐藏在其中。比如你的好友泄露了一个你的秘密，在你得知以后，委屈或者生气在所难免，但是这个时候，我们可以做的就是用上"多亏你，我明白了不能轻易泄露秘密"或者"多亏你，给我上了这么宝贵的一课"，毕竟，事情已经发生了，不能扭转，但我们在事情发生后的情绪还是可以被控制住的。

第二点，问题与情绪需要分开思考。人是个感性的生物，很容易被一时的感情所左右而抛开理性的一面。不过，问题与情绪分开思考是很关键的。我举个例子：人总有丢东西的时候。如果你丢了手机，是不是在发现的那一刻会慌神，反复地想着"啊，这下我该怎么办"，最后没有心思去做正在做或者本来打算做的事情，可附近翻了个底朝天也没有找到手机的踪影。根据第二点建议，这时候我们就应该清晰地想，如何解决当前的问题。第一，借周围人的电话冻结电话卡以及手机里面绑定的银行卡等。第二，回忆并列出可能丢手机的地方，依次去寻找。第三，联系失物招领处。第四，联系经常联络的人，告诉他们自己手机丢了的情况，提醒他们注意防骗消息以及用临时电话或者邮件联系。这么四个步骤下来，哪怕找不到手机，让我们的生活不便了，也比一味地想着"我怎么把手机给弄丢了""我到底把手机放哪了"这种不带有任何实质性帮助的责怪来得好。还有一种情况我们不能忽视，当我们遇到了混杂着各种问题，根本不清楚根源所在的情况时，应该怎么办。这时候我们需要自问——"我最后想要的是什么样的结果？"先确定好目标，然后定好方向，最后才能解决问题，控制好情绪，我们要渐渐养成这种思考习惯。

　　第三点，学会传达自己的想法。如果你是一个没有"自我"的人或者抱有"当个老好人，不想被人讨厌"的想法，那你就要注意了。我们在生活中也经常见到这类人，"一切看大家的""随意""我怎么样都行啦"，甚至我们自己就是这样的，用现在的词可能是"佛系"的状态，但是，这更容易受环境的影响，被环境牵着走，结果导致不满甚至烦躁。而"老好人"心态，会让自己强忍住实际的不堪重负，紧绷着的皮筋终有断的那一天。就举个我自己的例子吧！曾经的我，什么事情都愿意揽在自己身上，完全不懂得拒绝，经常身心俱疲。而我身边的好友，做事情干脆利落，自己的工作完成以后，才会考虑做其他事情，而且做不来的也会拒绝。经过观察我发现，她能清晰地表达出自己，比如，"这个事情我一个人做有点难，请问你可以帮我吗？"

这样一来，大家还能感谢并且体谅她。所以，我们要变得坦然，学会从传达自己的想法做起。

第四点，学会独处。现代生活节奏快，大家应该也有过烦躁紧张以及被逼迫的不适感。当我们独处时，可以问自己"最近状态怎么样？""是不是我最近太勉强自己啦？"等问题，直面自己的情绪。我们要学会在独处的过程中取悦自己。比如，读一些自己喜欢的书籍，听一些贴近自己情绪的歌曲。（在这里就可以用上我们福建中医药大学心理中心公众号的一个功能啦，从学生端口里进入自助成长，里面有音乐小药丸，大家可以尝试一下呦！）

第二个要点，是关于愤怒的情绪控制。尽量减少生气这一点真的很重要。如果遇上并非自己的错而是对方的问题时，我们很生气，对方又不为所动，这样浪费了自己的有限时间，对方没有什么影响，反而影响自己的人生。生气也是一个耗能的过程，如果你选择发泄到他人身上，那么对于你与对方之间的关系冲击，虽然程度不同，但肯定是有的。如果选择生闷气，那就是侵害了自身，我们容易烦躁、低落，无法高效率地做事，影响正常的生理，可能会失眠、高血压甚至抑郁。愤怒的过程也会让我们失去判断力，容易放狠话。我们在受刺激后，作为一种防御本能，的确会勃然大怒，这时候可能就会说出无法挽回的话甚至是做出无法弥补的事情。而且，大家都倾向于性格开朗、表现幸福的人，不控制经常性的愤怒会给人留下不好的印象。人很容易指出他人的过错，但对自己却很难看清，这时候就要换个角度，想想别人此时此刻看我是什么样子，怒气自然会渐渐平息。

具体来说，面对愤怒，有以下五点做法可帮助我们控制与转化。第一，不要轻易有受害者的心态，要认为是"咎由自取"。比如你去报名一个竞选，最后你失败了，这并不是其他人、事、物的错，不要给自己找"有黑幕""别人有关系"这样的理由，要面对现实，想想自己的能力哪里还有欠缺，然后对自己说"没关系"，继续挺胸前进。第二，把想改变他人的想法换成改变自己。人是无法轻易改变的，如果不是自己主动积极的寻求，这样的"强迫改变"会使其停止思考，变得怠慢且反感。就算要和他人谈及改变，也应该委婉地提出，最关键的是不要指责，而是告诉对方你希望他能做的事情，并多把夸奖与感谢的话挂在嘴边，比如"还好有你在"这样简简单单的一句话。因为人都倾向于回应认可自己的人的期待。第三，将忍气吞声的愤怒变为自己的干劲和热情。我认识一个姐姐，实力足够，可因为家境贫困，没有办法出国留学，后来她把这股内在的愤怒和憋屈转化为她的动力，最后以公派留学的方式实现了她的留学梦。第四，愤怒的情绪的确需要发泄，但是需要找到对的途径。这一点最关键的就是，不要发泄在他人身上。找个可以接受自己情绪或听自己说话的地方，你可以去唱歌，去找好朋友、辅导员倾诉等。因为每个人情况不同，需要大家自己慢慢摸索。第五，从1数到10，在这个过程中整理怒火，或者离开现场，进行深呼吸，冷静之后再问自己真正发怒的原因。相信我，只要你尝试这么去做了，你的怒气值会慢慢降低的。

第三个要点是关于如何才能不失去内在的张力。在面对无力感和没干劲的时候，想必大家都很无奈却又不知道怎么处理这种状态吧？导致这种情况的原因有很多，可能是现实和理想的差距太大，也可能是提供动力的东西突然消失或者不再成为信念了，内心失去了依靠，或者突然找不到意义，哪怕知道事情必须要做，但就是不想做。在这里，提供几个恢复的方式。第一，找回动力。方法有改变思考方式，借助目的意识、目标设定和列出希望完成的事情。第二，先行动再带动情绪，即改变行动方式。第三，是一和二的兼顾，即在行动中思考。

作者做了一个问卷调查，发现带动工作干劲的前三点有成就感、他人认可和工作本身。想获得成就感可以把目标先设低再渐渐提高，从最低限度，变成平时可完成，最后再到努力一点就可以做到的程度。而对于他人的认可，我们可以通过主动行动来得到他人的积极评价。多做一些利人利己的事情，从而获得价值认同，就会不自主地让自己继续保持这种状态。比如，我就喜欢主动和好友分享一些干货，互相学习，共同进步，这是一个互惠互利的过程。而对于工作本身，无论是哪一种工作，总有令人开心的要素，比起"我不得不做"的态度，培养自己享受工作的能力更为重要。我们工作的意愿可以是为了赚钱，也可以是为了实现自我价值或者是为社会进步做贡献，所以我们可以主动去寻找工作本身自带的意义。

"悲观主义是心情决定的，乐观主义是意志决定的"，愤怒也好，消沉或者无力也罢，这些情绪状态都是我们活着的证据，但如果我们知道如何正确面对它们，我们将发现一个全新的自己，迎接更主动更精彩的人生。感谢大家的收听，我们下期再会。

推荐文章作者及音频录制：修靖云

> 第四十九本
> 《自尊的力量》

　　自尊是我们获得自由与心理独立的工具。拥有良好的自尊能够增强我们面对困难时的抗打击能力，能够让我们情感所受的伤害快速愈合。而脆弱的自尊让我们总是过分在意他人的眼光，变得自卑、自负、敏感、多疑、焦虑、痛苦。自尊与生俱来，并时刻影响着我们的心理状态，我想，建立良好的自尊应该是我们每个人都要为之努力的目标。今天，就跟我一起来了解《自尊的力量》这本书，学习怎样建立良好的自尊吧。

"自尊生而有之，如同我们呼吸、吃饭、睡觉一般自然——自尊是所有人类固有的天性。"这是我近期所读的一本书——《自尊的力量》中的一句话，短短的一句话揭示了自尊在我们的生活中所占的分量。今天我们就来聊聊自尊。

何谓自尊？书中对自尊下的定义是自尊是我们对自己的看法与评价的结合。

然而没有什么看法是不偏不倚的，我们可能有时自视过高，有时又妄自菲薄。我们可能在面对简单或自己擅长的任务时自我高估，认为自己比别人优秀，可一遇到麻烦棘手的事情时又怀疑自己的能力低于平均水平，开始妄自菲薄，或是变得尖酸刻薄，常常借贬低他人价值的方式维护自己的自尊心。自尊是否就是如此的不堪一击，摇摆不定？自尊是否对我们毫无益处？

确实，自尊会为我们的生活带来种种问题，比如痛苦、敏感、脆弱，甚至抑郁，甚至更多的心理问题。但这样未免有些以偏概全，太冤枉了自尊，准确来说，引起这些问题的是一系列不恰当的自我保护，发展自我的生存方式下产生的脆弱的自尊，而健康良好的自尊不会为我们带来这种种苦恼，反之，能够让我们更平和，更幸福的生活。自尊影响着我们的行为方式，影响着我们的生活质量，培养良好的自尊应是我们刻不容缓的任务，因此，今天要向大家推荐《自尊的力量》这本书，它是法国认知行为疗法的领军人物克里斯托夫·安德烈的一部著作，相信这本书能够帮助你建立良好的自尊，走向自由和幸福。

这本书围绕自尊展开了十分全面的论述，包括自尊的定义、影响自尊的因素、脆弱的自尊的危害、建立良好自尊的要素等诸多问题，对于读者较为全面地认识自尊十分有帮助。今天，我想与大家简单聊聊大家可能最感兴趣的一个问题：如何建立良好的自尊。

我们在前面说过，自尊是我们对自己的看法与评价的结合，我们对自身的看法与评价受许多因素的影响，比如他人对我们的评价、成功或失败的经历、外貌上的缺陷、社会对优秀或者美丽的标准、他人的成就或与生俱来的优势等，当这些因素在我们的心里催生出嫉妒、自卑等不良情绪，影响我们对自己的看法进而导致我们的自尊受到伤害时，我们的处理方式决定了我们能否促进自尊向良好的方向靠近。

书中详细分析了影响自尊的诸多因素，并提出了相应的解决方法，使用这些方法可以帮助我们向良好的自尊靠近。不过这些方法大多不是一步到位的"技巧"，更像是一些建议，引导我们换一种思维方式去考虑问题。所以千万不要抱着想走捷径的心态来阅读这本书，克服这些问题绝没有捷径可走，想要改变，需要持续的努力和实践。

影响自尊的因素有许多，在这里无法一一向大家介绍，在下文中，我将重点围绕几个因素展开讨论，希望帮助大家进一步了解这本书。

◎克服对失败的恐惧

"我总觉得我每次做事情都做不好""我总害怕有一天会出现失误""我总担心我会令人失望"。

作者说他经常能碰到一些患者，对他诉说类似的烦恼。他们畏惧失败，甚至有时想趁早放弃，趁失败还没有找上门就先逃走。其实，害怕失败的心理在一定程度上是正常的，它可以促使我们加倍努力，去争取一个好的结果。因此害怕失败是具有一定的积极作用的，但这仅限于一定限度，如果害怕过了头，超过了这个限度，那么它就不再是简单的害怕，而变成了"失败过敏症"。这种"失败过敏症"反映了自尊方面的问题，针对它进行治疗十分重要。下面就看看几种主要的治疗策略：

1. 剖析失败

失败后立即回头分析刚刚发生的事情，否则将来你会不由自主地想起这件事，翻来覆去地品尝痛苦，这对你并不好。尽量多角度地看待这次失败，比如想想这次经历里有没有积极的方面？有哪些教训下次可以借鉴？接着，总结一下教训，然后就不要再去想这件事了。

2.强迫自己直面失败

在脑海中重现这次失败的经历，让自己回忆起尽量多的细节和尽量逼真的情感强度，回忆越逼真越细致效果就越好。这种方法在心理治疗上属于"精神成像技术"，通过高强度的写实性回忆可以消除过重的情感负担，使大脑把所回忆的事件当作清理过的、失去活性的记忆。

3.不要独自一人

让我们感到痛苦的往往不是失败本身，而是感觉自己在所有人面前出丑了，自己成了所有人的笑柄。其实真实情况往往没有这么严重，我们在感到羞耻时总是喜欢把自己当成所有人关注的焦点，可事实是许多人根本没有留意到你的行为，很多人虽然目睹了你的失败但也没有太在意。因此失败后不要放任自己一个人，放任自己的大脑胡思乱想，多去与其他人交流交流，你会发现自己感觉十分糟糕的一次经历在他人看来并没有什么丢脸的。

4.做一些练习来检验和培养我们对失败的容忍度

例如，到超市去买东西，在结账时假装自己忘记带钱了，然后把商品放回原位并观察收银员、售货员以及其他顾客的反应，最后试着微笑着向大家解释自己的失误。多做一些无伤大雅的失败练习，你会越来越轻松地接受失败。并且通过观察其他人的反应也能防止自己把失败想得太过糟糕，你看，大家都不怎么介意你的错误，失败并不会使你成为"群嘲对象"。

○ 克服羞耻感

适当的羞耻感可以阻止我们去做违反法律与道德的事情，比如偷窃、欺骗、欺负弱者等，这样看起来羞耻感是对我们有益处的。不过，所有感觉都有可能发展到失常的状态，当羞耻感偏离正轨，便可能对自尊产生可怕的影响。在认知行为心理治疗中有些"克服害羞"的练习能够帮助我们消弭过盛的羞耻感，此类练习的目的是让人习惯尴尬、难堪等感觉，从而泰然处之。此类练习只需你在公众场合试着做一些看似"古怪"的事情，比如在公交车到站时大声报站名，如果周围人都投来疑惑的目光，你就用微笑回应他们，如果有人问你为什么这么做，你可以把真实情况告诉他，你只是在做一项练习而已。时不时地做一些类似的练习，可以提高我们对羞耻的容忍度。

○ 利用情绪来进行改善自尊的练习

长时间任由负面情绪占据我们的内心所带来的后果不堪设想，对自尊的建设也有巨大的不良影响。我们需要对自己的情绪状态加以关注，即使有些情绪不似抑郁、恐惧那样强烈和痛苦，但若任由它们长期潜伏于我们内心反而更加有害。因此，调整情绪状态慢慢成为自尊心理治疗以及抑郁症预防的重要组成部分。为了获得自主调整情绪状态的能力，我们可以做出的努力包括：

1.对自身情感波动进行规律观察。

观察我们的情绪并记录和评估这些情绪的产生与生活中的哪些事件有关，以及这些情绪会导致什么行为或想法。

2.进行冥想练习。例如完全意识型冥想。完全意识型冥想的步骤如下：

·寻找一个舒适的姿势，然后闭上眼睛。

·把自己的注意力集中起来，专注于感受当下身体的感觉、呼吸、脑中闪现的想法等。总之，让自己的思绪处于当下。

·接受大脑中出现的一切想法，不要去反思，不要去预想，不干扰这些想法，只是观察它们。如果走神了也不要生气，让自己的思绪慢慢回到当下就好。

·保持一种不做评判的精神状态，保持你观察者的角色，不要去对自己的想法做任何评价，比如"这样很好"或"这样不好"。

3.有意努力获取或迎接一切可以使自己产生积极、合理以及真诚的情感的机会。

○ 与自身的各种情结做斗争

情结，是会变成痛苦的一种疑虑。怀疑自己或者对自己的某些方面不满意是很正常的事，然而情结已经远远超出了偶尔不满意的程度。有情结的人往往过分关注自己认为的自身存在的缺陷，比如形体肥胖或者脾气暴躁，并会为此痛苦纠结。这种耗费心思的过分关注会破坏我们的愉悦心情，使我们整个自尊都在受苦。下面是一些应对情结的有效方法，应用它们不能治愈情结，但至少可以减轻情结的过分程度。

1. 了解自身的情结从何而来，是源于他人的嘲笑？天生的缺陷？还是父母缺乏关爱？

2. 观察他人，看看类似的缺陷在他人身上是否存在，观察他们是如何与这些缺陷相处的，努力弄明白他们是怎么做到不去刻意掩盖这些缺陷，并且不被这些缺陷影响，快乐地生活的。

3. 与他人交谈。情结大都以羞愧与自我封闭为养料。与亲近的人交谈虽然不能根除情结，但至少可以削弱它。

4. 与"情结妄想"做斗争。当我们过分关注自身的缺陷时总是喜欢把自己的失败全部归结于这些缺陷，感受到他人的注意时也总认为对方是在关注我们的缺陷，但事实真的不总是这样。

5. 扩展看待自己的眼光。不要把自己的某个缺点放大，把它看成自己的全部价值。要把自己视为一个整体，有缺陷也有优点，不总是只关注自己的缺陷。

关于建立良好的自尊，我们能做的还有很多很多，今天的好书推荐到这里就结束了，书中还有更多的内容等待大家去挖掘，期待你有更多不一样的收获。

推荐文章作者及音频录制：陈玉婷

第五十本
《总能做出正确决定的幸运法则》

为何总有一些人他们的每次决定都可以得到令人满意的结果,而有些人总是铩羽而归?那么如何才能做出正确决定,成为一个幸运儿呢?其实幸运就是拥有积极向上的态度,心怀善良和感恩的心。作者在书中也分享了许多幸运法则,比如最大化自己的每次机遇、听从自己的幸福预感、期待好运、化厄运为好运等,可以帮助我们做出正确决定,实现理想人生。

立身以立学为先，立学以读书为本。又到了我们推荐好书的时间，今天要给大家推荐的好书叫作《总能做出正确决定的幸运法则》。

不知道大家有没有这样的感受：身边有一种幸运的人，总能遇见人生的理想伴侣，实现人生目标，找到满意的工作。或者说，在每次抽奖时总是一个像锦鲤一样的存在。我不禁常常好奇，到底什么因素使得他们每次做的决定都帮助他们得到好的结果呢？偶然间我了解到有这样一本书可以帮助我们获得好运气，成为一条锦鲤，这本书叫作《总能做出正确决定的幸运法则》，由理查德·怀斯曼所著。作者研究了成百上千名极其幸运和特别倒霉的志愿者，站在了全新的角度看待运气。书中说明了为什么有些人总是过着令人羡慕的生活，并花了大量的篇幅向我们讲解怎么才能获得好运气。

作者认为，运气不是魔法，也不是上帝的馈赠。运气是一种心态，是一种思考和行为方式。所以，好运和厄运都是由自身的思维方式所创造的。我们想要拥有好运，就需要从思考和行为上做出改变。为了帮助我们保持从容的态度和拓展人脉圈，在生活中勇敢尝试新事物，吸引更多美好事物，作者列出了四项幸运的基本法则。

第一项基本法则：最大化你的每次机遇

这一项基本法则解释了幸运者的性格是怎样帮助他们创造、发现和抓住潜在机遇的。通常人们认为幸运者能够幸运是由于许多偶然的因素，比如偶然间打开了一个招聘网站，很快就找到一份满意的工作；在超市等待收银员找零时遇见了一个改变一生的人。然而作者认为，这些看似偶然的机遇里藏着幸运者的思维方式，由于他们的思维方式才使得他们得到那些幸运的机会。比如幸运者更外向，喜欢接受新事物，喜欢更轻松的生活。

假设有一天你正在寻找你理想中的房子，迎面走来的是你在朋友宴会上认识的朋友，他现在正在房屋中介工作。你们简单聊了几句，他给你推荐了一处房屋，你对房屋"一见钟情"，很快就买下了它。这处房屋成为你接下来30年里的温馨小家。而这一切都源于在那次宴会上，你主动和那位中介握了手。这便解释了为什么外向的人可以结识更多人，获得更多的机会。

作者曾做过一个小实验，他请一群志愿者来浏览一份报纸，并请他们来数数一份报纸中含有多少张照片。许多人花了两分钟得出了正确答案，而有些人更加谨慎，花了更久的时间又把报纸检查了一遍。事实上，只需要他们稍稍留心一下，就能发现第二页上占据了近二分之一版面的字："别数了，告诉实验员你看到这条信息，你将获得250美元。"那么，哪一些人能够看得到这些字呢？据研究是那些更加轻松生活的幸运者。幸运的人具备发现机遇的能力，这是因为他们以更加放松的态度看待世界。幸运者喜欢更轻松地生活，这样他们就更有时间和精力注意到机遇，有时甚至是不期而遇。他们并没有特意去创造机遇，而是在机遇来时抓住它。神经质的人更容易错失机遇。他们过于关注自己的目标，常常会忽略身边的小事，也许这其中的某件小事就会改变他们的工作或生活。

幸运者都尽力给自己的生活增添变化。如果保持固定不变的生活方式我们很容易就耗尽我们的机遇，因为我们总是用相同的方式和相同的人保持沟通，吃饭也总是点同样的菜。这样我们会错失一些认识新朋友的机会。而变化可以使我们对生活保持新鲜感，让我们遇到更多有趣的人。

第二项基本法则：听从你的幸福预感

这项法则揭示了幸运者是如何通过聆听自己的直觉，相信自己的幸福预感来做出成功决定的。研究表明，我们的潜意识拥有非凡的能力，很多时候能帮助我们做出正确的选择。书中有一个真实的案例很好地诠释了这一点：大卫正在工作时，前方有一个占地20平方英尺的井，井被3英寸的大雪覆盖着，在地面上看不出有什么异样。当大卫正准备跨向前方时，心底有个声音告诉他前方有危险，他并不知道为什么会出现这样的声音，但他还是遵从了内心的提示，绕过了这块地。事实上，假如他走近这块地，很可能会下坠60

英尺，丢掉性命。而另一个关于好运直觉的例子是有关飞机安全理事员罗伯特的，他的日常工作就是检查飞机为什么发生故障，很多情况下需要检查完飞机所有的零件才能发现是哪个零件出了问题。检查飞机的所有零件是一件浩大的工程，但罗伯特总能用很短的时间就排除故障。他告诉同事他有一套秘诀，能够预感飞机哪里出了故障，他相信自己的直觉，会第一时间去检查感觉会出故障的地方，他幸运的预感屡次都惊人的准确。幸运者在做决定时更多运用了自己的直觉，做出了正确的决定。我们可以通过增强自己的直觉来提高自己的运气。

第三项基本法则：期待好运

幸运者对于未来的期盼帮助他们实现梦想和目标。实验研究表明，幸运者能实现梦想绝非侥幸。幸运者对于好事发生的期望高于倒霉者，幸运者希望自己能健康快乐，找到理想伴侣，有一份热爱的事业，而一些倒霉者却坚信自己今后非常痛苦。我们的期望会影响我们的心情，从而影响我们的人际交往；会影响我们的状态，一定程度上决定了我们是否能出色地完成工作；还会影响我们的健康状况。附页中有一份问卷，从问卷的结果中可以看出我们对未来发生积极事件的期望程度。我们可以通过分析结果来对自己的心态及时进行调整，期待好运的发生，并进行期待好运的练习。

第四项基本法则：化厄运为好运

幸运者坚韧不拔的态度和行为会帮助他们化厄运为好运。即使是幸运者也会面临厄运和祸事，但他们拥有非凡的能力，能化厄运为好运。他们能看到厄运中积极的一面，倾向于认为事情本可以发展得更糟，而自己已经得到了很好的结果。而倒霉者倾向于关注事情消极的一面，大多都认为事情本可以更好，因此无法得到幸福感。而幸运者也更喜欢和那些比自己倒霉的人进行比较，从而弱化厄运对自己产生的影响。幸运志愿者米娜说，每当有不幸的事发生时，她会去想那些比她更不幸的人，这样她就会意识到自己有多么幸运了，这样可以减弱厄运对自己造成的伤害。

了解了这四项基本法则后，我们就要行动起来，做行动上的巨人。作者创建了一个"幸运学校"。把学校的培训课程分为五个阶段：

第一阶段是签署"幸运宣言"。在空白纸上写下这样一段话：

"我想增强生活中的运气，并且我已经做好准备，尝试对自己的思维和行为方式做出必要改变。"然后在宣言的下方签上自己的名字。

第二阶段是制作你的运气档案。档案由四项基本法则对应的问卷组成，都可以在书中找到。制作运气档案可以帮助我们认识到四项法则中我们掌握的情况，可以从档案中看出有哪些法则是我们还没有在生活中加以运用的。

第三阶段是将方法融入生活。作者在每项法则后都列举了各种练习方法。比如在第一项法则"最大化每次机遇"中的练习就有以下方法：

1.建立一张强大的"运气网"，结识4个人，保持联络。

2.逐步养成更为放松的人生态度。

3.敞开心胸，拥抱生活中的新奇经历。

在第二法则"听从幸福预感"中，作者给出了以下几种方法：

1.聆听内心的声音。

2.采取冥想来增强直觉。

假如你觉得自己是个悲观主义者，你可以使用"期待好运"中的练习方法：

1.肯定自己的好运，设定幸运目标。

2.即使成功的希望非常渺茫，也要尝试去实现自己的梦想。

3.期待可以非常成功地与人交往。

而第四法则"化厄运为好运"中给出的练习方法：

1.转移注意力，不要沉溺在厄运中。

2.采取有效的方法来避免今后遭遇更多的厄运。

第四阶段是写下运气日志。在接下来的一个月中每天都把发生在自己身上的幸运事记录在日记本上。这个记录可以直观地看出我们的运气变化，提醒我们发生在我们身上和幸运有关的事情。这是一种提升幸福感的方式，也是在为第五阶段做准备。

第五阶段是最后的思考。对以下两个方面进行思考总结：第一，事情需要一件一件完成。第二，幸运者之所以能如此幸运是在潜意识中运用了许多方法来使自己在生活中变得成功、幸福和满足。总结是一个可以让我们进步很快的方法哦！

而在本书的最后一章节，作者描述了许多从"幸运学校"毕业的学生的经历，追踪他们，讲述了他们运用法则后发生的一系列转变。其中有80％的学生认为通过运气训练，他们的厄运转变为好运，或者原本好运的学生变得更幸运。

大量的案例表明，本书的法则在改善运气方面有很大作用。本书用一种科学的方法来告诉读者：你未来的运气，尽在你的掌控之下。好运气就是积极向上的态度、善良、怀着感恩的心。书中有更加详细的介绍，快来一起阅读，提升自己的运气吧！

推荐文章作者及音频录制：张国欣

图书在版编目（CIP）数据

心理学好书说给你听：心灵成长好书推荐50本 / 丁闽江主编. —— 北京：华夏出版社有限公司，2020.1（2021.4重印）

（大学生心理健康素养提升工程系列丛书）

ISBN 978-7-5080-9664-3

Ⅰ.①心… Ⅱ.①丁… Ⅲ.①心理学－推荐书目Ⅳ.①Z835②B84

中国版本图书馆CIP数据核字(2019)第268682号

心理学好书说给你听：心灵成长好书推荐50本

主　　编	丁闽江
责任编辑	陈　迪　王秋实
出版发行	华夏出版社有限公司
经　　销	新华书店
印　　刷	北京九州迅驰传媒文化有限公司
装　　订	北京九州迅驰传媒文化有限公司
版　　次	2020年1月北京第1版　2021年4月北京第4次印刷
开　　本	720×1030　1/16
印　　张	18.25
字　　数	245千字
定　　价	59.00元

华夏出版社有限公司 网址:www.hxph.com.cn 地址：北京市东直门外香河园北里4号 邮编：100028
若发现本版图书有印装质量问题，请与我社营销中心联系调换。电话：（010）64663331（转）